本书系广西人文社会科学重点研究基地
"广西地方法治与地方治理研究中心"学术著作资助出版项目成果,
并受到广西特聘教授资助项目的支持。

广西师范大学法学院丛书
"地方法治与地方治理研究"

丛书主编 陈宗波

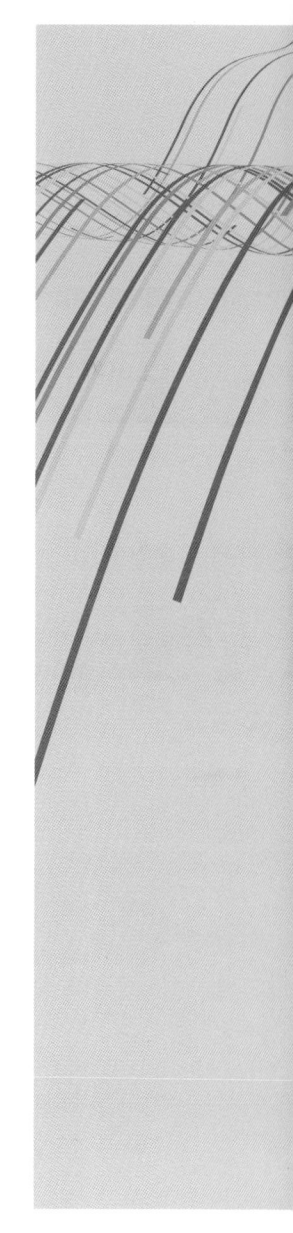

# 治理视野下社会组织的作用与法治化建设研究

郭剑平 等著

中国政法大学出版社

2019·北京

声　明　　1. 版权所有，侵权必究。

　　　　　2. 如有缺页、倒装问题，由出版社负责退换。

#### 图书在版编目（CIP）数据

治理视野下社会组织的作用与法治化建设研究/郭剑平等著. —北京：中国政法大学出版社，2019.12
ISBN 978-7-5620-9400-5

Ⅰ. ①治… Ⅱ. ①郭… Ⅲ. ①社会组织－作用－研究－中国　②社会主义法制－建设－研究－中国　Ⅳ. ①C912.2　②D920.0

中国版本图书馆CIP数据核字(2020)第007526号

---

| | |
|---|---|
| 出 版 者 | 中国政法大学出版社 |
| 地　　址 | 北京市海淀区西土城路25号 |
| 邮寄地址 | 北京100088 信箱 8034 分箱　邮编100088 |
| 网　　址 | http://www.cuplpress.com（网络实名：中国政法大学出版社）|
| 电　　话 | 010-58908289(编辑部) 58908334(邮购部) |
| 承　　印 | 固安华明印业有限公司 |
| 开　　本 | 650mm×960mm　1/16 |
| 印　　张 | 14.5 |
| 字　　数 | 200千字 |
| 版　　次 | 2019年12月第1版 |
| 印　　次 | 2019年12月第1次印刷 |
| 定　　价 | 56.00元 |

# 总 序
## GENERAL PREFACE

"地方"本来只是一个地理空间概念，自从出现了国家这一政治组织形式之后，"地方"一词又增添了新的含义，从政治地理学的角度理解，它指的是中央治下的行政区划。既然有了"地方"，就必然有"地方治理"。地方治理既是国家行使权力的重要标志，也是行政治理科学化的重要措施，古今中外，概不例外。

法治，已然成为现代国家治理的重要特征和必备工具。有学者指出，现代国家治理必备两个系统，即动力系统和稳定系统。动力系统主要来自于地方及其个体的利益追求，并付诸行动，推动国家的发展变化；稳定系统由规则体系构成，主要载体是宪法、法律和制度，它们为动力系统提供稳定的运行轨道和程序。法治是由国家整体法治与地方法治构成的内在联系的严密整体。所谓地方法治，一般认为是地方在国家法制统一的前提下，落实依法治国方略、执行国家法律并在宪法、法律规定的权限内创制和实施地方性法规和规章的法治建设活动和达到的法治状态。地方治理法治化就是将地方治理各方主体的地位职能、行动规则、相互关系逐步规范化，并在治理过程中予以严格贯彻实施的动态过程。地方法治建设是国家整体法治建设的重要组成部分，是我国全面落实依法治国基本方略、建设社会主义法治国家的有效路径，是自下而上推进法治建设的重要切入点。

在世界多元化的发展格局中，各国治理模式的选择自有其现实依据和发展需要。当下的中国，"地方法治"无论是作为一个学术话语还是一个实践命题，其兴起的根本原因是对经济社会快速发展的现实回应。从经济社会发展需要看，经济越发达，市场主体之间的竞争越激烈，民事主体的纠纷越频繁，财产保护的愿望越强烈，治理法治化的要求越迫切。当国家平均法治化水平无法达到某一先进地区社会关系所要求的调整水平的时候，这些区域就可能率先在法律的框架内寻求适合自身发展的治理规范。在我国，一个有力的证据就是东部发达省份，如江苏、浙江、上海、广东较早探索地方法治与地方治理路径。它们根据经济社会发展的现状，率先提出了"建成全国法治建设先导区"，意指在其经济与社会"先发"的基础上，在国家法制统一的原则下率先推进区域治理法治化，即"地方法治"。

完善和发展中国特色社会主义制度，推进国家治理体系和治理能力现代化是我国全面深化改革的总目标。应该说，上述这些有益的实践探索契合了我国国家治理的现实需要和理想追求。实践探索往往能够引领理论的创新，时至今日，"地方法治"早已超出最初"全国法治建设先导区"含义，而成为地方治理的应有之义，进而成为推进法治中国建设的有效路径。十八届三中全会《中共中央关于全面深化改革若干重大问题的决定》提出，"直接面向基层、量大面广、由地方管理更方便有效的经济社会事项，一律下放地方和基层管理"，"加强地方政府公共服务、市场监管、社会管理、环境保护等职责"。法治是国家治理体系和治理能力现代化的重要体现和保障。十八届四中全会《中共中央关于全面推进依法治国若干重大问题的决定》提出，"推进各级政府事权规范化、法律化，完善不同层级政府特别是中央和地方政府事权法律制度，强化中央政府宏观管理、制度设定职责和必要的执法权，强化省级政府统筹推进区域内基本公共服务均等化职责，强化市县政府执行职责"，"明确地方立法权限和范围，依法赋予设区的市地方立法权"。随后《中华人民共和国立法法》对此及时作出了回应，在原有相关规定的基础上，地方立法权扩至所有设区的市。十九届四中全会《中共中央关于坚持和完善中国特色社会主义制度 推进国家治理体系和治理能力现代化若干重大问题的决定》提出,"健全充分发挥中央和地方两个积极性的体制机制","理顺中央和地方权责关系","赋予地方更多自主权,支持地方创造性开展工作","构建从中央到地方权责清晰、运行顺畅、充满活力的工作体系"。这些目标和举措彰显了中国在国家治理体系和治理能力方面的灵活、务实态度和改革、创新精神。这意味着地方法治在中国地方社会秩序的建立和维护过程中将发挥越来越重要的作用,并且深刻地影响着国家法的实际运行。我国属于单一制国家,有统一的法律体系,在国家治理结构中,各地方的自治单位或行政单位受中央统一领导。但是我国幅员广大,不同地方区域的现实状况差别较大。正如孟德斯鸠所说的,法律和地质、气候、人种、风俗、习惯、宗教信仰、人口、商业等因素都有关系。因此,法治建设需要因地制宜,体现地方治理的个性要求,政治、经济、文化和社会发展的不同特点。地方在社会经济发展中形成的法律制度,也应针对实际情况、体现地方特色。可见,地方法治建设要体现地方特色也是法治中国的应有内涵。因此,根据目前我国地方法律制度的特点,着力解决法治中国建设在地方法治建设中所遇到的独特问题,对于推进法治中国建设具有重要现实意义。广西壮族自治区是少数民族地区,边疆地区,"一带一路"重要门户,华南经济圈、西南经济圈与东盟经济圈的结合部,社会关系较为敏感而复杂,在社会主义法治国家建设实践中有其自身的特点和情况。在这样的背景下,2013年4月,广西师范大学以法学院为主体单位,依托广西重点学科法学理论学科,整合区内外专家学者力量,联合自治区立法、司法和政府法制部门,组建"广西地方法制建设协同创新中心"。2014年7月,根据广西地方法治与地方治理理论和实践需要,在"广西地方法制建设协同创新中心"的基础上,进一步加强力量,组建"广西地方法治与地方治理研究中心",申报广西高校人文社会科学重点研究基地并被确认。2019年,在前一阶段工作成绩获得自治区教育厅考评结果优秀等次的基础上,又跻身广西高校人文社会科学研究基地A类。

中心致力于建设地方法治与地方治理高端研究平台，在较短的时间内，加强软硬环境建设，创新管理体制机制，汇聚学者队伍，构筑学术高地，服务地方社会经济，经过五年多的建设，初见成效：

大力汇聚专家学者。中心积极建立健全专家库，在加强校内多学科专家集聚的同时，拓宽人才引进模式，利用灵活、开放的政策，吸引学术影响大的学者和学术潜力强的中青年人才加盟团队。目前中心研究人员近60名，其中主体单位广西师范大学主要学术骨干42人，绝大部分具有高级职称和博士学位，多人具有省级以上人才称号。目前，设立了地方法治基础理论、广西民族法治与社会治理、广西地方立法、广西地方经济法治、广西地方政府法治、广西地方生态法治6个研究团队。

深入开展地方法治与地方治理学术研究。科研成果是衡量科研人员社会贡献大小的重要标志。中心精心策划，合理配置研究资源，开展了一系列科研活动。一是冲击高端研究课题。自中心成立以来获省部级以上科研项目36项，研究经费突破600万元，其中包括国家社科基金一般项目17项及国家社科基金重大项目1项。该重大项目"全面推进依法治国与促进西南民族地区治理体系和治理能力现代化研究"准确回应了中央精神，是西部地区法学领域为数不多的国家社科基金重大项目之一。二是设立研究课题。中心每年安排30万元左右，吸收广西内外学人积极开展地方法治与地方治理研究，年资助课题10余项，包括重点课题。三是资助出版理论研究成果。中心已资助《民族法治论》《民族习惯法在西南民族地区司法审判中的适用研究》等近20部专著出版发行，本系列丛书就属于中心资助出版理论研究成果的一部分。同时中心不限数量资助研究人员发表高水平学术论文。四是组织申报高级别科研奖。2014年以来，中心研究人员获得省部级成果奖20多项，其中广西社科优秀成果奖一等奖2项。

当好"智囊"，服务经济社会实践。中心在培育高端服务平台、提供政策咨询服务、参与地方立法等方面已初见成效。目前已经孵化出多个省市级的法律服务平台，如"广西地方立法研究评估与咨询服务基地""广西法治政府研究基地"和"广西知识产权教育与培训基地"等，并成为广西特色新型智库联盟成员，从而为地方经济社会发展发挥出更大的整体效用。中心应要求组织专家参与了《中华人民共和国民法总则（草案）》《中华人民共和国国家安全法（草案）》《中华人民共和国境外非政府组织管理法（草案）》修改意见征求工作，以及《广西壮族自治区环境保护条例（修订草案）》《广西壮族自治区饮用水水源保护条例（草案）》等80余部国家法律和地方性法规、规章的起草、修改、评估和论证工作。上级有关领导和专家到立法基地视察和调研后，对中心在地方立法工作所作的努力和取得的成绩给予了充分肯定。

可以说，短短五年多时间，广西地方法治与地方治理研究中心的建设取得了可喜的进步，也为广西师范大学法学院法学专业2019年底获得国家首批一流本科专业建设点做出了贡献。目前，中央和地方高度重视地方法治建设，我们的工作迎来了机遇，同时也面临着更高的要求。广西地方法治与地方治理研究中心将坚持围绕广西地方法治基础理论与民族法治建设经验、广西地方经济法治理论与实践、东盟的法律和政策等方面的相关重大问题开展深入、系统地研究，推出一批在区域有一定影响的成果，并以此大力推动广西法学及相关学科的发展，培育本土学术人才和实务专家，在区域社会经济发展和地方治理现代化目标的实现上发挥更多积极作用。

陈宗波

2019年11月

# 目 录
CONTENTS

总 序 ………………………………………………………… 001

**第一章 社会组织与治理的内在机理分析** ……………… 001
 一、社会组织与治理的内在关联概述 …………………… 001
 二、社会组织参与治理的必要性和可能性 …………… 011

**第二章 公共产品的社会组织供给与法律规制** ……… 019
 一、公共产品阐述 ………………………………………… 020
 二、公共产品的社会组织供给的必要性与可能性 …… 025
 三、我国公共产品的社会组织供给的现状及其制约
   因素 ………………………………………………… 033
 四、国外公共产品的社会组织供给的概况及其管理
   经验 ………………………………………………… 040
 五、我国公共产品社会组织供给的法律规制思考 …… 047

**第三章 我国社会组织参与公益诉讼存在的问题与对策** …… 059
 一、社会组织与公益诉讼概述 …………………………… 060
 二、我国社会组织参与公益诉讼存在的问题及
   原因分析 …………………………………………… 069
 三、完善我国社会组织参与公益诉讼的建议 ………… 088

## 第四章　社会治理创新背景下我国社会组织法制建设 ……… 098
一、发展社会组织的意义 …………………………… 101
二、社会治理创新视野下对社会组织发展的认识 ……… 105
三、社会治理创新视野下社会组织法制建设困境 ……… 113
四、社会组织法制建设的国外经验及启示 ……………… 120
五、社会治理创新视野下完善我国社会组织
　　法制建设的建议 ………………………………… 131

## 第五章　我国慈善组织立法的成就、不足及完善 ……… 141
一、慈善组织的一般理论研究 ……………………… 141
二、我国慈善组织立法取得的成就 ………………… 146
三、我国慈善组织立法存在的不足 ………………… 151
四、我国慈善组织立法存在不足的原因分析 ……… 162
五、完善我国慈善组织立法的对策与建议 ………… 166

## 第六章　我国境外非政府组织管理的现状与完善路径 ……… 185
一、境外 NGO 的概述 ……………………………… 187
二、境外 NGO 对我国产生的积极影响 …………… 189
三、我国境外 NGO 管理的基本情况 ……………… 193
四、我国境外 NGO 管理存在的不足 ……………… 201
五、我国境外 NGO 管理存在不足的原因 ………… 206
六、完善我国境外 NGO 管理的路径 ……………… 213

**后　　记** ……………………………………………… 223

CHAPTER1 第一章
# 社会组织与治理的内在机理分析

## 一、社会组织与治理的内在关联概述

### (一) 社会组织的功能

社会组织是由社会成员自愿组成并依法成立的,为满足社会的多元化利益需求和实现互益或公益目的,独立于政府的具有自治性、参与性与开放性的非营利性组织。[1]社会组织作为现代社会的第三大部门,其承担的功能就是弥补市场部门和政府部门的不足,执行市场部门与政府部门所不能完成,或不能有效完成的社会职能,促进公共利益或公共目标的实现。其主要功能如下:

1. 提供公共服务

美国经济学家伯顿·韦斯布罗德于20世纪70年代就提出了"市场失灵/政府失灵理论"。韦斯布罗德从经济学的"公共物品"理论出发,提出由于公共物品(如国防、灯塔、桥梁、道路、环境保护等)具有消费的"不可分割性"和"非排他性",即个人对某一公共物品的消费不会影响他人对该物品的同时消费,因为向一个人提供公共物品的成本与向多个人提供的成本是相同的;一旦公共物品生产出来就无法阻止其他人对该物品的消费。由此决定了公共物品通过自由市场机制提供时会存在"免费搭车"现象,从而导致

---

[1] 郭剑平:《社团组织与法律秩序研究》,法律出版社2010年版,第27页。

公共物品的供给不足。这就是所谓的"市场失灵"。"市场失灵"决定了公共物品的提供需要某种强制性力量的介入,这就要求由政府来承担公共物品的提供。但是,在一般情况下,政府提供公共物品倾向于反映中位选民的偏好,只是为了满足大部分选民的需要,即提供单一化、标准化的公共物品。事实上不同的社会人群对于某些公共物品的需求在质和量上是不同的,这必然导致一部分人对公共物品的过度需求得不到满足,另一部分人对公共物品的特殊需求也得不到满足,从而在公共物品的提供上存在不同程度的"政府失灵"。非政府组织作为对公共物品提供的"市场失灵"和"政府失灵"这两种形式的"失灵"做出的反应,在公共物品的创造方面具有非常重要的作用。他们在政府和企业之间"拾遗补阙",灵活多样地满足各社会群体对公共物品的需求。[1]

社会组织提供社会公共服务的目的,是为了弥补政府在提供公共服务方面的不足,重点是为弱势群体提供服务,缓解政府在提供公共服务中存在的不公平问题,同时为少数人提供特殊服务,满足人们的个性化需要。提供社会服务是非政府组织最主要的功能,在西方如此,在中国也一样。近年来,随着第三部门组织数量明显增加,规模逐渐增大,能力不断提升,其在提供社会服务方面的作用明显增强。[2]

2. 代行政府职能

美国的莱斯特·萨拉蒙教授视非营利组织为第三者政府,指出第三者政府在服务的提供上并非处于次要的角色,而是一种具有优势的机制。所谓第三者政府,主要特征是由民间非营利组织执行政府目标,对公共基金的支出拥有实质上的裁量权,代政府执行公共权力。非营利组织的发展,主要是为了满足人民对公共服务的渴望,

---

[1] 参见文军、王世军:《非营利组织与中国社会发展》,贵州人民出版社2004年版,第14~15页。

[2] 康晓光、冯利:《2011中国第三部门观察报告》,社会科学文献出版社2011年版,第30页。

同时因为惧怕政府权力过度膨胀,通过第三者政府形成的组织,来增加政府提供福利服务的角色与功能。社会组织和政府部门都是社会服务的提供者,社会组织和政府的根本区别不在于他们的组织目标,而在于他们在实现共同目标的过程中所使用的方法。在提供公共服务方面,社会组织和政府部门各有其优势和劣势。社会组织的优势在于:第一,社会组织更容易接近被服务对象;第二,社会组织更灵活地对服务对象的需求做出反应;第三,社会组织更适合处理高风险的社会问题。因此,社会组织在很多方面可以成为政府部门的助手,政府部门与社会组织的合作将会提高社会的福利水平。[1]政府通常将一部分公共物品的供应委托给社会组织,主要是因为:第一,通过一个独立的组织来向公众提供服务,可以名正言顺地向目标公众收费,从而降低政府所投入的总成本;第二,社会组织所耗费的成本要低于政府部门,尤其是在劳动力方面。如果一项公共物品由政府部门提供,那么根据法律规定,政府必须向工人支付与市平均水平相等的工资,但是社会组织拥有许多志愿者,而且其工资水平不受法律的限制,可以低于市场平均水平。因此,如果政府部门一方面面临增加公共物品供应的压力,另一方面又不想加重纳税人的负担,最好的方法就是将这项公共物品的提供交给社会组织来完成。第三,政府有时需要向不同的社会群体提供不同的服务,但是由于受到官僚体制的制约而难以提供,此时,政府可以向"社会组织"提供资助,由后者协助完成。[2]

3. 影响公共政策

倡导功能是社会组织的一种重要功能,它通过各种政策工具的积极介入来推动公共政策的形成。社会组织的这些政策工具包括:政策研究提案,游说,动员媒体和舆论,直接介入竞选等。目的是将公民的需要、意见与建议及时反映给政府和议会,作为制定或实

---

〔1〕王名等:《中国社团改革——从政府选择到社会选择》,社会科学文献出版社2001年版,第34页。

〔2〕郭国庆:《现代非营利组织研究》,首都师范大学出版社2001年版,第31页。

施公共政策的参考。社会组织一般不谋取政府权力，不想取代政策，也不想成为政府体制的一部分，但是它们对政府的决策很关心，通过倡议和游说对政府决策施加影响，努力使自己的主张和意愿能反映在政府的政策中。在不同的阶段，社会组织的战略不一样，组织形式也不一样，工作重点也不同。第一代社会组织的工作重点放在救济和福利性服务上，它们直接为特定的社会群体提供食品、医疗、收容等服务。第二代社会组织将重点移到小规划的、以自力更生为基础的社区发展上，其目的是缓解由慈善和人道援助造成的依赖性。其手段是采取种种措施增强社区自力更生的能力，包括完善以预防为主的医疗服务，引进高产品种，介绍新的耕作方式，修筑连接社区与外界的道路，成为社区自治组织等。第三代社会组织将可持续的系统发展作为其目标，这就要求它们学习和推广其他基层社会组织的成功经验，完善种种必要的制度建设，增加与各政府部门的合作，将自己提供服务的角色转变成为新事物催生的角色。第四代社会组织试图通过与其他社会组织结成在全国范围和世界范围内的联盟促进制度和结构的变革。[1]在较长时期里，发展中国家社会组织主要从事社会基层的发展项目，在影响政府政策的倡议和游说方面成就较少，但在实践中人们逐渐认识到发展项目本身并不是解决问题的根源，不会使社会经济的结构发生变化，导致发展中国家不发达的原因有很多，特别是不公正、不合理的国际经济新秩序和政府秩序，以及各国政府和各国际组织的错误政策等重大外部根源，单凭发展中国家社会组织的发展项目活动是不能解决这些问题的。进入 20 世纪 90 年代后，发展中国家的一些社会组织开始注意在影响本国政府政策以及重大的国际决策上下功夫，在政策研究、倡议和游说方面投入了越来越多的资源，发展中国家的许多社会组织针对导致贫困的结构性和制度性原因越来越多地开展活动，试图通过对

---

〔1〕 王绍光：《多元与统一——第三部门国际比较研究》，浙江人民出版社 1999 年版，第 29 页。

政府的宏观政策施加影响去推动各种社会问题的解决。[1]

社会组织影响、参与公共政策的制定与执行，一方面体现了公共治理的思想，另一方面体现了社会制约权力的思想。社会组织参与公共政策的目的是制约政府行政权力的过度膨胀，引入竞争机制促使政府提高制定和实施公共政策的效率，提高政策对不同利益群体的代表性和政策的社会合法性，同时实现善治的理想。在我国，社会组织的这一功能也正在实现。如行业协会、商会等组织通过搜集相关信息、反馈政策执行意义等方式，起到了影响公共政策的作用。一些倡导性组织，通过利用公众传播，影响公共舆论等方式，也会对政策的制定产生一定的影响。[2]

4. 制约政府权力

政府的权力最具有扩张性和侵犯性，政府权力对公民、法人、其他社会组织的人身权、财产权等造成侵害的情况屡见不鲜，政府官员的腐败行为屡禁不止，这正是政府权力缺乏制约的必然后果。因此，讨论政府权力的制约问题，关键在于怎样一种外在力量可以阻止行政权力过度膨胀，使其难以侵犯公民、组织的合法权益。然而在政府公权力面前，个人显得太渺小、太单薄。若没有代表自己利益和反映自己意愿的社会中介组织的存在，个体的力量无法与以国家为后盾的政府权力来抗衡，对政府权力的侵害也就无能为力，自身利益的诉求就可能无法实现，就可能会导致政府权力的滥用。因此，社会组织就作为个人联合起来限制政府权力的重要形式而产生。社会组织作为社会中的一种结社力量，在政治上制约政府权力，其实质是起到促进政治民主化的作用。现实中，西方社会组织在制约政府权力，促进民主政体的有效运行等方面，确实发挥了重要的

---

[1] 参见文军、王世军：《非营利组织与中国社会发展》，贵州人民出版社2004年版，第18~20页。

[2] 参见康晓光、冯利：《2011中国第三部门观察报告》，社会科学文献出版社2011年版，第32页。

作用。[1]

(二) 社会组织与治理的关联

1. 政府在社会治理方面存在的局限性

人们一直追求构建有效的政府治理模式，以此来实现对社会公共事务的有效治理。政府治理模式也不断伴随着时代的发展而发展，经历了诸多变革。工业化时代背景下，政府对社会的治理采取的是传统科层级政府的模式。这种模式具有以下特点：首先，政府治理的组织基础是科层级；其次，政府是社会治理的唯一主体；最后，政府治理社会主要采取行政命令等强制性手段。但随着工业化时代向后工业化时代的转向，科层制政府面临着诸多挑战。

首先，科层制的组织模式受到全面冲击。依照韦伯的观点，官僚制具有层级制、连续性、非人格化、专业化等特征。科层级治理方式就像一部高效运转的机器，能够快速高效地为社会提供规模统一并且标准化的公共服务和公共物品。但随着社会发展对于公共服务与公共事务需求越来越多样化、复杂化、动态化，科层级治理制度的弊端开始显现，这种模式阻碍了基层人员的积极性，对于民主治理起到了破坏作用。除此之外，部门之间的权责不明确造成了部门之间缺乏沟通、推诿责任的局面。严格的规章制度阻碍了个性化的发展，使得人们将遵守规章制度当成了目的，反而将科层级制度原有的秩序和理性、原有的优势破坏得荡然无存。其次，作为唯一治理主体的政府也遭到了前所未有的挑战。政府作为唯一的治理主体并不是全能全知的，其权威性不断受到质疑。另一方面，公共治理的实践也不断摧毁着政府无限理性的假设。举例来说，政府无法掌握着社会中所有的资源，日益增多的社会事务使得社会治理任务变得异常繁重，由于没有足够的资源，决策失灵的现象屡屡发生。除此之外，政府官员之间徇私逐利、权力寻租的现象也是时有发生，

---

[1] 参见康晓光、冯利：《2011 中国第三部门观察报告》，社会科学文献出版社 2011 年版，第 33 页。

这种行为对于社会公共治理造成了极大的负面影响。最后，随着民众权利意识越来越强，公民社会力量不断发展壮大，政府强硬的行政命令的治理方式遇到越来越多的阻碍，民主化进程的加速前进使得科层级式治理方式的效果乏善可陈。

科层制度下的政府治理不断面对着严峻的挑战，于是人们逐渐开始思考研究其他的方法来治理社会公共事务。以布坎南等为代表的公共选择理论学派用经济学的角度来探究政府治理失败的原因，并主张用市场来实现社会治理，由此出现了市场型政府的兴起。亚当·斯密在《国富论》中有一段相关论述，人们在追求私利的过程中会自动实现公共利益。也就是说，市场作为一种治理机制在满足个体利益的同时也会促进社会利益的最大化，从而实现公共资源的有效配置。市场这只"看不见的手"开始成为公共治理的有效力量，应用在实践中也充分证明了市场政府在治理中存在一定的优势。但市场在公共事务治理的某些方面也存在一定的不足和缺陷。第一，市场机制不能有效地提供公共产品。这是由于公共物品不具有竞争性和排他性，对于其产权界定存在困难。由此价格机制不能发挥其本身的优势，对市场主体供给产品的动力产生了一定的影响，难以发挥其积极性。第二，市场机制本身存在外部性，指的是一个主体对另一个主体产生或积极或消极的影响，但这种影响却无法实现市场调节。简言之，积极影响无法得到激励而消极影响也无法受到一定程度的遏制。第三，市场机制容易造成垄断。在市场经济的大环境下，市场主体通过竞争容易造成"强愈强，弱愈弱"的马太效应，其中一部分具有竞争力的市场主体将占据市场的大部分，从而造成垄断现象。第四，市场主体的信息不对称。市场主体的各自分化使得其掌握的市场信息存在不对称现象，个体并不能掌握市场经济的整个状况造成市场的盲目性和局部性，从而造成社会的无序状态，对社会经济发展的整体运行造成一定的冲击。市场经济治理模式存在的不足使人们逐渐认识到市场型政府也存在失败的可能。

皮埃尔等指出："当前相对普遍的看法是，国家作为社会行为者之一，依然保留着某些唯一的权力，比如行政权和司法权以及推行公共政策的权力。与此同时，国家对其他社会行为者的依赖性有所增长，这是由于国家面临资源的匮乏，或者正在面临着不断增长的无法管制的环境。"[1]库依曼更加明确地指出："多样的、动态的和复杂的社会问题需要一种新的模式，它应该包括以前没有包括的伙伴，不仅关注市场，也要关注公民社会，以及各种各样的管理伙伴。因为政府并不是解决社会问题的唯一行为者，除了传统的方法之外，需要新的治理方式来解决这些问题。"[2]由此可见，在社会治理方面不能仅仅局限于要么找政府、要么找市场的传统思维方式，而是要在市场和政府之外寻找第三条道路。

2. 社会组织参与治理具有的优越性

我国的社会组织伴随着经济体制转轨和政府职能的转变得到空前的发展。虽然就目前而言社会组织在我国社会更多的只是涉及些"拾遗补阙"的工作，但毋庸置疑的是社会组织在整个社会的沟通、整合及治理方面以其独特的优势发挥了不可替代的作用。

（1）社会组织是承接政府职能的重要载体。经济发展不断推动社会的变迁，由此伴随着利益结构的多元化、经济生活的市场化、政治生活的民主化、公民主体意识的明晰化等方面的变化。在此基础上，社会公共事务也变得日益复杂，如仅仅由政府承担显然是不现实的，势必无助于社会发展。由此可见，政府承担的社会管理职能也不可能涵盖所有社会公共事务，而仅仅只是其中的一部分。同时，从市场经济的发展趋势来看，大量社会事务由社会自行来管理更有助于其有序管理，而对于其中某些特定的事务才由政府来管理。因此，对于社会公共事务的管理，客观上要求存在多元主体来承接政府转移出来的职能。伴随着体制改革的不断推进深化，政府办社会、企业办社会的现象正逐渐被淹没在历史的长河里，它们承担的某些社会管理职能将移交给社会。在当今社会中，利益结构的多元

---

[1] J. Pierre, B. G. Peters, *Governance, Politics and the State*, Macmillan Press, 2000.
[2] Kooiman, J., *Governing as Governance*, Sage, 2003.

化也在推动社会管理的逐渐民主化。这种发展趋势带动了各种管理主体的功能逐步得到发挥,各种管理主体的地位得到承认,不同利益主体的利益诉求日趋个性化、复杂化。在这种发展趋势的客观环境下,需要提供新型组织结构形式来适应利益多元化的要求,而这种新型组织结构形式就是各种社会组织。随着社会功能的分化和自治力的增强,非官方、非营利、服务于社会的组织体系日益成为社会公共事务管理的主体。传统计划体制下单一主体的社会管理模式必须向多元主体的社会管理模式转变。

(2) 社会组织是化解社会矛盾的重要力量。中国社会的阶层结构自改革开放以来经历了急速蜕变的过程,在这种蜕变的过程中,不变的是社会结构和利益群体呈现明显分化,各种利益诉求的表达、利益矛盾和利益冲突已成社会常态。而要保证社会的均衡发展,一个必然的结果就是现有的社会制度和结构要能容纳这种利益表达,并且为这种利益表达设立相应的制度安排以适应社会。社会组织具有自治性、中介性、公益性、专业性等特点,以至于其在化解矛盾纠纷中具有独特优势,能够成为社会利益关系的有力调节器。各类行业协会和专业性社会组织利用自治力量解决同行业间、专业内经常发生的矛盾纠纷,更容易使当事人取得共识、达成谅解;对外形成有组织、有秩序的利益表达,有利于实现党和政府方针政策的上情下达、所属群体的下情上传、不同利益群体的协调对话,从而减少非理性个体行为的发生,[1] 避免局部矛盾酿成全局性冲突,避免局部矛盾演化成影响社会稳定的重大群体性事件。

(3) 社会组织是完善社会服务的重要保证。随着国家经济社会发展、人民生活水平提高,公民权利意识逐渐明晰化,进而群众对社会服务的需求也呈现出日益增加和迫切的趋势。公众对社会服务的需求已呈现出由社会生活福利服务向生产性服务和社会性服务转变、从基础性服务向发展型服务转变、有的地方甚至向享受型的服

---

[1] 张勤、钱洁:《促进社会组织参与公共危机治理的路径探析》,载《中国行政管理》2010年第6期,第89~90页。

务发展的态势，从物质领域向精神领域拓展。人民群众日益增长的公共服务需求与供给不足之间的矛盾日趋突出，迫切需要扩大社会公共服务。[1]而社会组织服务观念较强、组织种类齐全、资金渠道多样、服务形式灵活、社会各界支持，同时社会组织来自民间、了解民生、熟悉民情、关注民生，其提供的社会服务，具有较强的针对性和实效性，特别是在环境保护、扶贫开发、艾滋病防治、社会福利、社区服务、慈善救助等社会问题比较集中的领域中，都能发挥极其重要的作用，[2]成为政府不可或缺的助手。

（4）社会组织是加强基层民主的重要推手。治理是通过合作、协商、伙伴关系、确立共同目标等方式实施对公共事务的管理，实现国家与社会之间的良好合作。[3]社会治理需要政府和社会公众的共同参与，基层民主能够带来良好的社会治理，社会组织在加强基层民主建设进程中能够大有作为。社会组织既是沟通政府和群众的重要桥梁，也是连接政府与社会的重要平台，是实现基层民主的重要载体。一些组织突出会员参与的志愿性，强调组织管理的自律性，追求行为目标的公共性，在社会成员中促进了公民精神的形成。同时，基层社会组织内部的民主选举、民主决策、民主管理，也提高了群众认知和掌握民主规则、选举程序以及自我组织、自我管理的能力，促使公众学会用民主的方式来维护和发展自身合法权益。社会组织的兴起已经成为社会自治和基层民主的重要基础。

（5）社会组织是培育公民意识的重要场所。公民意识是社会成员对自己基本社会身份的认同，是以一定价值观为指导的对公民与国家、社会及他人之间关系的认识和态度。它要求公民具有作为国家主人翁的责任感和使命感、权利观和义务观，秉持合理、合法、

---

[1] 窦玉沛：《让人民群众在保增长中得到更多实惠》，载《经济日报》2009年2月16日，第6版。

[2] 肖飞：《试论农村非政府组织对农村社会稳定的影响》，载《广州市公安管理干部学院学报》2008年第3期，第28~31页。

[3] 张静波：《社区社会组织参与社会建设的路径》，载《光明日报》2009年10月31日，第7版。

守法的基本理念，形成对待个人与国家、个人与社会、个人与他人关系的正确价值取向和道德观念。公民意识的培育直接关系着社会治理的成效。各种社会组织代表不同的利益阶层，成为扩大公民参与民主管理的有效渠道，以及培养公民意识和民主精神的土壤。一些社会组织突出会员参与的志愿性，强调组织管理的自律性，追求行为目标的公共性，在社会成员中促进了公民精神的形成，唤醒了公众的参与意识，为进一步发展中国的基层民主奠定了重要社会基础。

## 二、社会组织参与治理的必要性和可能性

从 20 世纪 90 年代以来，治理（governance）一词成为西方社会科学的流行术语，进入 21 世纪以后它也成为中国学术界的重要话语。从政治学意义上说，治理指的是公共权威为实现公共利益而进行的管理活动和管理过程。治理与统治（government）两者的实质性区别在于，统治的主体只能是政府权力机关，而治理的主体可以是政府组织，也可以是非政府的其他组织。统治的着眼点是政府自身，而治理的着眼点则是整个社会。根据研究者关于公共治理的系统梳理[1]，有关公共治理的产生可以作如下理解。

1989 年世界银行在概括当时非洲的情形时，首次使用了"治理危机"（crisis in governance）一词，此后"治理"（governance）便成为各国学者研究的焦点。1995 年全球治理委员会在一份题为《我们的全球伙伴关系》的研究报告中将治理定义为"各种公共和私人机构管理公共事务的诸多方式的总和，是使相互冲突的和不同的利益得以调和并且采取联合行动的持续的过程"。其中既包括有权迫使人们服从的正式制度和规则，也包括各种人们同意或以为符合其利益的非正式的制度安排。依据治理范围的不同，治理可以分为两种基本类型：一是指对私域的私人治理，例如公司治理；二是指对公

---

[1] 参见徐刚：《公共治理与公民社会》，载《中国商界（下半月）》2009 年第 3 期，第 277 页。

域的治理，即公共治理。大致说来，"公域之治模式主要有三种：一是由国家作为唯一的管理的主体，实行封闭性和单向度管理的国家管理模式；二是由国家与各种社会自治组织共同作为管理主体，实行半封闭和单向度的公共管理模式；三是由开放的公共管理与广泛的公共参与这两种基本元素综合而成的公共治理模式，其特征是开放性和双向性。"从政治过程出发，我们可以很清楚地看出公域之治的三种模式——封闭性和单向度的国家管理模式、半封闭和单向度的公共管理模式、开放性和双向性的公共治理模式都是国家政治统治在不同时期、不同国情下的不同表现形式，是统治阶级为维护其统治，而不断适应政治及社会的发展要求进行的一种政治改良运动。

随着市场经济的发展，政府在国家管理、社会管理中的弊端日益暴露出来，这些都集中地表现为政府失灵：一是政府的管理能力不足。随着社会的发展，各种社会、经济问题源源不断出现，而政府的管理能力提升的速度却赶不上问题出现的速度，尽管超负荷运转，但是仍然力不从心，导致行政效率低下。二是政府管理效果不佳。政府经常反应迟钝、行动迟缓，跟不上经济、社会发展的节奏；政府权力运作过程经常出现堵塞，机制更新缓慢；政府管理的越位、错位、缺位或者不到位，使得公民权利和利益得不到有效保障，导致政府的信任危机。三是政府管理过分强调直接维护政治统治的工具性作用，而忽视了对社会公共事务的管理和为社会公众提供公共服务的服务性作用，导致政府管理经常在公平与效率、自由与秩序、公益与私益之间顾此失彼，阻碍着社会经济发展，制约着公民权益的增长，妨碍了公民自由的拓展和公民价值的提升，使得公众对政府管理的正当性产生怀疑，而产生了政府的合法性危机。为了消除政府的信任危机、合法性危机，提升政府能力，提高行政效率，维持现有的社会秩序，维护统治阶级的统治，就需要一种新的政治统治模式来取代封闭性和单向度的政府管理模式进行社会、经济管理，而这种模式就是公共治理模式。

公共治理模式的指导原则是效率、法治、责任；公共治理模式的运行方式是强调政府与民间、公共部门与私人部门之间的合作、协调与互动；公共治理模式的宗旨是建立一个高效的公共服务体系，突出服务理念。公共治理实际上是国家的权力向社会的回归，公共治理的过程就是一个还政于民的过程。从全社会的范围看，公共治理离不开政府，但更离不开公民。公共治理有赖于公民自愿的合作和对权威的自觉认同，没有公民的积极参与和合作，就没有公共治理。在公共治理模式中，广泛的公众参与是以公民社会的形式表现出来的，公民社会是公共治理的现实基础和重要主体，没有一个健全和发达的公民社会，就不可能有真正的公共治理。

公共治理模式的内涵指的是政府与民间、公共部门与私人部门之间的合作与互动的综合，即公共治理模式的主体是政府（即国家）和公民社会（即社会组织、民间草根组织、志愿性社团等）。从这一观点我们可以看出公共治理的发展有其坚实的公民社会的发展作基础。通过对公民社会的发展史的梳理我们可以得出一个结论：社会组织是公共治理的一个重要主体。

（一）社会组织参与治理的必要性

在经济全球化与政治民主的背景下，社会组织参与社会治理的必要性越来越得到凸显，传统的单一依靠政府的治理模式逐步被取代。政府与社会民间组织之间在共同的目标作用下，通过共同协商合作的伙伴关系联手治理社会事务，以引导、规范公民的各种活动，最大限度地增进公共利益。[1]社会治理的过程是一个构建友好、尊重等众多积极元素加入的过程。因此，多元参与、理性协商显得非常重要。当今的社会治理理念不仅仅包括自上而下的纵向管理，也包括横向之间的参与合作。纵向层面指的是在党的领导下，由政府负责，自上而下地维护社会发展的秩序，是一种刚性需求。但这种模式的弊端在于强硬的行政模式容易削弱民众对于参与社会生活的

---

〔1〕肖巍、钱箭星：《西欧社会党社会治理理论和政策述要》，载《复旦学报（社会科学版）》2006年第6期，第111~117页。

积极性和自主性，造成对政府的过度依赖。因此将造成政府的决策决定社会走向的局面。除此之外，单纯依靠政府行政系统的管理，难以为社会提供个性化的服务。而横向纽带的产生恰恰能够弥补这一点，它通过横向拓展，将社会成员编织到一个个网络当中，能有效地动员社会资源。[1]横向之间的合作没有行政命令的约束，在正确价值观的引导下能够有效传播和发扬其本身所富含的价值，创造性地增加公共服务的供给。另外，社会组织具有数量多、类型广、灵活度高、人性化强等优点，能够像毛细血管一样为社会成员——尤其是弱势群体提供个性、多元和人性化的服务。正因如此，将横向管理和纵向合作有效地加以结合，不仅能够增强社会秩序的管理，也能激发公众的智慧创造活力，既有共性又有个性。

但就我国现实状况而言，我国纵向纽带发达而横向纽带仍然需要完善。十八大以来，我国改革的进程不断深化、民主建设积极推进、公民社会不断完善、私人空间大力延伸。[2]以前的计划经济体制下的政府管理已经渐渐不符合时代发展的需要，社会形态由以往的高度集中化转入当今的非集中化，因此社会组织参与社会治理的愿望也越来越强烈，社会组织参与社会治理的必要性也日渐凸显。公民从自身的状况出发，主动去加入或者参与一些社团或者组织，用自身的行为来建设和发展社团组织，将社团组织在社会发展中当作载体，树立以政府为主导的社团组织主动参与社会治理的新模式。社会的逐步发展也给社会组织参与社会治理的必要性提供了依据，包括政府职能的转变、公民利益诉求的多元化、新的信息技术的发展以及社会和谐稳定的需要四个方面。

1. 党和国家领导下的政府职能转变

2012年11月8日党的十八大报告提出，要建立职能科学、结构

---

[1] 赵小平、孔祥利、卢玮静：《精英组织参与城市社区社会组织培育：模式特征与策略选择》，载《新视野》2014年第3期，第100~104页。

[2] 肖飞：《社会组织参与社会治理的现实困境及路径选择》，载《中共青岛市委党校·青岛行政学院学报》2011年第2期，第65~68页。

优化、廉洁高效、人民满意的服务型政府。人民满意的服务型政府就是说政府要提供服务，而且这个服务的标准必须是人民满意。2013年3月17日，国务院总理李克强在十二届全国人大一次会议的答中外记者回答时，谈及此次国家机构改革和职能转变方案时说："如果说机构改革是政府内部权力的优化配置，那么转变职能则是厘清和理顺政府与市场、与社会之间的关系。"党的十八届三中全会提出："要创新社会治理，增强社会发展活力，提高社会治理水平。要改进社会治理方式，激发社会组织活力，创新有效预防和化解社会矛盾体制。"这些观点的提出，反映了政府在执政过程中理念的转变，对于政府自身简政放权的号召，从过去一味地政府管理到政府治理观念的转变，对于社会组织参与社会治理这一命题提供了向心力，也为社会组织参与社会管理的必要性在理论上提供了依据。

2. 公民利益多元化，参与社会事务的愿望增强

我国社会逐步进入转型期，经济体制与结构也在逐步发生变化，由此社会关系也逐步呈现出多元化的态势。我国中产阶级的力量在经济发展的浪潮下越来越壮大，参与社会事务的积极性也在不断提高，渴望能够越来越多地参与到社会治理当中。除此之外，社会事务越来越复杂，政府所承担社会管理的比重越来越小，社会事务通过社会自治来进行自我治理。在这种情况下，代表利益多元化的民间组织不断出现。随着社会事务管理的日益细化和专业性的增强，社会组织的出现对社会治理具有一定的积极作用。社会组织的自治能力也会伴随社会事务的参与不断得以提升，使得具有公益性、非营利性的社会组织体系不断完善，形成社会治理的良性循环。

3. 科学技术的进步使社会组织参与社会治理的成本降低

科学技术的不断进步、网络时代的到来为社会管理模式的创新注入了新的生命力。随着互联网的迅猛发展，一些关乎国情民生的事务能够通过微博以及相关网络平台得以传播，民间对于社会公共事件的讨论、参与和评价已经对政治生活管理产生了一定的舆论影响。网络平台的产生使得公民参与社会管理的渠道变得简便快捷，

使公众参与的热情不断增加，信息化网络格局的形成也能够有效保障群众的监督权。除此之外，基层民主的发展依靠人民群众的自治以及信息的有效传播，因此社会组织的形成发展符合社会发展的趋势，单一的政府参与社会治理的方式已经不再符合社会发展的潮流。由此可见，社会组织参与社会治理具有一定的必要性。

4. 社会治理模式倒逼社会稳定

在社会深刻变革过程中，原有的利益格局和经济模式不断受到来自新局势的挑战。经济结构、利益主体和社会关系随着经济形势、社会格局以及思想动态的影响不断变化，这将会导致利益主体之间的分化，各阶层之间的矛盾加剧。在市场经济资源分配过程中，收入差距问题不可避免，两极分化问题也会出现，这会不断加剧社会问题的产生。首先，工业化进程不断向前发展能够提高劳动生产率是毋庸置疑的，然而从劳动力的角度来说可能会造成大面积的工人失业，也会带来一系列的环境问题。其次，城市化的发展让我们看到中国乡村城镇的面貌发生了翻天覆地的变化，但是在这个过程中农民失地，仅仅依靠补偿金不足以维持生活时可能会成为社会的不稳定因素，城市犯罪的比例升高。最后，科学技术的变革催生了信息化时代的到来，这个过程带来了知识经济和信息经济，但同时也带来了电信诈骗、网络诈骗等社会问题。这种趋势下来自社会的问题不断增多，政府面对的社会问题也越来越复杂，因此在处理社会问题时面临着严峻的挑战。这种情况下，社会组织因为其具有的非营利性、公益性以及专业性的特征，能够代替政府成为调节社会问题的润滑油和调节器，调节来自社会不同阶层的利益，反映来自各个阶层的声音，为政府科学化决策提供来源。由此可见，社会组织对于参与社会事务、化解矛盾解决社会纠纷具有无可比拟的优势。

（二）社会组织参与治理的可能性

时代的发展和进步促进了社会组织的不断发展，在社会组织参与社会治理之前，国家和市场承担着为社会提供公共产品和公共服务的职能。政府根据国家赋予的行政权力来制定和分配公共供给的质量和数量,并通过国家强制力来保障公共服务的公平性,但政府失灵造成基层公共分配不均的现象也会发生。而市场则利用价格机制为人民提供个性化、差异化的服务,但也会产生诸如"马太效应"之类的市场失灵现象。正是因为如此,我国政府转变执政理念,逐步推进行政体制改革,并出台了一系列相关政策来保证和引导市场的健康有序发展,为社会组织参与社会治理营造了良好的环境,为社会组织对社会治理的参与提供了可能性。

1. 政府权力的相对弱化,社会组织有参与的空间

自改革开放以来,中国社会发生了广泛而深刻的变革。我们可以发现,在市场化主导下,"强政府,弱社会"的格局逐步向政府市场相分离的格局转变。相比计划型的经济体制,政府和市场相分离的格局可以有效地增强市场的自主性,发挥市场的优势。在这过程中显著的改变就是国家和政府权力的适度弱化,形成了相对自主的社会组织参与的空间,使社会中存在的各类社会组织的生存空间得到有效的提升。社会组织在公共救助、解决基层矛盾、提供公共服务等方面发挥越来越重要的作用,使政府治理中存在的漏洞得到了有效的弥补。与此同时,社会治理也能够积极承担社会职能,参与社会管理,对维护社会的稳定发展起到了一定程度的促进作用。在当下中国,尽管社会组织仍然在政府的主导下产生和发展,但随着政府执政理念的转变,一些潜在的、相对独立的、具有一定组织力的社会组织必将在社会发展中产生重要的影响,为我国经济建设和社会稳定发展做出重要的贡献。"国家-市场-社会"三者有效契合与良性互动的客观事实也将在社会组织的发展中逐步实现,并成为我国社会治理现代化能力建设的美好图景。[1]

2. 政府执政理念的善治转变,相对独立的社会力量逐步成长

受传统"官本位"思想和计划经济体制的制约,为在有限的社

---

[1] 丁惠平:《中国社会组织研究中的国家—社会分析框架及其缺陷》,载《学术研究》2014年第10期,第45~49页。

会资源下实现社会管理的有效性,我国地方政府长期扮演着"全能政府"的权威角色,"强政府,弱社会"的社会治理格局被不断延续,并形成以行政权力强制干预社会事务的管控思维,"政治权力可以侵入社会的各个领域和个人生活的诸多方面,原则上它不受法律、思想、道德的限制"。[1]在新常态的当下中国社会,面对复杂多变的未知世界和社会治理的潜在不稳定因素,"全能政府"拥有过多不恰当和难以有效履行并付诸实践的政治权力,一旦政府的执政行为得不到现有体制的制约,就必然导致权责的分离与失衡。[2]因此,转变政府执政理念,突出政府、社会与公民的协同功能,是新时期社会治理善治的基本前提。由于政府执政理念的科学化、规范化以及公民社会的崛起,全能型政府对社会的任意控制转变为有规则的适度干预,并逐步建立起服务型政府。在此基础上,国家与个人的关系不再是简单的依附关系,一个相对独立的、充当政府与公民连接纽带的社会组织日益成为社会治理的核心力量之一。伴随着社会分工的专业化与社会结构的快速分化,社会成员的组织化程度提升。学者孙立平认为:"组织化是实现民间社会活动有序化的重要保障之一,也是基层社会生活中具备自我形成秩序能力的不可或缺的形式。"[3]通过社会组织的作用,社会成员能够凝聚群体的力量,在与政府的谈判中施加团体压力,进而有效表达利益诉求、维护合法权益;而政府也期待借助社会组织参与社会治理与公共服务,维护社会发展的稳定大局。

---

[1] 邹谠:《二十世纪中国政治—从宏观历史与微观行动的角度看》,牛津大学出版社1994年版,第223页。

[2] 张定淮、涂春光:《论责任政府及其重建机制》,载《中国行政管理》2003年第12期,第75~79页。

[3] 孙立平:《现代化与社会转型》,北京大学出版社2005年版,第158~159页。

CHAPTER2 第二章
# 公共产品的社会组织供给与法律规制

公共产品的重要性不言而喻,它既事关经济发展、国计民生,也反映着社会文明。人们对公共产品的供给方式进行了长期不懈地探索和研究,从市场失灵到政府失灵,说明最终需要社会力量的介入来解决公共产品供给领域出现的各种问题。而社会组织就是社会力量最完美的代表。虽然,在社会组织发展之初,显现出各种各样的不足,但无论是从市民社会理论、公共治理理论、委托代理理论还是西方近年来成功的经验上来看,社会组织参与公共产品供给已经是大势所趋。在很大程度上,社会组织的介入不仅能够补充公共产品的不足,也能克服政府和市场参与公共产品供给的弊端。

就我国而言,社会组织参与公共产品供给更有紧迫性。首先,经济的持续增长背后是总量更大、品种更加多元的公共需求。其次,社会的转型,凸显出政府和市场的无能为力,急需新的主体参与其中。

那么,要思考的是,为什么社会组织能够参与公共产品的供给?在我国,公共产品的社会组织供给的问题又是什么?国外的相关领域又为何取得长足的进步?从法律层面上来讲,我们又该建立什么样的法律机制以保障社会组织在这一领域发挥应有的作用?这些都是我们亟待解决的问题。基于此,我们将围绕参与提供公共产品的社会组织这一主体,进行相关概念和理论剖析,在对我国社会组织的现状特别是其参与提供公共产品充分论证基础上,对比西方国家的管理经验,提出我国公共产品供给研究和实践中应当建立和完善社会组织参与机制,理清政府和社会组织的关系,明确在这一过程中的各自职能所在。最重要的,也是本文的落脚点,即从法律机制的构建来应对公共产品的社会组织供给所暴露的不足。

## 一、公共产品阐述

### (一) 公共产品的概念

公共产品一词翻译自英文单词 Public Goods,也称公共物品或公共品,是伴随着人类生产力的发展和生产关系的改善而产生的。公共产品因其特有的属性,深刻地反映着社会文明程度和整体的财富状况,是维持一国各行各业正常运转的先决条件,也是促进民众福利的基础和重要保障,对国家或地区的经济、社会等各个方面的发展有着重要意义。

公共产品 (Public Goods) 这一概念最早来源于西方。林达尔是最先使用这一术语的人,他在其博士论文《公平税收》中指出:"公共产品是国家对人民的一般给付,个人或个人集团对公共产品所支付的价格就是赋税。"[1]林达尔的主要贡献是他建立了林达尔均衡模型来给公共产品定价,依据每个消费者对公共产品的评价来收取相应不同的价格。但比较遗憾的是其并没有对公共产品的内涵做出解释。直到萨缪尔森的著作《公共支出的纯理论》发表,才出现了现在普遍认可的对公共产品内涵的解释,他把公共产品的概念总结为:"每个人对这种产品的消费,都不会导致其他人对该产品消费的减少。"[2]需要指出的是,萨缪尔森最初的定义是不全面的,因为他仅从非竞争性一个角度对公共产品的概念加以阐释,遗漏了公共产品的其他属性,也就没能涵盖现实中所有的公共产品。在萨缪

---

〔1〕 张馨:《公共财政论纲》,经济科学出版社 1999 年版,第 609 页。
〔2〕 [美] 保罗·萨缪尔森、威廉·诺德豪斯:《经济学》(第 16 版),萧深等译,华夏出版社 1999 年版,第 268 页。

尔森后期的学术研究中,他逐渐意识到这一问题,不断地修正公共产品的概念,最终形成了现在学者普遍接受的定义方法,即从非竞争性和非排他性两个方面对公共产品进行的范式定义。

公共选择学派代表人物布坎南对公共产品的概念做了补充说明。布坎南在《俱乐部的经济理论》中对公共产品理论做了进一步发展,他首次提出了准公共产品这一概念,准公共产品又称非纯粹公共产品或混合公共产品,只具有非排他性和非竞争性其中部分的属性。布坎南的贡献在于对产品从私人产品到公共产品的转换作了连续性处理。按照布坎南的定义,法律制度、国家社会秩序、国防等属于比较纯粹的公共产品,其消费和享用上的非竞争性和非排他性决定了这些产品的提供主体只能是政府。而大量存在的道路、桥梁、港口、公园、公共文体娱乐设施等则属于准公共产品。[1]因此,从理论回到现实我们就很容易发现:如果把纯的公共产品和私人产品看作两个极致的话,那么现实中大量存在的是根据排他性和竞争性的不同而组成的准公共产品。布坎南对公共产品概念的完善说明了学界对公共产品的认识逐渐深入,也更加贴近现实实践。公共产品的非竞争性和非排他性成为研究公共产品这一领域的立足点。

综上,非竞争性和非排他性即为公共产品的自然属性,西方学者基本上都是从这一视角来定义和理解公共产品概念的,但这是不全面的。因为现代社会科技的革新使消费的排他性成为可能,且能够以较低的成本实现,也就是说市场和其他主体在技术上能够很容易进入这一领域。但是纵观世界各国,政府作为供给主体的公共产品范围却没有发生太大的变化,这说明仅从自然属性来定义公共产品是不全面的,还需要从公共产品包含的平等、公平等价值来理解公共产品的内涵,即它的社会属性。举例而言,在现实生活中会很容易发现,一些产品比如公路、天气预报、公共图书馆,它们很容易排他,但却很少向使用者收取费用;而可以以私人方式向社会提

---

[1] [美]保罗·萨缪尔森、威廉·诺德豪斯:《宏观经济学》(第16版),萧深等译,华夏出版社2003年版,第262页。

供的九年义务教育、医疗卫生等产品,现实中政府却通常是免费提供或者只收取很低的费用。这便充分体现了公共产品的社会属性,即其中所含的公平、公益的属性。[1]

因此,我们认识公共产品,必须看到其是自然属性与社会属性的统一。从自然属性定义公共产品,它是具有非竞争性和非排他性的产品;从社会属性来定义公共产品,它是在一定社会经济条件下,在一定范围内满足社会共同需要,体现社会公平、公正的产品。本文所研究的公共产品的供给问题是从其自然属性和社会属性两方面来思考的。

(二)公共产品的特征

一般认为,公共产品和私人产品的区别取决于其两个重要的特性:即非排他性(Non-Excludability)和非竞争性(Non-Rivalness),这两个标准也被各国学者基本认同,成为研究公共产品不可或缺的要素,那么非排他性和非竞争具体内涵又是什么呢?

1. 受益的非排他性(Non-Excludability)

公共产品和私人产品的主要不同集中表现在排他性上,对于私人产品而言,人们购买了某一具体的产品,只要所处区域具备明确的产权保障制度,那么根据产权独占的原则,社会上任何其他人都不具有分享这个私人产品的权利。而相比之下,公共产品就不同了,公共产品的消费是集体(全社会成员或某固定区域全体成员)共同消费,因此排除某一受益群体是非常困难的,即使这一群体没有支付享用公共产品的费用也要面临着技术上不可行或成本过高的问题。[2]简单来说,也就说拒绝付费的人不能由为公共产品买单的人加以阻止。同样,人们也不能单纯地因不想享用公共产品而采取不付费的手段,这也是行不通的。我们以环境保护为例,要排除长期居住在

---

[1] [美]约瑟夫·E.斯蒂格利茨:《公共部门经济学》(第3版),郭庆旺等译,中国人民大学出版社2005年版,第192页。

[2] 朱彬彬:《我国第三部门在公共产品供给中的实现机制与路径研究》,南京师范大学2008年硕士学位论文。

一国或者是一区域的任何人享受环境保护是极其困难的。即使是那些不在乎环境恶化的人，并且拒绝为之付费（如纳税）的人，也仍然处在国家为谋求长远发展而进行的为改善环境所采取保护范围之内。反观私人产品却恰恰相反，其具有明显的受益排他性，也正因如此，人们才愿意付费，使之成为个人的私有品，具有独享权，生产者也才会通过市场来提供。

2. 消费的非竞争性（Non-Rivalness）

公共产品的非竞争性的基本含义有二：一是边际生产成本 $MC = 0$，这里所谓的边际成本，是指增加一个公共消费者对供应者带来的成本。对于公共产品而言，公共产品消费增加一个单位，而公共产品的成本是不增加的，即边际成本为零；二是边际拥挤成本为零，即在公共产品的消费中，公共产品的消费是共同进行的，而且不存在消费中的拥挤现象。即一个主体的消费不会排斥和干扰其他主体消费公共产品。以国家安全防卫这一公共产品为例，虽然消费的主体每年都在增加，然而没人会因此而减少其所享受的国防提供的安全保障。[1]

上面所说的公共产品的两个基本特征主要是从自然属性来谈的，结合公共产品的社会属性，笔者认为应该补充一些其他的特点：

（1）社会公益性（Social-Welfare）。即公共产品的生产和提供是为了满足社会大众的各方面的需求，根本目的是扩大社会整体效益，而不是追求供给主体或其他单一主体的片面利益。

（2）效用不可分性（Non-Divisibility）。是指一个社会主体对公共产品的消费不能排除或者排斥其他主体的同样消费，各个主体的消费是不可能有特别明确的区分界限的。私人产品可以被分割成许多可以买卖的单位，谁付款，谁受益。公共产品是不可分割的。国防、外交、治安等最为典型。

（3）价格垄断性（Price-Monopoly）。是指供给主体（一般指政

---

[1] 尹鸿雁：《中国公共产品供给研究——政府的责任、优势与局限》，吉林大学2011年博士学位论文。

府)在提供公共产品时,大多自主定价,往往表现为政府预定收税额度或费用以分摊其公共产品的垄断价格。

(4)财政依赖性(Financial-Dependency)。是指公共产品的资金主要依赖政府的支持,尤其是纯公共产品的供给必须依靠政府的财政支持才能够得以真正地实现。

(5)过程复杂性(Process-Complexity)。公共产品往往具有投资大、见效慢的特点。所以,从产品的决策到公众享用是一个漫长的过程,加上各种利益主体的博弈,呈现出过程复杂性的特征。

(三)公共产品的类型

公共产品的类型多种多样,根据国际惯例,笔者还是按以上叙述的两个自然属性,把公共产品分为纯公共产品、俱乐部型公共产品、共同资源型公共产品三种类型。

第一类:纯公共产品。是指严格符合非排他性和非竞争性这两个自然属性的公共产品。现实生活中,严格满足纯公共产品定义的例子很少,但一般地,人们认为社会秩序和国防是两个典型代表。

第二类:俱乐部型公共产品。与人们在俱乐部消费产品的印象类似,是指在消费上虽然具有非竞争的属性,但却可以通过技术手段实现排他的产品。这类产品如果有过多人享用,就会发生拥挤现象,所以必须采取相应手段限制人员数量,维护其非竞争性。像日常生活中的收取门票的公园、博物馆、付费的健身馆、高速公路等。

第三类:共同资源型公共产品。它是指这么一些产品,他们在消费上虽然具有竞争的特性,然而由于自身条件的限制不能很好实现排他,防止拥挤现象的产生。比如天然牧场、沿海大范围的水上渔区、乡村的公共地下水资源等。这类共同资源的总量是一定的,每个人也会比较容易获取,即使不付费(如没有纳税)的人也不能排除在消费之外,所以会出现拥挤的现象。

我们一般称上述后面两类为准公共产品,他们共同的特征就是具备非竞争性和非排他性之一,一般不同时具备。它们或者是在消费上具有非竞争性和排他性的俱乐部型公共产品,或者是在消费上具有竞争性和非排他性的共同资源型公共产品。[1]

此外，现实中还存在其他一些分类，比如根据收益范围大小的不同，可以把公共产品分为全国性公共产品和地方区域性公共产品两类；根据收益程度不同，又可以分为直接公共产品和间接公共产品等。

**二、公共产品的社会组织供给的必要性与可能性**

（一）公共产品的社会组织供给的必要性

1. 市场作为公共产品供给主体的"失灵"

与私人产品不同，社会上对公共产品的需求度不能像私人产品一样通过价格信号反映出来。因为市场发挥资源配置作用的前提是享用者的偏好，但正是这一点，对于公共产品，特别是纯公共产品，很难取得衡量其偏好度、需求度的合理指标，因此对于公共产品供给而言，市场大都表现出"失灵"状态。究其原因，主要包括以下几个方面：

（1）市场的外部性。市场失灵的首要原因就是市场具有外部性，所谓外部性就是指个人或厂商没有承担其行为的全部成本或没有享有全部利益时所出现的一种现象。换言之，市场主体在进行各种活动中，其所带来的影响是广泛的，并不局限于自身。从经济学上讲，外部性又可以分为正外部性和负外部性，举例来说，前者如一个企业的专利成果，在给企业自身带来丰厚利润的同时，也给社会带来巨大的利益；负外部性则如企业为盈利忽视环境保护，虽然企业自身能够获利，但其排污行为却损害了居民的身心健康。市场的外部性说明，如果市场作为提供公共产品的主体，那么主体以外的任何组织和个人就可能在不支付费用的情况下而享用公共产品，即所谓的"搭便车"现象。所以，市场在无法进行纠正的情况下，不愿参与公共产品供给。

---

[1] 康晓雷：《公共物品提供模式的理论分析》，西北大学2003年博士学位论文。

(2) 市场的不完全竞争性。经济学上"帕累托最优"是说社会上各种资源可以合理配置，达到效率最优化，这也是市场经济下最理想的状态，但这种状态也只能在完全竞争的市场中实现。由于信息不对称及政府的不当干预，完全竞争市场只是存在于理想中，而现实大都呈现出其他竞争形态，如电信企业的寡头垄断，这种高额定价，直接阻碍资源的合理流动，最终极大地影响人们生活和市场效率。所以，政府有责任采取相应的反垄断措施，如介入社会力量（社会组织就是有效的一种）限制垄断，维护良好的市场秩序。

(3) 市场中的信息不对称。信息不对称理论是指在具体的经济活动中，由于角色定位的不同，市场主体获得的信息有很大的差异。表现为信息充分性和地位优势性呈现出极大的正相关性。该理论认为市场中卖方比买方更了解有关商品的各种信息，所以，生产者往往利用生产的优势地位，采取各种手段如假冒、劣质、高价出售商品以获取暴利。而消费者却往往因为专业性壁垒或不是直接受用者，不能对商品进行合理评价，不能对生产和销售过程进行有效监督。信息不对称理论表明：如果把追求利润为目的的企业作为公共产品的供给主体的话，就难免会出现有损社会公众的事。

2. 政府作为公共产品供给主体的"失灵"

如前所述，市场失灵导致营利企业不愿或者不能很好地提供公共产品，从而使政府成为公共产品的主要供给者。正如亚当·斯密所说，政府应该承担起公共事务的主要责任，提供运行良好的社会秩序和生活设施等公共产品。但是，政府在这一过程中也存在诸多不足，主要表现为以下几个方面：

(1) 公共产品政策的失效。为弥补市场失灵，政府提供公共产品首先是制定立项、运作和监督的具体政策，但是，公共政策的制定是一个复杂的过程，受到各个方面的影响。由此可见，公共产品政策的制定和执行有可能偏离初衷，达不到市场配置的替补角色，甚至是浪费资源。具体表现为以下方面：①长期以来，我国的决策都是以少数服从多数为原则的，而这种决策机制导致了"中位选民"

偏好的政策。虽然形成的这种政策服从多数人的利益，但往往忽视了少数群体的诉求，造成多数不正义。②信息不完全致使决策失误。造成信息不完全的因素很多，比如客观上政府获取有效信息的能力（财力物力等外在因素）有限，或者是因为主观原因（自我认知或短期利益驱动）制定了不符合长远发展的决策。③政策在具体执行中存在偏差。制度的生命在于执行，一项良好的政策要取得期望的社会效果，需要深入地贯彻执行。而现实中却大量存在着执行偏差、执行不彻底的状况。

（2）公共产品供给的低效率。公共产品供给的低效率是政府作为公共产品的供给主体所表现出来的一大特征，也是由多种因素造成的。①竞争机制缺乏。由于政府在提供公共产品上具有天然合法性，长此以往，政府会强化公共产品提供商的垄断地位，现实中也不容忍相关竞争因素的介入，从而缺乏竞争压力。所以，不难看出，政府为满足公共需要，而不理性地投入公共产品，比如公共支出盲目扩大，产品质量不高，政府公共支出重点偏废，以致公共资源的巨大浪费，即产生所谓的"×低效率"。②客观评估困难。与私人产品不同，公共产品的主要功能和追求在于实现社会效益，而非单一的经济效益。但是要注意的是社会效益的评价是个综合的体系，而不能从利润等单一的角度来分析，其评价的标准和方法是多样的，同时政府部门在短时间对公共产品需求内容也不可能客观详尽地反映。这一系列因素决定了对政府提供公共产品的质量和数量难以评估，不能正确地反映市场的需求情况，从而造成供给的低效率。③监督机制不力。政府在向社会公众提供公共产品的过程中，很可能出现损公肥私的现象。其主要原因是我国现阶段不完善的监督机制。政府的行为要受到立法和社会的多重监督，但规范社会组织的立法存在明显漏洞，没能够理顺各层关系，而对政府提供公共产品这一活动具体明确的规范更是无法可依。大多存在于朝令夕改的政策层面。此外，公众对参与公共事务的漠然也是社会监督不力的重要原因。

(3) 政府内部性与扩张性。经济学理论认为，社会人是理性经济人，政府工作人员也不例外，在这个假设下，政府就会表现出明显的内部性与扩张性。具体而言，政府在提供公共产品的过程中，政府部门及其工作人员追求的是部门组织目标和个人目标，如争取部门预算最大化，提高部门福利及影响力，又如单纯地追求个人仕途。而长此以来，就会形成政府越来越为自己工作人员服务的政府。由于政府的内部性，其财政支出也会呈现出盲目性和扩大化的趋势，最终造成政府机构的膨胀。以我国为例，新中国成立之初中央政府机构的总数只有 35 个，而到 20 世纪末行政机构的数量和人员大幅度地扩张，仅仅是国务院所属的机构就一百多个。[1]政府的内部性导致政府机构的扩张，这一切和公共产品的社会公益性是背道而驰的，最终不利于公共产品的有效提供。

(4) 寻租及腐败。寻租是政府失灵的另一类型，即政府工作人员利用其取得的行政权力，采取违法违规手段对市场活动进行干预或控制，以期取得超额的报酬。往往表现为官员的受贿、以权谋私的行为。寻租是通过三种方式进行：政府合同、政府管制以及关税和进出口配额。这种现象直接导致将社会财富沦为某些政府官员的私人收入，最终没能增加社会的总体财富，反而使腐败滋生、蔓延。最终是妨碍公共政策的制定和执行，不利于公共产品的有效供给。

综上，政府失灵表明政府盲目提供公共产品不一定是高效的，甚至有可能导致供给的低效率。公共产品供给的低效率虽然不能完全归因于政府行政部门某一具体原因，但政府行政部门综合弊端却从侧面说明了仅靠政府一元之力是无法满足公众对公共产品的现实需求的。

3. 公共产品多元性的现实需求和供给不足的现状

随着经济的发展和社会多元化的进步，人们的兴趣爱好、经济利益、价值观等都呈现出高度多样化，也形成了不同阶层和利益集

---

[1]《中国跨越——新中国成立 60 年八大历史性变迁》，载新华网，2009 年 2 月 30 日。

团，人们对于公共产品的需求越来越精细，需求的规模也是越来越大。但对需要什么样的公共产品以及公共产品的质量和数量不可能具有完全一致的意见。比如，在城市生活的居民希望完善道路交通，解决交通拥堵问题，而生活在农村的居民则希望改善水利水电设施，以解决农田灌溉之难，这是不同群体的利益需求不同，也反映了民众对公共产品多元性的现实需求。其次，不同的群体对共同的公共产品的规模、质量也不完全一致，比如城市和农村居民对九年义务教育这个公共产品都一致认同，但由于他们自身处境不同，即使大家都同意教育先行，但城市居民对教育质量要求高一些，而另一些比如农村居民则比较容易满足。针对这种需求的多样化，现实政府在提供公共产品时往往倾向满足中间状态的受众选择偏好，虽然实现了多数人的正义，但部分人的特殊需求和超量需求得不到满足。

另外，改革开放的四十多年，我国经济取得了长足的发展，GDP 总量也一跃超过日本，位居世界第二位。但成绩的背后，我们不可否认，人口多，底子薄，城乡差异和区域发展不平衡等问题仍是摆在我们面前的基本国情。民众特别是弱势群体对公共产品的需求急迫，而由于我国的特殊国情，公共产品的财政支出出现力不从心的现象。供给不足和供给不均的问题也愈加凸显，政府所提供的公共产品无法满足所有成员的公共需求，也就不能实现其公共利益最大化。

(二) 公共产品的社会组织供给的可能性

1. 公共产品的社会组织供给的理论支撑

（1）公民社会理论。公民社会这个概念起源并流行于近代西方 17 世纪到 19 世纪期间，公民社会理论基于国家-市场-社会的观点提出了在国家和市场外存在一个新的领域，它以社会应独立于国家和个人而存在的思想为理论基础，可以定义一种介于国家和个人之间的广阔领域，是国家权威和个人自由的缓冲地带。[1] 公民社会是

---

[1] 王建芹：《非政府组织的理论阐释》，中国方正出版社 2005 年版，第 69 页。

国家权力体制外自发形成的一种自治社会形态，由相对独立而存在的社会组织和团体构成。社会组织基于其自身的特征正是市民社会的优良代表，在向社会提供公共产品上，它可以以第三中间力量积极参与，具有重要的政治和经济意义。[1]

（2）公共治理理论。治理理论原本是政治学上的一个概念，而新的治理理论则扩展到了包括经济、社会和文化等诸多方面，并被赋予了新的含义：一是治理主体的多元化。治理理论认为，政府并不是单一的权力主导，只要公众承认社会其他力量如第三部门的权力合理性，那么，这些社会力量就有权力主导不同社会领域；二是主体间责任界限的模糊性。治理理论认为政府和社会、政府与市场之间的责任界限相当模糊，政府应该把原先的权力交给私营部门和非政府部门；三是自主自治的网络体系的建设。治理主体的多元化，多元化主体之间的权力依赖与合作伙伴关系，表现在运行机制上，最终必然形成一种自主自治的网络。

（3）委托代理理论。委托代理理论是新制度经济学派提出的主要内容，20世纪70年由罗斯提出来的，后经发展逐渐形成模型化。委托代理理论主要描述的是两权分离（所有权和控制权）的前提下，委托人和代理人之间的行为模式和行为规则等内容。这项理论追求的是委托人和代理人良好的互动，最终实现契约内容和双赢目标。按照这样理论，政府和社会组织就是一种典型的委托代理理论，特别是在提供公共产品及服务过程中，政府充当委托人的角色，为社会组织提供资金和行事规则等，而社会组织则是代理人，主要负责具体工作的执行。这两者明确的分工，不仅权责分明，也提高了公共产品供给的效率，降低政府的服务成本，同时也可以促进社会组织的发展，达到了委托人和代理人的双赢。

（4）市场失灵和政府失灵理论。如前所述，市场失灵和政府失灵认为，市场和政府在作为公共产品的供给主体时，由于自身条件

---

[1] 俞可平：《中国公民社会的兴起与治理的变迁》，社会科学文献出版社2002年版，第67页。

的限制,现在都存在严重的不足,不能高效率、高质量地完成提供公共产品的任务。

2. 社会组织参与公共产品供给的优势

(1) 社会组织提供公共产品具有较强的公益性。社会组织不以营利为组织目标,它是以某种共有的特定信念和宗旨为行为导向,这种服务大众的使命感加上志愿的精神使社会组织具备了高凝聚力和高明确性的潜质,而这种组织性格是非常契合其向社会公共产品这一行为的。因为公共产品的供给就是为实现社会福利,公平和效率在这一过程中尤为重要。而市场和政府在这一过程中各自存在着不足,市场只关注效率,政府更倾向公平、平等,但都不够全面,即二者都不能在提供公共产品中实现公平和效率的兼顾。反观社会组织,其公益性和非政府组织性的特征能够集二者之所长,在保证公平的情况下高效率的完成供给任务。

(2) 社会组织提供公共产品具有较大的灵活性。社会组织在组织体制和机构以及活动方式上具有很大的弹性,它可以针对不同时间、地点以及条件的变化及时改变策略,做出调整,具有很强的适用性。这是社会组织的自治性的特征而在外显现出的灵活性的行事方式。具体而言,在提供公共产品上,由于社会上对于公共产品需求的复杂性和多样性,政府在很多事情上无能为力,出现了管不了和管不好的局面。而社会组织的灵活性很好地解决这一复杂问题。

(3) 社会组织提供公共产品具有较强的针对性。现代意义上的社会组织是自下而上发展起来的,其显著特征在接近社会基层,了解民意。在社会组织制定决策和利益分配时,相关社会成员也会积极参与其中。虽然社会组织的目标一时不能成为社会的主流目标,但通常是相关利益群体心中的强烈期望。因此,社会组织具有广泛的民众基层,他们提供的公共产品具有较强的针对性。如对于智障儿童的社会保障问题,政府及公办的援助机构往往会因为自身条件的限制,很难深入了解,也不会采取人性化详尽的救援措施。而社会组织却能表现出自我优势,通过其来源民众性的特征,更会实事求是地采取针对性的方案。[1]

(4) 社会组织提供公共产品具有较强的创新性。创新是一个民族进步的灵魂，社会组织大都来源于民间，为适应复杂的社会环境和实现组织目标，在不断追求发展的过程中，特别注重自身创新性的培育。相比之下，政府在提供公共产品过程中，往往因体制僵硬和程序教条烦琐限制了创新机制的探索，也就不能满足公众多变的公共需要。所以，可以说较强的创新性是社会组织的又一大优势。

### 3. 国外社会组织参与公共产品供给经验启示和我国的客观条件

从19世纪末开始，西方国家为解决不断出现的社会问题，开启了"福利国家"模式，试图主要依靠政府建立起社会安全与保障体系，以满足民众的生活和福利需要。但事实证明，政府不仅在经济上无力承担，组织和管理的能力也暴露诸多问题，最终是福利国家理想的破灭。20世纪中叶以来，西方发达国家逐渐意识到市场和社会力量的重要性，对于公共产品的供给主体的资格不断放宽，试图建立公共产品多元化供给模式。而以非营利为目的、非政府为形式的组织更是以其特性发挥了巨大的作用，在人权、环境保护、社会保障等领域内取得了良好的效果。[2]在这一过程中，西方国家关于社会组织参与公共产品供给形成了一套比较成熟的管理体系和运作方式，给我们提供了很好的借鉴。

四十多年的改革开放，我国的经济体制、政治体制及社会体制都进行了深入的改革，为我国社会组织提供公共产品创造了客观条件：经济的高速发展为社会组织提供公共产品提供了物质基础；在政治方面，我国加强了政府体制改革力度，由以往的全能性政府向服务性政府转变，从而给予社会组织留下了充足的活动自由和空间；社会方面，公民意识的觉醒为社会组织提供公共产品给予精神支撑。

---

[1] 郑光梁：《公民社会语境下非政府组织回应优势分析》，载《辽宁工程技术大学学报（社会科学版）》2010年第1期，第53~55页。

[2] 王运祥、甘燕飞：《西方非政府组织解读与启示》，载《国际观察》2008年第4期，第29~35页。

当代社会，民众法律和公共意识逐步提高，为公共利益结社的愿望也越来越强烈，主观上促进社会组织力量的崛起。总之，就我国的现状而言，不断完善的市场经济、逐步开展的政治体制改革以及社会力量的不断壮大为公共产品的社会组织供给提供相对宽松的环境和更为广泛的基础。

### 三、我国公共产品的社会组织供给的现状及其制约因素

（一）我国公共产品的社会组织供给面临的困境

随着经济的发展和社会的进步，社会组织开始活跃在我国的各个领域，在为社会提供公共产品的过程中发挥了举足轻重的作用。但是，不可否认，由于我国的特殊国情，社会组织在提供公共产品的过程中面临着诸多的困境。正如莱斯特·萨拉蒙教授所说的，社会组织提供公共产品也存在着"志愿失灵"。具体而言，我国社会组织参与提供公共产品主要面临的以下几个问题：

1. 社会组织提供公共产品的数量不足

现实中，社会组织缺乏应有的独立自治性，这与社会组织的设立和运作资金是分不开的，而这种现状又极大地制约着社会组织供给公共产品的能力。一般认为，社会组织以社会公益为目的，开展相关的活动，其资金基础是来源于民间的善款，也只有这样才能保证地位和活动的独立性。但实际上，在提供公共产品上，几乎所有国家的社会组织在资金上都存在不同程度的短缺。另外，其资金来源主要是政府的财政支持，自身筹款和疏导的捐款只占其中的一部分，从收入来源上看，我国社会组织来于社会捐赠的比例只占社会组织总收入的50%左右，大部分收入还是来自于政府的财政和营业性收入。这种现状导致了社会组织在资金上受到了政府的依赖，导致活动受制于政府，供给公共产品的能力也受到限制。具体表现在，社会组织供给公共产品的数量上存在严重不足，使得社会组织不能很好地实现提供公共产品与服务的使命，甚至一些社会组织自身处

于难以为继的地步。

2. 社会组织提供公共产品的分配不均

现实社会上存在各种各样的社会组织，由于成立时的定位不同，在提供公共产品的过程中也往往是从既定的角度出发，为本利益群体谋求福利。其行事方式是"发现问题—解决问题"，因而不可能统筹安排，统一考虑，从而造成公共产品的总量分配不均，厚此薄彼的现象。[1]其次，我国的社会组织的受益对象很大一部分是社会普遍关心的特殊群体，比如贫困妇女、失学儿童和那些有能力表达和追求自我利益诉求的群体。但由于受政治、经济和文化等因素的影响，不同的社会群体保护自我和寻求利益的能力各不相同。特别是社会上的弱势群体，如进城务工农民、边远地区少数民族贫困人口、城市失业和低收入人群等。他们生活居住条件差，对改变自身条件愿望更为迫切，所以他们对关于社会保障的需求更大，但现实中只存在少量的公益组织来供给，即使有一部分为之诉求的社会组织力量也是很薄弱。

总体而言，我国对社会组织持谨慎态度，为数不多的法律法规也是严格引导社会组织的活动，规定其活动范围，比如，政府大都限制那些不太容易控制和管理的社会团体，还有一些是自立性很强的社会组织。对于从事调查研究和社会服务的迫切行业，政府则是鼓励支持的态度，涉及二者的社会组织的数量最多占总数的80%。其次，涉及行业协会、各种学会的社会组织所占比例位居第二。社会组织较少涉及的行业则是民办学校，只占总数的3%左右。反观国外，在美国、日本、澳大利亚及新西兰，最发达的三个领域分别是：保健行业35%、教育业29%、社会服务业12%。[2]从这一点可以看出，我国社会组织所涉及的行业分布很不均匀，与现实需求还存在很大的差距。

---

[1] 赵敏：《我国非政府组织发展的现实困境及探索》，载《四川师范大学学报（社会科学版）》2010年第2期，第11~14页。

[2] 若弘：《中国NGO：非政府组织在中国》，人民出版社2010年版，第168页。

此外，我国的社会组织活动范围也存在布局的问题，由于制度层面的限制（现行社团登记管理条例对社团活动范围的严格限制），我国75%的社会组织还活动在一个封闭的行政区域内，多数是一个市区县范围内，活动覆盖在全国甚至是面向全世界的社会组织是非常少的，这充分反映了社会组织在提供公共产品过程中，由于活动地域的限制，向社会提供的公共产品严重不均。

3. 社会组织提供公共产品的质量不高

社会组织作为供给主体，公共产品质量的高低和资金充盈度、人员专业化以及管理科学化是密不可分的。对于资金的支持，前面已经有所论述。这里主要分析专业性和科学管理的问题。

现代的公益事业，急需的是现代化、专业化的从业人员以及科学系统化的管理模式。然而我国社会组织在提供公共产品过程中却缺少这种素质和资源，大都表现出一种业余性的特征。这也就不难解释为什么许多社会组织在前期的发展还能呈现出一种良好的势头，但随着规模的扩大，效率却越来越低，甚至是自生自灭。就从业人员而言，由于志愿精神的缺乏，真正把献身公益组织作为自己理想的人还很少，很大一部分是为生活所迫参与公益组织事业，很简单地把它看作是一个工作，而不是一个事业，显然主观积极性就表现得非常低。其次是我国社会组织还生长在一个发展初期，虽有很多人参与进来，但是真正学以致用的专业人才非常少，特别是社会组织的管理人才，比如在为社会提供社会保障这一公共产品过程中，面向的对象有孤寡老人、单亲家庭、艾滋孤儿及残障人士等众多群体，如果能真正解决他们的困境，必然需要具有相关专业知识的人才，但现实中，这类人员参与社会组织是很少的，这也说明了我国的社会组织提供的公共产品为什么大都集中在技术不强的领域。

一个组织或团体的高效运转必然离不开科学的管理机制，社会组织在提供公共产品中当然也不例外。但在现实中，我国的社会组织管理水平参差不齐，很多呈现出混乱的局面，没有明确和行之有效的规章制度、责任追究机制和监督机制。总之，社会组织管理的非科学性对公共产品的供给也产生了很大的影响。

(二) 我国社会组织提供公共产品现实困境的原因分析

公共产品的社会组织供给在现实中还存在诸多困境，这和我国的基本国情是分不开的。具体来讲，在外部环境上，由于没有理清社会组织与政府的关系，自身定位不足。政府在监督管理过程中存在纰漏，存在法律制度不完善等原因；其次是非社会组织在供给公共产品过程所表现的自身缺陷，如筹资能力差，人员素质不高等。这主客观两方面的原因正是造成我国社会组织提供公共产品能力不强的症结所在。

1. 外部环境因素

（1）社会组织生成上的行政化色彩及延伸的严格监管模式。在改革开放之前，我国推行的是计划经济体制，政府对社会的控制无所不至，一切人和组织都生硬地纳入这一体系。社会组织的"政府选择模式"正是在这种资源分配和组织运行形式下生成的。尽管我国政治和经济各方面取得了很大改观，特别是经济的发展突飞猛进。但不可否认的是我国对社会领域的改革动作尚慢，也就是学者所说的生产关系的变革没有跟上生产力的发展。具体到社会组织而言，政府选择的模式在我国现阶段根深蒂固。于此相对应的是我国社会组织呈现出浓重的行政化色彩（正是"路径依赖作用"的体现），官办色彩的组织占主导及优先发展地位，且所表现的组织管理、运行方式以及做事观念深受政府体制的影响。

由于我国的社会组织的生成方式是"政府选择模式"，对此，现实中对社会组织的双重管理制度正是这一模式的体现。基于我国特殊的国情，现阶段我国对社会组织采用严格的监管模式，具体来说就是双重监管形式：政府通过立法明确登记管理机关和业务主管单位双重监管。二者都是监管的主体，只是具体分工不同，登记管理机关主要负责登记的审批，对社会组织违法违纪行为进行查处，从宏观上指导监督组织的各种行为；而业务主管单位则是从细节微观上进行管理，比如活动的审批指导、人事关系、财务状况、党建工作等等。[1]严格的双重监管模式使社会组织审批运行都纳入了政府的严格管制之下,其独立性和自治性的优势特质被剥夺殆尽,以至于现有登记在册的社会组织都沦为"二政府"的尴尬境地。这种对社会组织的双重管理现状,体现了社会组织在设立和发展过程中的政府原则模式。政府对社会组织严格控制、预防的态度,使其失去了独立自主性,导致的结果就是,在公共产品的供给中,政府可以做到的事,社会组织也能做到;而政府做不到、做不好的事情,社会组织也是无能为力。

(2)社会组织的法律制度配备不足。社会组织完善的法律配备是其规范运行的前提和保障,完善的法律配备更能共有效的保障社会组织参与提供公共产品这一具体的过程。经过几代法律人的共同努力,有关社会组织的法律也取得了长足的进步。但不可否认,相比发达国家完善的社团组织法律体系,我国有关法律体系的建设还相当滞后。就目前而言,我国社会组织的性质、作用、成立程序、法律责任、管理主体等相关制度都没有法律法规的明确界定。当前仅有的一些行政法规或者条例涉及参与社会保障的社会组织,比如《社会团体登记管理条例》《民办非企业单位登记管理暂行条例》《基金会管理条例》《社会福利机构管理暂行办法》《取缔非法民间组织暂行办法》等,这些制度在规范社会组织发展方面起着重要作用。但是,相关法律法规的缺失以及现行有关规定过多强调对其的控制和管理,使得社会保障社会组织生存和发展受到较大的制约,难以高效发挥其应有的参与提供公共产品的作用。

社会组织的法律制度配备不足主要表现:首先,立法层次较低。整理我国有关社会组织的法律法规,不难看出,我国相关的规范条例主要是行政法级别的,如《社会团体登记管理条例》《民办非企业单位登记管理暂行条例》等,唯一的由全国人大常委会制定的《公益事业捐赠法》也不处于主导地位。由于缺乏统一的高级别的立

---

[1] 郭剑平:《社团组织与法律秩序研究》,法律出版社2010年版,第230页。

法，有关社会组织的具体细节没能以法律形式固定下来，而只是散落规定在各种行政法下。[1]这样一来就会常常出现下位法因某一规定而产生冲突却无法调和的局面，并且当社会组织因相关部门对法规的错误适用或者存在法律漏洞或空白而遭受损害时，其不能找到统一的法律依据来维护自身的合法权益；其次，我国的有关社会组织的规定多数是程序性的，而实体性的规范相对较少。对社会组织的设立和相关事项的申报都是有明确的程序的，这占整体规范的大部分内容。但是很显然缺少与根本大法相衔接的实体性的权利和义务法律规定，这与实体与程序并重的立法理念是相悖的；最后，从立法的质量和执行效果上看，我国现阶段关于社会组织的一系列法规总体质量偏低，缺少法理指引，且采取严格监管的立法理念，不利于社会组织的发展。此外，在执法上，对社会组织的具体监管不力，为了应付而采取运动式的清理模式。

从以上分析可以看出，在我国，包括参与提供公共产品的社会组织在内的大多数社会组织普遍成立的时间比较短，加上法律调整社会关系本身具有一定的滞后性。所以，目前没有专门针对社会组织的立法，更没有规范参与提供公共产品的社会组织的法律法规。社会组织在提供公共产品这一过程中，法律缺失表现得尤为明显，在这一过程中，更多的是社会组织依靠政府的指令或政策进行的，没有统一的法律指引，当然，其中的法律监管也相当不足，严重制约为社会提供公共产品的有效性、规范性。

2. 自身建设因素

（1）"资金缺乏"和"资金滥用"同时存在。首先，社会组织的资金缺乏是世界各国普遍面临的问题，具体到我国则表现得更为突出。笔者根据清华大学社会组织的调查问卷整理得出：目前我国社会组织的经费来源半数是政府的财政拨款和财政补贴，然后是社会组织的会费收入占两成左右，最后才是营业收入和来自企业和社

---

[1] 应松年：《非政府组织的若干法律问题》，载《北京联合大学学报（人文社会科学版）》2003年第1期，第53~56页。

会的捐助，但都不足一成。[1]从这一事实可以看出，现阶段我国社会组织的发展主要是依靠政府，自身获取经费的能力严重不足，也反映出社会的参与和支持力度远远不够，还没有形成合理的公益事业捐献机制。[2]一味习惯从政府获取资金支持的社会组织，缺乏向社会筹资的动员能力，很难动员与吸引社会资源，更没有条件向社会提供公共产品与服务，也无法满足自身的可持续发展。有相当一部分社会组织处于资金严重不足的状态，深陷"缺钱用""没钱花"的尴尬境地。

其次，社会组织参与提供公共产品也面临"资金滥用"的问题。我国公共产品面临巨大需求和资金缺口，政府转移出来的部分提供公共产品的机会一般交由政府主管的经办机构等"社会组织"经营和管理，而这些组织一般都是由政府兴办或者由政府部门演变而来，管理上的"官本位"为"权力寻租"提供了温床，加上监督制度不透明，使资金滥用现象屡禁不止。比如，全国几起的"社保大案"深刻反映社会组织在提供社会保障这一公共产品过程中，存在着资金使用管理体制的不透明、不健全，"乱花钱"问题在一些地区还相当普遍。同时，大多数参与提供公共产品资金运营管理的基本没有向社会公众说明资金使用的具体去向，使得老百姓对这些组织普遍存在怀疑心理，比如"郭美美风波"就是很好的说明。

（2）组织成员素质较低。正如前文所述，社会组织分为具有官方背景的自上而下的组织和由民间自下而上发展起来的组织，这两类组织从业人员的综合素质参差不齐。总体来说，离参与公共产品供给的要求还有很大差距。首先，对于官方性质的"社会组织"而言，其从业人员一般都是政府机构改革分流的人员或者在政府部门有过工作经历的人员，所以，这些组织的成员在开展工作时难免带

---

[1] 王名：《中国的非政府公共部门》，载《中国行政管理》2001年第5期，第32~36页。

[2] 胡建渊：《"公共产品"与财政"缺位"分析》，载《经济师》2001年第7期，第24~25页。

有行政机关的痕迹,更为重要的是这些人一般不是自愿加入具有"志愿精神"的"社会组织",这与社会组织"自愿、公益"的目标相差甚远,也严重影响了活动开展的长期可持续性。其次,由于政府和社会的支持力度不足,使得民间自发社会组织往往难以向其从业人员提供必要的物质报酬,加上现在社会上存在就业观念偏差的原因,因此,这些组织一般都面临人才匮乏和留不住人才的尴尬局面,更别说吸引高素质的专业人才。很多社会组织从业人员参与提供公共产品给人的感觉是在业余时间做"副业",而不是在工作时间做"主业"或者"专业"。

(3) 内部管理混乱。现代科学的社会组织其内部必然是这么一种形式:有明确的组织管理章程和活动运作准则,有完善的表决和监督机制。反观我国现阶段的社会组织还远远达不到这一要求:许多社会组织没有明确自己的核心目标,缺乏行动导向。有的甚至没有组织章程,或者是尽管有章程也是设立时为应付才产生的。在日常的活动中不按具体点活动规则行事,且常常表现出人治的色彩,而不是以制度管人、管事。此外,还没有形成科学的组织和成员自律机制。总之,随着公共产品供给主体社会化、多元化逐渐被人们认可,以及公共产品的需求质量和数量不断提高,科学、高效、透明的管理体制是必不可少的。

### 四、国外公共产品的社会组织供给的概况及其管理经验

(一) 欧美等发达国家的社会组织及其提供公共产品概况

发达国家的社会组织起步较早,德国的社会组织可以追溯到中世纪的行业协会以及以后的城市联盟,英国的民间公益组织兴起于中世纪末期,美国在殖民地时期就产生了民间结社组织。近20年来,发达国家的社会组织均进入了一个新的发展时期,向社会各个领域蔓延,作用也呈现出不断增大的趋势,日益受到人们的重视。以德国为例,单是环保领域就有上千个社会组织,参加各类环保民

间组织的会员达1500万,约占全国人口的六分之一。

发达国家的社会组织与政府间的关系复杂、多面,既有替代和互补(也可以称之为合作),也有矛盾和对立。总体而言随着社会的发展和需要,两者间的合作领域正在逐步地加大。早在20世纪60年代,美国政府为不断满足多元性的公共需要,开始探索政府以合同的形式向社会组织购买社会服务。里根政府通过对社会福利体系进行改革,鼓励社会组织承担社会职能,政府通过多种形式向社会组织提供帮助,如政府赠款、税收优惠、捐款便利等。英国政府也在这一时期调整了与社会组织的关系。英国保守党1979年的竞选纲领把社会组织视为政府服务的补充,到1987年则修改为"不仅是政府的补充也是政府之外的另一种选择"。进入90年代德、法、意等其他西欧国家也学习英国改革福利制度,这些国家对社会组织的态度也发生了转变,从防范变为鼓励。有的国家放宽了限制,增加了激励措施;有的国家通过法律形式下放了部分权利,允许政府部门通过社会组织提供公共产品。[1]

发达国家对成立社会组织没有严格的限制,公民可以随意建立社会组织,不需要任何国家批准,不必注册登记,注册与否仅仅意味着法律地位不一样。政府对社会组织的监督管理以税收为重点,管理的法律框架亦以税法为基础。权利与义务相称,享受的优惠越多,必须承担的义务也越多。

发达国家的社会组织在发展壮大的同时,也出现了一些问题。如社会组织出现商业化的趋势、同类社会组织之间的竞争加剧、政府组织的腐败丑闻导致民众对其诚信产生怀疑等。西欧国家还有恐怖分子以社会组织的形式活动,法国国家情报总局和地方执法部门已开始加强对一些敏感活动的关注。

---

〔1〕 中国现代国际关系研究院课题组:《外国非政府组织概况》,时事出版社2010年版,第85页。

(二) 美德两国对于公共产品的社会组织供给管理经验

1. 美国各级政府在社会组织提供公共产品过程中的角色定位与策略

(1) 美国政府与社会组织的关系类型。美国政府与社会组织的关系复杂且多面，决定政府与社会组织关系的原因很多，如社会组织的自身类型、关注和服务的领域、政府和社会组织各自的目标和实现的手段的异同以及政府在社会组织中卷入程度等。从理论上讲，大致可以将两者的关系分为替代、补充（又称作为合作）和对立。具体来讲说，政府和社会组织之间的替代关系是指，在社会组织和政府因种种原因不能达成合作，社会组织替代政府某一领域的职能；互补关系是指政府因其自身能力有限，把无暇顾及的领域交与社会组织来完成，并且给予各种支持，达到最大程度上的双赢，体现了合作精神；对立关系是指，社会上的少数群体因不满符合多数群体的公共政策，而自发组织起来通过一定的途径来实现自身诉求，突出体现为一种对抗性。

然而，在某种程度上，政府和社会组织之间的替代、补充和对立的三种关系有时是同时存在的，只不过其中的一种关系比其他的两者关系表现得相对明显和突出，或者是同一个社会组织在不同的阶段会分别遇到。如美国的一些强调民权的社会组织和州政府在20世纪五六十年代呈现出敌对状态，但其后不久，两者就在福利供应和教育政策方面变成互相补充的角色。[1]

(2) 美国政府和社会组织的关系更多强调合作面。在当今美国，政府和社会组织之间更多是补充和合作关系。进入20世纪，尤其是二战以后，美国政府对社会组织的支持力度加大。美国社会组织在近几十年的迅猛发展中得到了政府的有力支持。这从多位总统的言行可见一斑。1930年以来，几乎每一位总统都在支持社会组织上做

---

[1] Helmut. K. Anheier, *Nonprofit Organization: Theory, Management, Policy*, Routledge, 2005. p. 28.

出了自己的贡献。1933—1942 年，罗斯福总统建立了"国民保障合作组织"，动员数百万美国人救助失业家庭、修建高速公路重振美国经济。克林顿则认为社会组织是维持社会平衡的重要力量，是新型的治理模式的一部分。就像克林顿所说的一样，在许多情况下，美国的社会组织和政府的共同努力能够为一个国家或地区的问题提供最好的解决方案。政府机构更适合处理宏观经济决策，比如修建和维护公路等基础设施，社会组织能够为基层社区提供有价值的帮助，而大规模的政府机构就缺乏这种能力。

（3）美国政府对社会组织提供公共产品的管理。美国各级政府对社会组织的管理较为松散。仅从专门针对社会组织的法律和机构来看，管理似乎并没有耗费太多的人力、物力和财力。但是，除政府管理之外的政府、社会和社会组织同业组织的监督，却给社会组织的活动带上了许多"紧箍咒"。

第一，美国政府以税收作为管理社会组织的主要手段。

其一，提供有力的法律和规制框架。美国有关社会组织的法律和政府机构并不多。美国管理社会组织的主要依据是《美国联邦税收法》。国内税务局的一项重要职责就是监督和管理社会组织。美国 501（c）条款列出 20 多种不同类型的组织可以享受免税。根据这一条款，致力于教育、医疗卫生、消除贫困、宗教、科学发展和其他有利于社会发展的慈善组织可以享受免税。而公益组织不仅可以享受所得税减免，还可以享受税收减免。在州的层面上，负责处理有关社会组织纠纷的主体是州大法官和州法院，其公务开展的出发点是使用于社会组织活动的经费透明化、规范化，保障民众知情权。[1]

其二，通过税收激励办法，鼓励公民个人向社会组织捐款。美国对社会组织的税收优惠政策反映在两个方面：首先，对社会组织的税收优惠政策，如联邦一级来看，社会组织自身享有的税收优惠，

---

[1] 丁元竹：《美国社会管理体制的特点和对中国的启示》，载《中国经济时报》2005 年 12 月 9 日，第 4 版。

如所得税、失业税、财产税、都可以依据申请得到全额免除。从州的一级来看，美国各州对社会组织除免征所得税外，还自设了一些优惠税种。其次，对社会组织捐款的个人、企业或其他组织的税收优惠政策。美国政府通过允许捐款者在缴纳所得税时从相应纳税所得额中扣除捐款部分，以及对捐款免征财产税和遗产税等措施，来鼓励社会各界对社会组织捐款。

其三，通过提供政府赠款和合同，向社会组织提供直接的资金支持。美国在20世纪中叶以前，联邦政府对社会组织的支持较小，重点在于对这些组织的监督和管理。而20世纪中后期以来，美国政府认识到社会组织的重要性，逐步加大对其的支持力度，特别是过去的30多年，美国政府在提供社会服务的经费，超过一半都是以各种形式资助社会组织来实现的。比如，政府和社会组织签订购买公共服务的合同，在妇女儿童保护、环境保护、照顾特殊疾病患者等方面开展合作。还有诸如庇护、咨询、就业培训等项目，都是在社会组织和政府之间合作进行的。公共部门在1995年提供了30%的社会组织的花费，超过1960年以来政府和社会组织最大的合作程度，政府在社会福利方面的开支逐步加大。

第二，美国对社会组织的监督管理。

其一，政府的监督管理。对于社会组织的政府监管主要体现在两个方面：一是性质的审查，二是活动的监督。税务机关是监督的主体，他们严格审查申请免税资格的社会组织，具有免税资格的组织每年要向其报送关于财务和经营状况的年度报告。此外，免税审批部门每年对其财务状况进行抽查。美国州一级司法部门通过行使其拥有的仲裁权和起诉权负责对社会组织的财产进行监管。总之，这些主体监管的共同目的是防范骗取免税或来自于社会的捐赠。[1]

其二，社会组织行业内部自发联合，实行对社会组织的监督和管理。这种自发性的联合也往往形成了比较大的专业机构，例如

---

〔1〕 扶松茂：《美国政府与民间非营利组织之间的制度规范研究》，载《天津行政学院学报》2010年第5期，第51~62页。

"美国基金会理事会""全国慈善信息局"等,专门对社会组织进行资格查证、信息评估、行业内部监管等活动。美国还有众多的社会组织的同业组织,它既帮助社会组织维护合法权益,为社会组织服务,同时又帮助政府监督社会组织,向政府反映社会组织的愿望和建议,开展信息交流和社会调查。

其三,社会监督管理。在美国,社会组织必须把自身情况向社会公布,比如获取免税资格的凭证,政府支持的经费明细,人员的具体组成和分工等,以便接受公众的问询和监督。同时法律也明确规定,捐赠人可以通过各种形式了解组织的各种情况以及所捐资金的使用去向。美国政府也会向社会公开社会组织有关资料档案。此外新闻媒体的舆论监督对社会组织的作用很大,效果很好。

2. 德国各级政府在社会组织提供公共产品过程中的管理经验

德国政府十分重视社会组织的作用,对社会组织注重引导和法治管理。德国有关社会组织的登记制度、税收优惠政策、监督机制、追加奖惩办法等对我国具有重要的参考借鉴意义。

(1) 完善的法律法规。德国是一个法制健全的现代国家,有关民间组织的法律制度框架非常完备,以德国基本法为基础,民法典总则中有关社团法人的规定为基本规则,联邦社团法的基本规定为补充,形成了一套完善和系统的民间组织法治管理体系。德国1919年宪法明确规定公民拥有结社权。1949年以来的基本法予以重申。基本法规定,所有的德国人都有结成会社、团体的权利。结社指两个以上的法人或自然人依照同一宗旨结成社团,社员及其成员和领导机构的权利受法律保护,法律不得规定结社要得到相关行政部门的许可,同时,对结社权有一定的限制:规定政治结社不得违反刑法和宪法秩序,经济结社不得损害社会利益或平等对待原则;德国民法典对社会组织的法律规定事无巨细,如涉及社会组织的分类、权利义务、救济以及具体的程序法,总之是使社会组织包括提供公共产品的各项活动都完全纳入了法律框架之下。

(2) 严格的登记注册制度。民法典的第一部分规定,以非营利为目的的社团,必须到社团所在地辖区进行登记。如跨地区,则由州司法部门决定在其中一个所属地区法院登记。登记事务由司法行政人员而非法官处理。社团成员的人数不得少于7人,必须有董事会,董事会可以由2人以上组成,〔1〕合法且有组织章程等一系列硬性条件。一般来说,社团登记注册主要涉及公益性认定问题。作为监督部门,法院经常注意社团的经济活动。社团选择法律登记往往因为一是可以申请破产保护和税收优惠,社团从事的活动如果破产了,成员和理事会不承担经济责任;二是可以享受国家给予的税收优惠。社团登记后,法院和其他行政机关基本上没有更多的行政管理和检查。社团不登记也可以活动,但这样的社团不仅无权向经济部申请项目,也不能享受税收优惠。〔2〕

(3) 公开透明的审查报告制度。在德国,严格的财务和活动审查主要包括社团的成立和解散、项目和经费以及税收优惠等。首先,社会组织要定期向国家财政部门提交财务报告,目的是确保有关组织遵守其章程所规定的非营利原则,也就是检查社团的公益性。其次,德国政府在审查社会组织成立条件时,特别要求社会组织要在章程中明确解散后资金的流向。总之,这样做的目的是促进社会组织财务和活动的公开透明,通过经费和项目的审核,加强对其经费使用的监督和活动领域的引导。

(4) 层次分明的监控体系。为此,德国结社法做出了如下规定:社团管制机关。社团管制机关依照社团活动的范围确定。社团及其分支组织驻地和活动范围限于一州领域内的管制机关为州政府,超过一州范围的,管制机关为联邦内政部。在德国境外社团管制机关为州政府或联邦内政部;社团禁制令的条件和范围不符合宪法规定的社团及其分支机构将有管制机关下令解散,在德国境外社团违反

---

〔1〕褚松燕:《中外非政府组织管理体制比较》,国家行政学院出版社2008年版,第111页。

〔2〕中国现代国际关系研究院课题组编著:《外国非政府组织概况》,时事出版社2010年版,第96页。

德国宪法,破坏或危害国家安全、公共秩序或其他重大利益也将被禁止;社团禁制令的执行。经向当地行政法院申请并获得批准后,社团管制机关可对有关社团进行调查,并可请负责保卫公共安全秩序的主管官员协助。管制机关以书面形式发出禁令,并送达有关社团,同时在联邦公报和政府通报中公布。管制机关可扣押或没收被实施禁制令的社团财产。

(5)合理的税收优惠制度。在德国,免税权一般授予那些从事非营利活动的公益组织,这种免税是针对活动而非组织本身。民间组织开展与其宗旨无关的经营活动则要纳税。如果一个公益组织以追求高尚的理想为目标,根据税收法案的特殊规定,它可以享受一系列的税收优惠和税收免除。享受税收优惠的前提条件是,公益组织在它的章程中写明直接追求的目的,必须符合税收条例对物质方面做出的要求。社团的实际运作过程必须符合章程规定。符合享受税收优惠的前提条件即可享受税收优惠。

### 五、我国公共产品社会组织供给的法律规制思考

在公共产品供给中,由于市场和政府都存在失灵的情况,需要社会组织参与公共产品的供给以弥补二者的不足,也只有这样才能满足社会多层次的需求。在我国现阶段,经济得到了长足的发展,于此而来的是公共产品供给的状况也得到了很大的改善,但相比较发达国家的多元性供给制度而言,我国的社会组织参与公共产品供给的规模和程度还处于比较低的层次,在这一过程中还存在诸多问题,总体而言,处于发展的萌芽期。结合我国公共产品制度发展的现状和困境,笔者认为,要想进一步促进社会组织提供公共产品的发展,最根本的是要从制度层面(主要是法律制度)进行规制,要明确社会组织参与公共产品的界限、范围,以及妥善处理政府与社会组织在公共产品供给中的关系、建立健全社会组织参与公共产品的法律机制等。

## （一）依法明确社会组织的发展空间

公共产品资源相对稀缺和供给不平衡是我国面临的一个大问题，这一方面固然与我国综合国力不强、经济发展水平低、不平衡有直接关系；另一方面的原因是政府有限的财力承担了过多的责任，但对整个社会蕴藏的巨大公共产品资源不够重视。如果想要建立主体多元化的公共产品供给制度，最重要的就是要善于调动全社会的力量为公众提供更多政府之外的保障，也就是说要构建一个由政府、市场、社会组织三元主体参与的可持续发展的公共产品供给体系，这才是解决当前公共产品所面临的各种问题的根本出路。[1]在进一步规范完善政府参与公共产品供给的同时，通过立法将社会组织参与公共产品供给纳入正式的制度安排。特别要注意的是我国进行的有关改革是一场自上而下政府主导的形式开展的，这说明我国社会组织的发展及其参与公共产品事务前提是政府的引导、鼓励和支持。

### 1. 政府对于公共产品的社会组织供给具有首要责任

政府的一个重要职能就是为社会公众提供公共产品，这也是执政的基础。但是，由于公共产品的多样性，全能国家式的供给模式是低效率且存在诸多弊端的，同时，这也和公共产品的社会属性相冲突，政府不能因为其统治的合法性而忽视社会力量参与公共产品供给等事务。所以说，在供给公共产品这一过程中，政府是最重要的参与者，具有义不容辞的责任。但这并不等于政府要对公共产品大包大揽。从西方福利国家的公共产品的供给经验来看，要想高效率、高质量地满足社会公众的需求，首先就是要逐渐建立主体社会化、多元化的公共产品供给机制。这就需要明确公共产品供给项目的合理分配，分清哪些项目交由政府、哪些项目是社会组织或市场来提供。笔者认为，要想改善现有的公共产品供给现状，政府首先要转变观念，从无所不能的"全能政府"转变到张弛有度的"有限

---

[1] 孙辉：《公共物品供给中的第三部门参与：一种公共物品供给的新范式》，载《财政研究》2006年第9期，第17~20页。

政府"上来，要学会主动让渡部分职能，做到"有所为"和"有所不为"。

首先，制度规范层面。规范是一切活动有序进行的先导和保障，公共产品供给也不例外。我国现行的公共产品制度还停留在政策性阶段，各个层次的法律法规还没有完善起来，很多本来要法律规制的范围都不得已用阶段性的政策来应对。针对这种情况，政府应该从两个方面着手：一是转变立法观念、完善相关法律法规，充分发挥公共产品立法的推动者与参与者的作用，对于公共产品具体实践中出现的问题提出改进意见并将这些意见以一定的方式提供给立法机关使其能够及时制定、修改相关法律；二是政府应当以立法机关制定的相关法律为依据，制定出符合实际情况的、操作性强的具体规章政策。

其次，资金供给层面。政府作为公共产品供给的最重要的主体，其首要职责就是增加财政投入，为公共产品提供充足资金，以保证公共产品供给项目的正常运行。政府一方面要加大财政对公共产品领域的投入；另一方面也要发挥主导作用，鼓励、支持、引导、规范社会组织参与到公共产品中来，加大对不同社会组织资金扶持，最终形成资金来源多元性的公共产品供给模式。

再次，监督管理层面。严格的监督管理制度是公共产品有效供给的保证，政府履行监管职能主要包括监督国家制定的各项社会组织参与公共产品供给的相关法律、法规、政策等执行情况，以及对各项公共产品资金的筹集、运营、支付等过程进行监督。

最后，引导和支持社会组织参与层面。当下，公民社会力量不断成长，公共产品供给主体也呈现多元化趋势，政府有责任通过政策上的鼓励、资金上的支持等多种措施，积极引导社会各种力量特别是社会组织参与到公共产品供给中来。

2. 明确社会组织参与公共产品的范围

在公共产品供给中，社会组织具有很大的发展空间，除了政府必须承担的纯公共产品和宏观的管理等职责外，社会组织可以提供很大一部分公共产品。具体而言，一是关于社会福利方面的产品。随着经济的发展，人们生活水平的提高，单一的政府力量无法满足多样性的产品需求。这时社会组织就可以承担一些政府功能，以弥补其无力承担或承担不好的领域，提供各种各样的福利产品。比如，政府可以通过与社会组织签订购买公共服务合同等形式参与提供社会福利产品，如社区老人儿童的看护、就业指导、技能培训等。[1]二是有关公共产品管理方面。社会组织可以协助开展一些微观具体的管理工作，比如现实中比较广泛的社保基金运营管理，具体费用的征缴工作。三是公共产品监督管理方面。在公共产品供给过程中，单一的政府监管不足以规范在这一过程中出现的问题，显然社会组织在这一方面大有可为，比如监管承担公共产品责任的相关政府部门。四是有关公共产品的其他领域。随着公共产品外延的扩大化，社会救济、优抚安置等方面，都可以吸引社会组织的参与。总之，通过明确政府与社会组织各自参与的公共产品范围，将原来属于政府的公共产品项目变成全社会共同参与的事业，真正实现公共产品参与"社会化""多元化"。[2]

(二) 正确处理政府与社会组织的关系

由于我国的特殊国情，现阶段下，各种社会组织大都处于政府的严密监管下，政府与社会组织属于"政府主导型"。这表明，社会组织要想在公共产品供给领域发挥其应有的作用，必须要处理好政府与社会组织二者的关系，既不能丧失自主性，沦为"二政府"，也不能脱离政府的宏观管理。[3]结合国外经验，参加公共产品供给的社会组织应在保持独立性的基础上，和政府建立起全面的合作关系。

---

[1] [美] 弗雷德·E. 弗尔德瓦里：《公共物品与私人社区——社会服务的市场供给》，郑秉文译，经济管理出版社2007年版，第55～59页。

[2] 曹爱军：《互动与合作：公共服务中NGO与政府的关系模式》，载《经济研究导刊》2008年第11期，第173～174页。

[3] 王建芹：《第三种力量——中国后市场经济论》，中国政法大学出版社2003年版，第148页。

1. 政府应当积极促进社会组织参与公共产品供给

随着公民社会的不断发展、政府职能的逐渐转变，公共产品的社会组织供给已经成为大趋势。但现阶段，我国的社会组织的发展还处于比较脆弱的时期，自身的各种不足要求政府加以引导和支持。同时也要避免过分干预。

首先，给予自下而上发展起来的社会组织更多扶持。随着经济的发展和社会的进步，来自民间的社会组织也踊跃起来，且发展的规模也越来越大。而我国现行的社会组织政策是"政府主导、严格控制型"，这极大地束缚社会组织的手脚。因此，政府应该转变相应的监管理念，为社会组织提供更多参与公共产品的活动空间，引导、保证民间自发社会组织能稳定有序运行

其次，给予自上而下发展起来的社会组织更大独立性。众所周知，我国目前提供公共产品的主要是事业单位，而这些事业单位大都脱胎于政府部门，具有明显的政府依赖性。学者往往把这类不是严格意义上的社会组织称之为"准社会组织"。这类组织的依附性和公共产品供给的社会化要求是相背而驰的。因此，要不断地提高这类准社会组织的独立性，就要将具有浓厚行政色彩的社会组织和政府相关部门相分离，明确各自权限，从人事管理、利益分配、活动职责等方面逐步隔离与政府部门的联系，让其"松绑"以发挥其"非政府性"的优越性。

2. 政府应当保证社会组织参与公共产品供给的能力

政府有责任保证社会组织参与公共产品供给能力，这也是政府职责的体现。只有以政府为中心建立起完善的社会组织提供公共产品的制度体系和支持系统，社会组织才能在这一领域发挥其应有作用。

第一，完善的制度支持。如前文所述，在欧美国家，公共产品的社会组织供给已成为公共产品制度的法定组成部分，而我国目前的公共产品供给现状基本是"头痛医头、脚痛医脚"，出现的大多问题都靠一时的政策来应对，立法层面上法律空白严重，缺少完善的

法律体系。因此，政府应当花大力气进行制度的规范化建设，建立起法律主导的、运行规范化的公共产品制度：如制定社会组织基本法、公共产品基本法、社会组织参与公共产品促进法，依法确定社会组织参与公共产品的权利义务，规范社会组织的行为，保护其合法利益，为公共产品的社会组织供给提供根本的制度支持。

第二，合理的财力支持。资金缺乏是社会组织面临的主要难题之一。因为，公共产品的社会组织供给具有志愿性和公益性，其开展活动必须要有稳定的资金来源，政府有责任对社会组织在这一活动上提供财政支持，比如对社会组织参与的一些重要的公共产品项目实行财政补贴、向这些组织购买相关的福利产品并由这些组织负责向社会提供。

第三，正确的舆论引导。有学者曾一针见血地指明了我国发展社会组织的最大劣势是严重缺乏社会组织生长的土壤。这固然与我国缺乏相应政策和体制分不开，同时也说明了社会公众对政府有着非常强烈的依赖情结，新生的社会组织的社会认同感是不高的。所以政府要努力引导社会公众的正确认识：这些组织是合法、能够增强社会公益且透明高效运行的。首先，政府可以通过直接的财政支持增强社会组织的公信力，引导监管社会组织向社会提供公共产品的具体活动，让民众体会到其高效率、公正化等优势；其次，政府应当充分调动和利用民间资源，在社会公众中进行社会公益宣传和教育，提高公民自愿参与公共产品事务的意识；最后，借鉴国外经验，通过税收等措施进行合理的引导，吸引中高收入阶层实施更多的捐助行为和慈善行为，从而在全社会形成支持社会组织参与公共产品供给的良好舆论氛围。

3. 着力建立政府与社会组织之间的合作伙伴关系

发展市场经济是一项系统工程，经济发展需要有对个人和社会完善的保障机制，各国公共产品制度发展的经验表明，单靠政府不可能对个人与社会提供充分的保障，社会组织作为对市场和政府部门的补充参与无疑将为社会公众提供更多元、更有效的公共产品。

笔者认为，立足我国现实国情，在政府主导的公共产品制度建构中，将社会组织参与公共产品供给纳入正式的制度安排，政府和社会组织探索多种合作形式，形成良好的合作关系。最终目标就是合理配置公共资源，满足社会需求。[1]公共产品的多元化供给是未来发展的大趋势，其中，社会组织参与这一领域更是得到一致认可，具体构想是政府处理在公共产品供给中宏观和关键的方面，而社会组织则在具体微观层面发挥作用。政府大力支持、鼓励社会组织参与到公共产品供给中来，并给予正在此领域活动的社会组织政策和资金的扶持。[2]此外，社会组织应明确自身目标，理清和政府的关系。增强法律意识，合法活动，积极接受来自于政府方面的监督和指导。在这一过程中，要不断地完善与政府的沟通机制，充分利用政府提供的各种机会，来参与公共产品供给，满足公共需要，实现组织愿景。

（三）建立健全社会组织参与公共产品供给的法律机制

任何事物都存在两面性，社会组织也不例外。在提供公共产品过程中，我们既要看到社会组织所具有的巨大能量，也要认识到其和政府和市场一样也存在诸多缺陷，并非是十全十美的。所以社会组织的良性发展离不开完善的法律监管和自律机制。于此，笔者重点分析建立健全社会组织参与公共产品供给的法律机制。

1. 建立社会组织参与公共产品的法律促进机制

改革开放以来，可以看到，我国社会组织参与公共产品的能力有了一定程度的提高，但总体上的供给水平偏低，还达不到高速发展的社会需求。我们从现存的几部法规可以看出，政府对社会组织所持有的态度是严格登记和严密管理，对公共产品的社会组织供给的具体规定更是很少涉及，在法律促进发展方面一直没有多大进展。

---

[1] 朱彬彬：《我国第三部门在公共产品供给中的实现机制与路径研究》，南京师范大学2008年硕士学位论文。

[2] 宫志刚：《社会转型与秩序重建》，中国人民公安大学出版社2004年版，第210页。

因此，法律促进机制的缺失是我国社会组织参与公共产品供给能力不足的主要原因。笔者认为，促进这一领域的法律机制应当围绕以下几个方面展开：

首先，从法律制度上淡化社会组织的行政色彩，维护其独立性和自治性。社会组织的一个重要特征就是其"非政府性"，它可以独立于政府及其工作部门的存在，发挥自主自治优势。然而现实中，社会组织从法律规定上受到了政府的严重干涉，以致沦为实际意义上的"二政府"，这是对正常社会结构的扭曲。因此要从法律制度上淡化社会组织的行政色彩，减少或者删除政府对社会组织成立、人事、财务及活动运作不合理干涉的条文。

其次，加大对社会组织立法研究，弥补法律空白和漏洞。努力形成不同层次、配套完善的法律法规体系：其一，建立和规范社会组织参与公共产品的基本法、单行法及其与这些法律相衔接的实施细则和单行法规；其二，规范与这些法律、法规相衔接的部门规章和地方立法以及有关政府部门的规章制度。基本要求是通过法律法规明确参与公共产品供给的社会组织的性质、类型、地位、作用、职能、组织形式、权利义务等，为公共产品的社会组织供给清除制度上的障碍。[1]

再次，改革和完善现有的涉及社会组织供给公共产品的法律法规，提高公共产品的社会组织供给的能力。如可以借鉴欧美发达国家经验，有针对性地培育和改进税收金融法律制度，对参与提供公共产品的社会组织免于经营所得税或提供相关税收优惠政策，加大对社会组织的财政支持力度，相关的法律法规的总基调是鼓励和支持社会组织参与到公共产品供给中来。

最后，适度放宽限制，允许社会组织之间在参与公共产品供给中能够进行适度合理的竞争。市场经济的最大优势就是通过竞争，增强效率，优化配置资源。同理，只有社会组织之间适度合理的竞

---

〔1〕 温腾飞、卢亚磊：《我国非政府组织立法问题研究》，载《现代商贸工业》2010年第22期，第371~372页。

争,才能保证社会组织参与公共产品供给的目的实现。通过适当的竞争,可以使它们不断提高管理水平和服务能力,提高效率,更好地促进其参与公共产品供给的规范化、制度化。我国现行法律、法规人为限制民间组织的竞争,在某一固定范围只允许一个社会组织的存在,相同或相似职能的社会组织都难以融入这一区域。[1]这种限制虽然便利了政府的管理和控制,但实质上是限制自下而上的社会组织的设立,最终是阻碍社会组织在民间的蓬勃发展。

2. 完善社会组织参与公共产品的法律监管机制

一般来说,我国社会组织受到了比较严格的控制,笔者认为,对社会组织的监管必不可少,但这种监管不是要限制其发展,而是应当有利于促进其发展壮大。就社会组织参与公共产品而言,有必要从以下几个角度来完善法律监管机制:

首先,政府应从对社会组织无所不在的控制、监管转为服务、协调、指导和监督,并且主要通过立法和制度建设进行管理、规范,而不是依照行政隶属关系进行管理。这就要求政府应当依法制定规范,按照法定权限、法定程序进行管理,着重转变过去重审批、轻监管的做法,进一步完善监督的方式和评估的标准,通过这样一种既放松控制又并非放任不管的监管机制,使社会组织参与我国公共产品能发挥更积极的作用。

其次,要保证社会组织切实发挥其提供公共产品功能,仅有政府的监管是远远不够的,还必须动员社会资源,强化社会监督,建立相应的他律机制。社会监督包括捐赠者、被服务对象、公共媒体、普通公众的监督,这一系列多元的社会监督的配置、行使等都应当由法律直接规定,以增强社会监督的权威性和可操作性。比如可以借鉴国外经验,设立独立的、专业的评估监督机构协助公众对社会组织参与公共产品供给的效果进行分析和评价。

---

[1]《社会团体管理条例》第13条和《民办非企业单位登记管理暂行条例》第11条。

3. 探索社会组织参与公共产品供给的法律救济机制

非政府行为的可诉性是我国司法实践急需解决的问题之一。"社会组织"作为一个新兴的概念，在中国的发展比较晚，也缺乏完善的法律法规指引，所以，转型时期的中国，有关社会组织的法律问题便连连出现，其关键的问题就是涉及社会组织纠纷的问题没有明确的法律规定，缺少明确的诉讼机制。现实中，便会常常出现法院因无法可依，不能处理社会组织参与公共产品过程中的各方纠纷。笔者认为，要想解决这一顽疾，关键是要明确社会组织活动的性质，进行区别对待：在目前的诉讼体制下，比较可取的方法就是对于社会组织的外部行为，如替代政府的部分职能向社会提供公共产品的行为，视为其作为实际意义上的行政主体，纳入行政诉讼调解；对于社会组织的内部行为，则可以按照民事诉讼法的相关规定进行处理。这样一来，明确了利益纠纷双方的法律关系，就能够很好的展开司法救济，保证社会组织参与公共产品供给的顺利进行。

4. 加强社会组织自律机制建设

严格自律制度和自律精神是社会组织规范运作的重要保证，特别是当前形势下，社会组织在参与公共产品供给过程中，存在监督缺位和不合理的情况，因此，作为提供公共产品的社会组织而言，必须在积极保障自身发展权利的同时，探究和完善内部自律机制建设。

首先，加强自身的组织建设，规范内部结构。社会组织一是要明确自己的工作使命，在这个基础之上建立起有效的活动规则和步骤，针对不同的活动，如在提供不同领域的公共产品时，有相对应的活动规划；二是要建立合理的组织机构，采用现代的管理制度，如设置理事会、监事会等，进一步符合民主、透明、高效的组织要求。此外还要建立高效的组织决策机制，以全员代表大会为基础，探索更加民主的议事方式；三是要完善严格的财务管理制度，对涉及公共产品资金的细节合理规定，确保社会组织募集起来的资金真正、有效地运用到公共事业之上。

## 第二章 公共产品的社会组织供给与法律规制

其次,建立完善的责任追究机制。社会组织参与公共产品供给是一个长期的过程,期间涉及人和物运行的复杂性较强,也就为腐败、违规等行为创造了滋生的空间。因此,要保证我国社会组织在公共产品领域发挥重要作用,完善的责任追究机制是必不可少的。组织和个人要充分树立法律意识,掌握相关的法律规范,在法律的框架内从事提供公共产品的活动;除此以外,要提高经济责任意识,对于公众募集起来的资金进行透明审核,对资金的运作严格监管,接受政府相关部门和社会主体的监督。对于责任主体的过失,严格执行预定的责任追究机制。[1]

再次,完善人力资源管理制度。建立以人才为本的人事管理制度,同时引进科学的绩效考核机制。通过多种途径吸引优秀的人才致力于这项事业,在日常的活动中,加强对工作人员技能的培训和素质的培养,提高工作效率。此外,奖励做出突出贡献的人员,对违反组织章程和操守的人员进行及时处理,形成奖罚分明的人性化组织。

最后,建立完善行业自律机制。纵观我国的社会组织参与提供公共产品的现状,政府对社会组织严格限制,而对其提供公共产品的具体活动则缺少规范化管理,加之社会监督力量的薄弱。凸显了行业自律的重要性和紧迫性,所以,从长远发展来看,社会组织行业应当完善自身的行为准则,最终形成明确的行业自律机制和优良的职业道德。

小结:公共产品的非竞争性、非排他性、不可分性、使得公共产品必须由政府来提供,政府提供公共产品有着一定的历史必然性。但随着社会的发展,公众对公共产品的规模和种类要求不断提高,政府作为公共产品的供给主体逐渐显现出失灵状态。反观市场这一主体,其固然有它的高效率优势,但逐利的属性和公共产品的公益性存在着本质矛盾,限制了市场作用的进一步发挥。所以,结合社

---

[1] 关平:《社会保障中的非政府组织参与法律机制研究》,西南政法大学 2008 年硕士学位论文。

会组织和公共产品的特性,在公共产品追求多元化供给的今天,社会组织作为第三方力量参与其中,有必然性和可能性。西方发达国家在这一领域内取得了长足的进步,这和他们完善的制度保障,特别是科学的法律机制是分不开的。反观我国,在公共产品的社会组织供给领域,总体上还处于初级探索阶段,社会组织提供公共产品不足、不均、质量不高等问题突出,以法律为主的制度配备不足是重要的原因。理论研究的目的在于指导实践,本文在明晰公共产品社会组织供给必要性、可行性的基础上,对中国社会组织在公共产品的供给能力、供给水平、自身资源、人员构成等方面存在的问题进行阐述、分析原因,为解决现实的问题借鉴西方国家供给公共产品的经验,意图探寻解决中国社会组织在供给公共物品过程中存在的制度问题特别是法律问题,在总结成熟理论和经验的基础上,本文提出了关于我国公共产品社会组织供给的法律规制思考。

# 第三章
# 我国社会组织参与公益诉讼存在的问题与对策

自从我国在2013年新修改的《民事诉讼法》中明确了涉及公益诉讼的有关制度之后，我国社会组织参与公益诉讼逐渐成为近年司法实践领域的一个热点课题，越来越多的法律工笔者开始关注、研究这一课题。目前针对公益诉讼的研究主要有以下几类：涉及环保领域的研究、涉及消费者维权领域的研究、涉及金融消费权益保护领域的研究等。在以上各领域的研究中，法律工作者们聚焦的问题点包括我国社会组织参与公益诉讼的主体资格问题、我国社会组织参与公益诉讼的程序问题、我国社会组织参与公益诉讼的制度保障问题等。究其原因，是因为我国的公益诉讼制度仍存在主体不明确、专业性不足、制度保障不完善等诸多问题，亟待探讨和解决。然而，目前的研究更多集中在具体某个领域的公益诉讼上，缺乏对整个公益诉讼制度的探讨和分析。因此，本文写作的目的，是探寻公益诉讼的相关制度应如何完善，我国社会组织又应如何参与其中，以填补这一宏观方面的研究的空白。

由于目前我国对于社会组织参与公益诉讼的整体把握不足，影响了社会公共事务的开展，造成了一部分损害社会公共利益的案件迟迟未得到解决的局面。因此为了在社会组织参与公益诉讼中提供理论支持，我们认为有必要对当前我国社会组织及公益诉讼的整体情况进行探讨研究，以找出一条符合我国实际国情的发展道路。从本章研究意义方面来说，在理论上我们能够理清我国社会组织参与公益诉讼的法律依据及参与流程，并针对其不足完善理论体系；在实际上我们能够探寻一条社会组织切实有效参与公益诉讼的道路，解决当前社会组织参与公益诉讼"主体不明确、专业性不足、制度保障不完善"的尴尬境地，进而使我国社会组织充分发挥监督作用，促进社会良好发展。

## 一、社会组织与公益诉讼概述

### （一）公益诉讼的概念与特征

#### 1. 公益诉讼的概念

公益诉讼起源于古罗马，罗马法将其规定为"为了保护社会公共利益提起的诉讼"。从字面上理解，公益诉讼指的是为了公共利益而提起的诉讼，即不是以维护私人利益为目的提起的诉讼，这与一般的民事诉讼有根本上的区别。

公益诉讼自出现至今已经过多年的演变和发展，而当前的法学界在对公益诉讼的产生机制、诉讼过程、判决结果等各方面进行深入研究后，对公益诉讼做出了更为精准、更为全面的定义。简而言之，公益诉讼指的是享有起诉权利的国家机关、团体或者个人，在法律制度的保障之下，对侵犯国家利益、社会公共利益或不特定的他人利益的行为，依法向人民法院提起民事或者行政诉讼，最终由法院按照侵犯事实依法追究违法主体法律责任的诉讼活动。一般来说，公益诉讼的起诉主体并不单一。按照公益诉讼起诉主体来划分，我们可将公益诉讼区分为：

（1）由政府部门、检察机关等国家机关提起。

（2）由依法设立的社会组织提起。

（3）由公民个体提起。

其中，作为本文着重论述的对象，在由社会组织提起的公益诉讼中，作为原告的社会组织一般指无利害关系或无直接利害关系的社会组织，而非有直接利害关系的社会组织。从这一点来看，在由社会组织提起公益诉讼的案件中,社会组织起诉的出发点往往是为了保护公共利益免遭不法侵犯,具有维护社会公平正义,维护社会和谐发展的高尚愿景,这也契合公益诉讼制度的构建目的。总的来说,公益诉讼的根本目的在于维护社会公共利益。[1]

2. 公益诉讼的特征

(1) 以公共利益而非私人利益作为其保护对象。公益诉讼与一般民事诉讼和行政诉讼的最大区别,就是公益诉讼是站在公共利益的立场上,不以私利为目的,积极倡导和维护公共利益不受侵害。

(2) 提起诉讼的目的具有预防性。与一般诉讼不同,公益诉讼在实现对违法行为的惩罚之后,往往还具备一定的预防性。从实践来看,某一领域公益诉讼的产生,有助于该领域相关公益事业的发展。例如某地由于环境污染问题严重,当地社会组织对造成污染的责任企业提起公益诉讼并最终胜诉,则该案必然会引起人们的关注,并且对当地潜在的污染企业敲响警钟,最终对当地的环保工作产生积极影响。

(3) 起诉主体的多元化。公益诉讼制度设立的初衷,是为了给那些关注到公共利益受到侵害的人们一个救济的途径。由于"公益"二字原本就代表社会大众,因此公益诉讼制度一般不会对原告的利害关系有过多要求。在这一点上,英美法系国家的态度更为开放,立法者们在公益诉讼制度上没有过多条款要求。尤其是在美国,上至国家机关,下至普通公民,社会的每一份子都在公益诉讼当中扮演着不可或缺的角色。与此相对应,大陆法系国家由于受制于当事人适格理论,在公益诉讼起诉主体资格的问题上往往更为严谨,对公民个体提起公益诉讼也有诸多规定。[2]

---

[1] 张艳蕊:《民事公益诉讼制度研究:兼论民事诉讼机能的扩大》,北京大学出版社2007年版,第21页。

[2] 张艳蕊:《民事公益诉讼制度研究:兼论民事诉讼机能的扩大》,北京大学出版社2007年版,第21页。

(二)社会组织与公益诉讼的关联

纵览世界各国的法律史,在公益诉讼的发展历程中,社会组织扮演着不可或缺的角色。可以说,社会组织参与公益诉讼是一种必然,因为社会组织能够对公益诉讼的发展起到积极的推动作用。这主要体现在以下两点上:

1. 组织结构

与政府机关相比,社会组织参与公益诉讼更为灵活。由于社会组织的民间身份,一般社会组织都能够及时关注公共利益受到侵害的问题,即具有时效性。在碰到公共利益受到侵害的问题时,如果将所有的问题都交由政府机关解决处理,结果必然是弊大于利。一是政府机关的人力有限,决策的制定往往需要一定的流程,无论从时间成本还是从金钱成本来说都会负担过重,且公共利益的保护往往具有时间紧迫性和不可逆性,如果处理不及时很容易造成无法挽回的严重后果;二是如果过度地扩张公权力的范围,则更容易为权力寻租创造可能的空间,也容易滋生腐败。从我国当前政治改革的趋势来看,"将权力关进笼子里"是我国政府机关未来发展的一个重要走向。因此在这一大背景下,我们在讨论与公益诉讼有关的问题时,社会组织参与公益诉讼就成了绕不开的话题,二者有着紧密的连接性。

2. 专业化程度

公益诉讼往往具有专业性强、涉及范围广等特点。因此,在遇到专业性问题时,如果原告不具有足够的专业能力,则很难在诉讼中获得胜利,也就谈不上保护公共利益不受侵害。而由于社会组织自身的业务要求,社会组织的组成成员大都具有较强的专业能力,这对其行使公益诉讼的权利具有重要作用。例如,一个环境保护型的社会组织,其组成人员往往包括了环境分析专家、空气质量检测员、水体质量检测员等;一个消费者权益型的社会组织,往往包括了食品、化工等多方面领域的从业者及专业人士。这些专业人员在参与公益诉讼时,能够更专业、更好地描述出公共利益受到侵害的事实，也能够帮助审判人员更好地把握案件情况，对公益诉讼案件的审查更为有利。

(三) 国外社会组织参与公益诉讼的实践

1. 关于国外社会组织的情况

国外政府以成熟的公民社会为基础，通过颁布相关法律构建社会组织管理的法律框架，目的是把相关运作的形式及活动内容制定成相关的条例，进而列入相关法律之中。

(1) 社会组织具有法人地位。国外政府现阶段都在大力支持社会组织的发展，以社会组织自由性为基础，努力为社会组织的发展创造良好的社会环境。因此，一些国家已经建立起一套比较完整的社会组织管理法律体系，明确了社会组织的法人地位，对社会组织参与社会活动提供了法律保障。

世界上第一部《慈善法》于1601年在英国颁布。自英国颁布该法律以来，该法律经历了多次的完善，并已逐渐走向成熟，新的《慈善法》于2006年正式改编完成，并应用于各行各业。这部法律的形成不仅对社会组织的内容进行了详细的规定，同时也对其运作模式进行了规定。

可以说，这部法律的颁布对其他国家的社会组织立法起到了重要的引导作用。德国在此法律的基础上，结合本国的基本国情也创立了相关的法律法规体系。该法律规定了在进行社会组织创建时，如果该组织是由两个或两个以上的公民所创立，则该社会组织将受到相应的法律保护；如果该社会组织不以营利为目的，那么需要在相关部门进行登记后，方可获得政府的资助。除此之外，德国的社团法还对一些违反相关法律法规的团体进行了有效的管制，防止其进行不法行为，既保障了社会组织的法律地位，又规范了社会组织的运作。[1]

---

〔1〕 高琪：《我国环境民事公益诉讼的原告适格限制——以德国利他团体诉讼制度为借鉴》，载《法学评论》2015年第3期，第143~153页。

另一个具有较完善社会组织立法体系的国家是日本。日本的社会组织的命名形式是直接采用发起者的姓名作为社会组织的名称，并规定社会组织与一般企业具有相同的社会地位。日本相关法律中规定，凡是进行教育、慈善、服务类的社会组织，如果他们不以营利为目的，那么在他们获得相关部门认定并登记后，国家会给予一定的资金支持。[1]

（2）较为宽松的准入制度。现阶段，社会团体通过登记取得法律地位是税收优惠政策的必要条件，外国社会组织制度的建立模式主要包括自由建立模式、行政许可模式、指导模式、强制建立模式和特许经营模式，当中，最常见的是自由建立模式和指导模式。自由建立模式意味着社会组织只要有一定数量的设立者，并且设立者之间能够达成协议即可成立，在此期间不需要执行部门的批准和许可。许多发达国家大多采取免费的设立方式，但也制定了一些附加条件，如英国慈善法案规定要想成立社会组织必须年收入或者有能力收入至少 5000 英镑。[2]建立社会组织是激励发展社会组织的有效途径。指导模式是指社会组织必须按照法定程序向具体行政机关申请登记，取得批准设立。指导模式反映了政府管理的强烈意愿，其根本目的是要求社会组织在国家允许的范围内发展。美国、英国等国家在进行社会组织登记时，所经历的手续及程序相对较为简单，属于自由建立模式；而日本相对较为复杂，属于指导模式。

美国一般将公益诉讼称为"公法诉讼"。[3]在美国想要建立社会组织，创建者只需要提交一份报告，说明机构运行的规章制度，并注明机构的名称、目的等，然后交由政府进行审批即可。

在英国，申请人只需要组成三个成员，并对组织机构进行合理

---

[1] 闵振皋：《日本非政府组织的特点》，载《组织人事报》2010 年 4 月 13 日，第 2 版。

[2] 中华人民共和国财政部国际司：《英国、法国社会组织发展与管理体制情况介绍》，载 http://gjs.mof.gov.cn/pindaoliebiao/cjgj/201308/t20130821_980382.html。

[3] 牛犁耘：《美国公益诉讼制度及其启示》，载《河南公安高等专科学校报》2005 年第 2 期，第 70~72 页。

第三章 我国社会组织参与公益诉讼存在的问题与对策

的规划,不需要交纳任何费用,即可进行社会组织的创立。但是在英国要想建立以慈善为目的的慈善机构,必须要进行注册,而且同时需要满足年收入至少 1000 英镑。

日本是各个发达国家中社会组织机构建立程序最为复杂的国家,首先,申请人需要具备一定的资产和预算;其次,相关部门需要对组织进行认证后进行注册登记,只有这样才可以建立相应的社会组织。[1]

(3) 社会组织成立的条件较明确。不管社会组织的具体经营范围如何,发达国家均会在其成立时对该组织进行一定的考察,并根据以往考察的经验具体规定社会组织的成立条件。

在德国,社会组织的类型主要有两类,一类是社团形式的社会组织,另一类是基金形式的社会组织。德国相关民法中规定[2],社团形式的社会组织的成立需要具备以下几个条件:

其一,社会组织的成员人数必须至少为 7 人。

其二,社会组织必须要有自己的名称、相关的制度,同时需要说明社会组织的目的。

其三,社会组织内部必须要通过选举产生董事会,董事会成员必须要对本组织的管理、运营进行良好的监督和管理。

其四,如果想要使组织及法人具有一定的社会地位,需要向相关部门进行申请,然后进行社会组织的登记。

要想成立基金型社会组织,必须具备以下几个条件:

其一,到相关部门进行资格认证,然后逐级进行上报,使各级政府认可并同意社会组织的建立。

其二,社会组织必须具备一定的办公场所,而且有相关规章制度,同时还需要在组织内部成立董事会负责监督、管理。

---

[1] 田香兰:《日本民间非营利组织的发展现状、法律环境及社会贡献》,载《日本问题研究》2013 年第 2 期,第 66~72 页。

[2] 中国国际民间组织促进会:《德国社会组织发展及考察及启示考察报告》,载 http://www.govyi.com/fanwen/kaochabaogao/201410/fanwen_20141012102636_146891.shtml。

· 065 ·

其三，注册资金至少要保证不少于 50 000 欧元。

日本的社会组织成立的条件如下：[1]

其一，社会组织必须要有明确的规章制度、社会组织的名称，同时在提交申请时，需要对社会组织的目的及办公场所进行申报，除此之外，需要公布社会组织能够使用的流动资产的数额。

其二，提供社会组织成员名单。

其三，通过投票选举的方式选取董事会成员。

其四，在相关的规章制度得到相关政府部门的认可后，召开社会组织成立大会。

2. 国外社会组织参与公益诉讼的案例

（1）美国 2000 年"地球之友"诉莱德洛公司案。美国联邦最高法院审理的"地球之友"诉莱德洛公司案，是影响美国环境公益诉讼原告资格的重要判例。本案中，环境保护组织依据相关环保法的规定，对莱德洛公司进行了控诉，控告他们在生产过程中的污水未经过处理直接排放，导致污水中含有大量的金属物质——汞，不仅污染了水资源，而且对人类的身体健康造成一定的危害，环境保护组织要求该公司进行一定的赔偿，并请求法院勒令其进行及时整改。

此前，莱德洛公司为了响应国家环保的号召，从国外进口了一台有毒废弃物焚烧设备，并通过制定相关排放措施，对污染物的排放进行了明确的规定。该规定受到当地政府部门的认可，环保部门认为该公司能够有效处理污染物，并能使其达到排放标准。但是该公司在实际运行过程中，为了节约成本，并未对污染物进行有效处理，长时间向河内排放超标物质，导致生态环境遭到严重破坏。

"地球之友"提起诉讼后，被告公司认为原告并不具备监管资格，缺乏相应的手续。在法院调查后，发现莱德洛公司在近二十年的时间里向河内排放了大量的污染物质，决定对该公司进行相应的

---

[1] 国家发展和改革委员会经济体制与管理研究所：《促进社会组织参与社会治理的国内外经验及启示》，载 http://www.china-reform.org/?content_602.html。

资金处罚,并勒令其及时整改。原告"地球之友"相关法律代表认为,初审法院判罚金额过低,不足以对该企业造成一定的惩罚,进而提起上诉。上诉法院认为该公司已经遵循相关规章制度取得了排放许可手续,再对罚款数额提起上诉已无意义,因而驳回了"地球之友"的上诉。

原告"地球之友"认为上诉法院的解释过于牵强,因此向最高法院提起又一次的上诉,此次的上诉受理部门是联邦最高法院。联邦最高法院认为,首先,地球之友具有一定的原告资格,他们认为原告方具有以下几个条件:[1]

其一,原告方具有足够的证据证明被告方确实有破坏环境的行为。

其二,被告方的利益损失归因于原告方的起诉。

其次,联邦最高法院法官认为,原告方所提供的证词中说明他们在垂钓或者游泳时受到相应的阻碍是符合事实的,通过上诉可以阻止该公司进行进一步的破坏。上诉法院做出提起上诉毫无意义的这一认定是不正确的,因此最终认可了原告的说法。

"地球之友"诉莱德洛公司案承认了"对环境污染后果的合理担心"可构成起诉理由,大大拓宽了美国环境公益诉讼的范围。

(2)美国1978年帕里拉属鸟诉夏威夷土地与资源管理局。自从20世纪中后期开始,美国的许多河流、树林、湖泊、乡村、海域都受到不同程度的污染,人们以污染的名义多次对法院提起相关诉讼。其中有一个案件叫作帕里拉属鸟诉夏威夷土地与资源管理局一案,该案情况如下:

由于帕里拉地区受污染程度严重,导致栖息的鸟类的数量和种类逐年递减,人们因此为该地区仅存的鸟类提起了诉讼,诉讼中要求停止破坏该地区的生态环境,还鸟类一个良好的栖息地。这类案件是人类以动物的名义提起的诉讼,这在人类历史发展史上是第一次,而美国联邦法院受理了此案件。1979年6月,美国联邦法院判

---

[1]《美国联邦行政程序法》第702条。

决该地区的鸟类胜诉，并勒令周边企业及时进行整改，防止进一步的环境污染，从而能够使鸟类继续在此进行栖息。该案表明，自然体可以成为法律主体，享有法律主体资格和权利。

（3）日本1995年奄美大岛4种鸟类诉地方政府。受案例（2）的启发，以自然体作为法律主体而提起的公益诉讼开始逐渐增多起来，比较出名的案例是日本1995年奄美大岛4种鸟类诉地方政府一案。在20世纪90年代的日本出现了较大范围的经济危机。受经济危机的影响，日本一企业在岛上修建了一个大型的高尔夫球场，而这个高尔夫球场的修建却严重破坏了当地的生态环境，使鸟类的栖息地受到巨大的影响。因此，当地环保团体开始自发组织进行抗议，但是这些抗议显然没有起到太多的效果，最终高尔夫球场在一片反对声中建成。为此，环保组织开始接触相关律师，并对该企业提起了诉讼，要求法院进行判决，请求法院勒令该公司尽快拆除该球场。鹿儿岛地方法院在查明情况后，从环境保护的角度出发，分别于1995年3月和1997年9月作出判决，叫停高尔夫球场的使用，要求该企业恢复鸟类原有的生存空间。

从以上国外一些社会组织参与公益诉讼的案例中可以看出，部分发达国家在探寻社会组织参与公益诉讼的道路上走得较前，结合具体案例，这些国家的社会组织参与公益诉讼的特征主要有以下几点：

其一，起诉便利。对于社会组织监督范围内的违法行为，社会组织可以无须经过繁杂的程序而直接以社会公共利益受到侵害为由直接提起诉讼。

其二，起诉主体范围较广。相比于传统诉讼中原被告均为法人或自然人的限制，国外的公益诉讼中的起诉主体可以是自然体，例如野生动植物。这一特点大大降低了公益诉讼起诉的门槛，增加了起诉的可能性。

每个国家都有自己的实际情况，我们在讨论我国社会组织参与公益诉讼时，理应不能原封不动地照搬他国的法治理念和法律体制。

第三章 我国社会组织参与公益诉讼存在的问题与对策

但从另一个方面来说,以上案例仍能带给我们一定的启示,为我们探索社会组织参与公益诉讼的发展提供帮助。

**二、我国社会组织参与公益诉讼存在的问题及原因分析**

(一) 我国社会组织参与公益诉讼的发展情况

自从十一届三中全会吹响了改革开放的号角,在四十多年的时间内,我国社会组织参与公益诉讼经历了多个发展阶段。在20世纪90年代,我国开始对公益诉讼制度进行探索,而这一行为与当时的历史背景有关。在社会主义市场经济刚刚开始发展的初级阶段,由于人们对公共利益的观念淡薄,加之相关法律制度不够完善,时常会出现公共利益受到不法侵害的行为。为了遏制这种行为,保护公共利益,一种新型诉讼形式——公益诉讼便走进了我们的生活,并开始为我们所了解。[1]而随着社会大众保护公共利益的意识不断加强,我们对公益诉讼的研究也愈发深入。在研究中我们发现,与公益诉讼相关联的标的一般不是个人利益,往往是涉及不特定多数人的公共利益,而公民个体在诉讼中受限于时间、金钱等多方面因素,无法承担主要的起诉责任。另一方面,对于社会组织,尤其是具有环保、维权等公益属性的社会组织来说,由于其具有公民个体所不具备的组织性、专业性,因此社会组织在促进公益诉讼制度的发展上发挥着关键性的作用。下面我们从几个典型的案例来看看社会组织参与公益诉讼的发展史及现状。

2010年6月29日,最高人民法院《关于为加快经济发展方式转变提供司法保障和服务的若干意见》第13条规定,依法受理环境保护行政部门代表国家提起的环境污染损害赔偿纠纷案件,严厉打击一切破坏环境的行为。该条规定的出台,标志着针对环境污染损害行为提起公益诉讼相关制度的建立,也标志着我国开始对公益诉讼领域投入更多的关注。在2011年9月,国内第一起由公益性的社会

---

[1] 王名:《中国民间组织30年》,社会科学文献出版社2008年版,第128页。

环保组织提起的环保型公益诉讼案件在云南省曲靖市中级人民法院开庭，作为原告的社会组织"自然之友""绿色志愿者联合会"等共同提起公益诉讼，要求云南省陆良化工实业有限公司、云南省陆良和平科技有限公司等两被告承担其造成环境污染的责任，并向其索赔1000万元作为环境生态恢复资金用于后期的污染治理、环境恢复等工作。作为我国社会组织参与公益诉讼的第一案，本案标志着我国非利益关联者开始参与到公益诉讼当中，具有里程碑式的重要实践意义。

2011年12月，我国多个城市的消费者权益保护协会与中国消费者报社联合向全国人大常委会法制工作委员会发出了《关于在〈消费者权益保护法〉中增加消费者组织代表不特定多数消费者进行公益诉讼的建议》，呼吁在该法修订过程中，明确消费者组织在消费侵权公益诉讼中代表不特定多数消费者进行公益诉讼的权利和主体资格。[1]一些垄断行业中存在着诸多的"霸王条款"，屡次侵害消费者的合法权益。面对这些问题，由于诉讼成本过高，个人消费者往往很难有效地维护自己的权益。而与个人相比，消费者协会作为一个社会组织具有足够的组织性和专业性，从而保证其能够更好地保护消费者权益不受侵害。2012年3月，无锡市的消费者权益保护协会作为原告向当地法院提起诉讼，起诉对象是当地的一家火锅店。无锡市消协要求该火锅店返还其向顾客强制收取的一次性餐具费用，并且以后不得再向客户强制收取一次性餐具费用。3月15日，法院对此案进行了调解，火锅店与无锡市消协达成调解协议，保证在以后的经营活动中要求店员主动询问顾客是否需要使用一次性餐具，履行提醒义务，并积极主动为顾客准备不收费的餐具。这一案件发生在2013新《民事诉讼法》颁布之前，对公益诉讼制度的推行具有积极的示范作用。

2012年8月31日，十一届全国人大常委会第二十八次会议表决

---

[1] 重庆、北京、上海等地消费者权益保护协会，中国消费者报社：《关于在〈消费者权益保护法〉中增加消费者组织代表不特定多数消费者进行公益诉讼的建议》。

## 第三章 我国社会组织参与公益诉讼存在的问题与对策

通过了修改后的《民事诉讼法》，增加了关于"公益诉讼"的规定："对污染环境、侵害众多消费者合法权益等损害社会公共利益的行为，法律规定的机关和有关组织可以向人民法院提起诉讼。"这标志着我国公益诉讼制度建设进入了全新的阶段，社会组织参与公益诉讼在法律上得到了认可。[1] 2013年10月25日第十二届全国人民代表大会常务委员会第五次会议通过的新《消费者权益保护法》第47条规定，对侵害众多消费者合法权益的行为，中国消费者协会以及在省、自治区、直辖市设立的消费者协会，可以向人民法院提起诉讼。[2] 这意味着从此由社会组织提起公益诉讼将具备充分的合法性。

从以上几个案例可以看出，虽然我国社会组织已经开始参与到公益诉讼之中，但是总的来说我国社会组织参与公益诉讼仍然处于起步阶段。截至2016年3月，相关社会组织提起公益诉讼6件；截至2016年9月，相关社会组织提起公益诉讼17件；[3] 截至2017年6月，相关社会组织依法提起公益诉讼35件。[4] 从这几组数据我们可以看出我国社会组织参与公益诉讼还没成为一种普遍现象。究其原因，一是我国关于社会组织参与公益诉讼的相关制度还未完善，社会组织参与公益诉讼还未得到足够的保障；二是我国的法律工作者对社会组织参与公益诉讼存在不同的认识，社会组织参与公益诉讼还未得到广泛的认可。[5] 而随着近几年公益诉讼的推行，社会组织在参与公益诉讼时必将遇到很多全新的问题，正确认识和解决这些问题将是我们探索社会组织参与公益诉讼的一个关键点。

---

[1]《中华人民共和国民事诉讼法》第五章第一节第55条。
[2]《消费者权益保护法》第六章第47条。
[3] 曹建明：《最高人民检察院关于检察机关提起公益诉讼试点工作情况的中期报告——2016年11月5日在第十二届全国人民代表大会常务委员会第二十四次会议上》。
[4] 最高检：《全面实施检察机关提起公益诉讼制度》新闻发布会，2017年6月30日。
[5] 王名：《中国民间组织30年》，社会科学文献出版社2008年版，第128页。

## （二）我国社会组织参与公益诉讼存在的问题

1. 社会组织参与公益诉讼的制度不健全

虽然在 2013 年新《民事诉讼法》颁布之后，社会组织参与公益诉讼已逐渐进入我们的视野，但总的来说，我国社会组织参与公益诉讼仍然在制度保障层面存在诸多问题。

（1）理念上的制约。从法律层面来看，我国的各有关部门对社会组织参与公益诉讼的意识仍稍显淡薄，理念仍较为陈旧。立法部门在立法时未对社会组织参与公益诉讼投入更多关注；执法部门在执法时往往忽略社会组织参与公益诉讼的重要作用；司法部门在处理相关问题时对社会组织参与公益诉讼的法律地位也并不是完全认可。从社会层面来看，我国社会组织自身参与公益诉讼的意识也不够到位，参与公益诉讼的积极性不算很高；普通民众对社会组织和公益诉讼的概念和意义都缺乏了解，对社会组织参与公益诉讼也没有过多的兴趣去了解。

与此相反，世界上其他国家，尤其是发达国家在社会组织参与公益诉讼的问题上往往进行了更为深入的研究，具备了更加先进的理念，而相关的立法则会表现出鼓励和支持社会组织参与公益诉讼的倾向。此外，社会组织和普通民众对公共利益的关注度更高，更愿意投入精力去了解和保护公共利益免受不法侵犯。

（2）立法上的制约。2013 年新《民事诉讼法》中虽然添加了"法律规定的机关和有关组织可以提起民事诉讼"这一表述，但社会组织是否属于法律规定的机关和有关组织？如何认定提起公益诉讼的社会组织属于法律规定的机关和有关组织？这些问题都未得到明确的解释。此外，在公益诉讼的制度层面，虽然我国在一些部门法，例如环保法、消费者权益保护法中体现了带有公共利益保护性质的条款，但大部分只是规定了哪些情况可以提起公益诉讼，并未对公益诉讼的起诉、证据收集、开庭审理等具体流程进行规定，这些问题均成了社会组织参与公益诉讼的障碍，对社会组织参与公益诉讼产生了不利影响。

(3) 司法上的制约。健全完善的司法制度能够有效保障社会组织参与公益诉讼，但是总的来说，我国司法部门对社会组织参与公益诉讼仍存在认可度不高的情况。虽然在我国的一些地区，社会组织参与公益诉讼已经有了司法实践，但无论是从判决的结果还是从起诉的数量上来看，社会组织在参与公益诉讼时往往会遇到立案难、取证难等诸多问题。更有甚者，有些地方的法院出于"多一事不如少一事"的心理，存在故意不对社会组织提起的公益诉讼立案或者人为地在社会组织取证环节制造障碍等不健康的现象。此外，从司法实践的角度来说，如何确定公共利益受到侵犯的事实，如何确认原告是否具有起诉资格，如何确定原告提供证据的真实性和准确性，是否应当设立诉前调解程序等，以上诸多在司法实践中可能遇到的问题，都必须借助相关司法解释进一步明确。

2. 公益诉讼起诉主体资格在法律上不明确

一般民事诉讼发生的根本原因是当事人双方发生纠纷，而公益诉讼发生的原因和一般民事诉讼发生的原因却有很大的不同。所谓"公益"，即所涉对象非特定的一两个人而是不特定的社会群体。公益诉讼的提出，很大概率是由于一些政府机关、国有或非国有的企事业单位或者个人对公共利益造成了侵害，而这一侵害未得到有关机关的及时、合理的处理，导致公共利益的侵害持续扩大，进而威胁、影响到了广大群众的切身利益。当前，随着人民群众法治观念的日益增强，由于公共利益受到侵害而对自身造成影响的行为越来越受到关注，而公益诉讼的概念也被更多地提及。虽然包括新民诉法等一系列法律法规都对民事公益诉讼做了若干规定，但仍存在起诉主体资格模糊的问题。

在以下 2013 年和 2016 年的两个案例中，法院在认定起诉主体资格的问题上就出现了认识不一致的情况。

首先来看 2013 年由海南省高级人民法院做出的民事裁定书[（2013）琼立一终字第 155 号]。在本案中，作为原告的中华环保联合会认为，作为被告的海南天工生物工程有限公司涉嫌对水体造成污染，应当承担相应责任。而在此前的一审过程中，海口市中级人民法院依据《民事诉讼法》第55条规定，认为只有法律规定的机关和有关组织才能向人民法院提起公益诉讼，而目前的法律尚未对中华环保联合会作为民事公益诉讼的起诉主体资格做出明确规定，因此认定中华环保联合会作为民事公益诉讼原告主体不适格，做出裁定驳回中华环保联合会的起诉。

中华环保联合会对此裁定不服，故向海南省高级人民法院提起上诉。然而海南省高级人民法院最终仍然采纳了一审法院的意见，以下是海南省高级人民法院二审民事裁定书的内容：

"本院认为：一、《中华人民共和国民事诉讼法》第55条规定的民事公益诉讼的起诉主体具有法定性，只有'法律规定的机关和有关组织'才有资格提起公益诉讼。但无论是'机关'还是'有关组织'，这两类主体只有经法定，才可提起公益诉讼。上诉人主张'有关组织'无需法定而应由司法机关根据实际情况进行判定没有法律依据。"

从上述裁定内容来看，显然海南省高级人民法院认为只有"法律规定的机关和有关组织"才能够提起公益诉讼，而中华环保联合会并未在法律规定的机关和有关组织之列，故海南省高级人民法院最终裁定中华环保联合会无权提起公益诉讼。

关于此案，如果严格依据法律条文解读，我们确实很难对法院的裁定提太多意见，毕竟公益诉讼写入法律条文也是在2013年新《民事诉讼法》颁布之后才有的事，其对提起公益诉讼的主体也并未制定明确的判定标准，本案中法院完全可以依据其对现有法律条文的解读作出如上裁定。

然而在2016年的另一个案例中，法院却对几乎完全相同的案件事实做出了截然相反的裁定。在本案中，中国生物多样性保护与绿色发展基金会对宁夏华御化工有限公司提起环境污染公益诉讼。而在一审和二审中，宁夏回族自治区中卫市中级人民法院和宁夏回族自治区高级人民法院以和2013年中华环保联合会诉海南天工生物工程有限公司一案中近乎完全相同的理由,即以中国生物多样性保护与绿色发展基金会不属于"法律规定的机关和有关组织"为由驳回了基金会的起诉。然而,事情的转折发生在最高人民法院对此案再审的过程中。最高人民法院在对案件进行审查后,做出了如下判断,以下是再审裁定书的内容:

"本院认为,本案系社会组织提起的环境污染公益诉讼。再审申请人绿发会认为,一审、二审法院认定其不是'从事环境保护公益活动'的社会组织,进而裁定不予受理其起诉,构成适用法律错误。故本案应围绕绿发会是否系专门从事环境保护公益活动的社会组织这一焦点进行审理。

对于本案绿发会是否可以作为'专门从事环境保护公益活动'的社会组织提起本案诉讼,应重点从其宗旨和业务范围是否包含维护环境公共利益,是否实际从事环境保护公益活动,以及所维护的环境公共利益是否与其宗旨和业务范围具有关联性等三个方面进行审查。[1]"

从以上描述可以看出,最高人民法院将确定主体资格的关键放在了三个问题上,即:

(1) 中国生物多样性保护与绿色发展基金会的宗旨和业务范围是否包含维护环境公共利益。

(2) 中国生物多样性保护与绿色发展基金会是否实际从事环境保护公益活动。

(3) 中国生物多样性保护与绿色发展基金会所维护的环境公共利益是否与其宗旨和业务范围具有关联性。

结合实际案情,最高人民法院针对这三个问题做出如下认定:

(1) 关于中国生物多样性保护与绿色发展基金会的宗旨和业务范围是否包含维护环境公共利益,从章程上来看,中国生物多样性保护与绿色发展基金会的章程符合国际上对环保组织的一般要求。

---

[1] 中华人民共和国最高人民法院(2016)最高法民再50号。

同时，其章程的具体表述也与绿色环保的可持续发展理念相契合，存在保护环境不受不法侵犯的具体表述。故应认定中国生物多样性保护与绿色发展基金会的宗旨和业务范围包含维护环境公共利益内容。

（2）关于中国生物多样性保护与绿色发展基金会是否实际从事环境保护公益活动，最高人民法院认为，所谓的从事与环境保护有关的公益活动，不应该仅限于狭义上的环保公益活动，如参与植树造林、对濒临灭绝的动植物实施保护等直接针对环境采取保护措施的行为，还包括涉及环境保护的其他相关事项，例如通过社交媒体进行宣传，通过有组织的社会活动对公众进行有关环保知识的教育等。只要是对环境保护、治理有益的行为，只要是能够提升社会大众对环保认识的活动，都应归为环保公益活动。中国生物多样性保护与绿色发展基金会在本案审理过程中提交的包括照片、参与案例在内的多种材料说明，中国生物多样性保护与绿色发展基金会自其成立以来一直从事各项环保公益活动。这些活动符合我国相关法律和司法解释对环保公益活动的规定。此外，中国生物多样性保护与绿色发展基金会亦通过上述材料证明其参加环保公益活动已远超5年，符合《环境保护法》第58条对社会组织参与环保公益活动时间方面的要求，故应认定中国生物多样性保护与绿色发展基金会实际从事环境保护公益活动。

（3）关于中国生物多样性保护与绿色发展基金会所维护的环境公共利益是否与其宗旨和业务范围具有关联性，最高人民法院认为，依据相关司法解释的规定，社会组织参与公益诉讼时所涉及的环境公共利益，应与社会组织的宗旨和业务范围具有一定关联。此项规定的初衷是为了确保社会组织具有足够的诉讼能力，因为如果其所起诉的环境公共利益问题与其宗旨和业务范围并无关联，则从专业性角度出发，该社会组织恐难应付诉讼中可能遇到的诸多问题。因此，只要社会组织所涉及的公益诉讼事项与其宗旨和业务范围存在一定的联系，或者社会组织所涉及的公益诉讼事项与其所保护的环境要素、生态系统等存在关联，则应确认该社会组织具有提起公益诉讼的主体资格。本案环境公益诉讼与腾格里沙漠的污染问题有关。该沙漠环境所特有的脆弱、复杂的生态系统更需要我们的爱惜和保护。中国生物多样性保护与绿色发展基金会起诉认为被告违规排污，对腾格里沙漠的原生生态系统造成了极大的破坏，因此该案所涉及的环境公共利益属于中国生物多样性保护与绿色发展基金会的宗旨和业务范围，故应认定中国生物多样性保护与绿色发展基金会所维护的环境公共利益与其宗旨和业务范围具有关联性。

因此，综合以上三点判断，最高人民法院最终认定中国生物多样性保护与绿色发展基金会属于从事环境保护的社会组织，且具备提起公益诉讼的资格，最终裁定撤销一审和二审裁定，依法受理基金会的起诉。

纵观这两个案例，我们会发现这两个案例的关键区别点就在于人民法院对社会组织性质的认定。海南省高级人民法院按照2013年新《民事诉讼法》的条文，认为中华环保联合会不符合法律条文中对起诉主体的要求。而对于中国生物多样性保护与绿色发展基金会，最高人民法院并不是机械地照搬法律条文，而是综合考虑了更多的因素，例如考虑了中国生物多样性保护与绿色发展基金会的业务范围和其从事环境保护的情况，但更为重要的是，最高人民法院在裁定本案的过程中，始终遵循着鼓励社会组织依法提起公益诉讼的导向。这一点差异所带来裁定结果的大相径庭是值得我们去深究和思考的。

3. 公益诉讼费用承担规则对原告不利

对于诉讼来说，诉讼中所产生的费用是一个不容忽视的因素。根据我国现行的《诉讼费用交纳办法》的规定，当事人应当向人民法院交纳的诉讼费用包括：

（1）案件受理费。

（2）申请费。

（3）证人、鉴定人、翻译人员、理算人员在人民法院指定日期出庭发生的交通费、住宿费、生活费和误工补贴。

而对于其中的案件受理费，又分为一审案件受理费、二审案件受理费、再审案件受理费，其中的再审程序并不是必然产生案件受理费。关于这一点，《诉讼费用交纳办法》第9条的规定如下：

根据民事诉讼法和行政诉讼法规定的审判监督程序审理的案件，当事人不交纳案件受理费。但是，下列情形除外：

（1）当事人有新的证据，足以推翻原判决、裁定，向人民法院申请再审，人民法院经审查决定再审的案件。

（2）当事人对人民法院第一审判决或者裁定未提出上诉，第一审判决、裁定或者调解书发生法律效力后又申请再审，人民法院经审查决定再审的案件。

总而言之，我们可以从《诉讼费用交纳办法》中得出一个基本的结论：诉讼程序越多，产生的成本就越高。

那具体的诉讼费用究竟是按照什么标准确定的呢？《诉讼费用交纳办法》第三章第13条第1款中对此做出了规定，我们可以选取一部分来看：

财产案件根据诉讼请求的金额或者价额，按照下列比例分段累计交纳：

（1）不超过1万元的，每件交纳50元。

（2）超过1万元至10万元的部分，按照2.5%交纳。

（3）超过10万元至20万元的部分，按照2%交纳。

……

简单来说，《诉讼费用交纳办法》中诉讼费用的产生标准是按照诉讼标的的金额来核算的，这也是民事诉讼费用产生的一个基本确定原则。

然而，对于公益诉讼，特别是环境类型的公益诉讼来说，由于诉讼标的往往是涉及环境改造、污染治理等方面的内容，因此诉讼标的的金额会变得非常巨大，由此带来的影响是诉讼费用的金额也会变得非常巨大，这就变相增加了诉讼成本，进而加重了原告方承担败诉风险的心理负担。

在2016年的一次公益诉讼中就出现了这一情况。在北京市朝阳区自然之友环境研究所、中国生物多样性保护与绿色发展基金会与江苏常隆化工有限公司等三家公司环境污染责任纠纷一案中，两原告认为三被告在经营期间，对其厂址附近土地、地下水造成了严重污染，并导致附近一家学校多名学生出现身体不适、湿疹、血液指标异常、白细胞减少等异常状况，此案便是著名的"常州外国语学校污染事件"。在起诉状中，两原告要求三被告承担环境修复费用3.7亿元；北京市朝阳区自然之友环境研究所明确要求三被告承担律师费、差旅费合计413 675.6元；中国生物多样性保护与绿色发展基金会明确要求三被告承担立案、递交材料所产生的费用及差旅费8460元，律师费10万元，合计108 460元。

法院在审理之后查明，虽然涉事区域确实存在污染情况，但是以下情况也应一并考量：

在2009年，涉案的相关土地已由常州市新北国土储备中心收储并已完成交付。常州市政府及有关部门已对涉案的相关土地实施处置措施，时间点为本案诉讼开始前。此外，有关部门已针对环境污染的问题实施相应的修复措施。而在有关部门对空气、水质等指标进行严格的检测后，得出的结果证明涉案的相关土地的污染情况已经得到初步控制，土壤、地下水水质对外部可能造成的污染风险亦已得到改善。根据《环境保护部关于加强土壤污染防治工作的意见》的有关规定，常州市政府及有关部门所实施的处置及修复措施符合有关规定的要求，同时也与国务院《土壤污染防治行动计划》的规定相符。而在常州市政府采取措施治理环境污染的期间，被告方不存在取代政府及有关部门直接采取措施的可能。

此外，由于历史原因，涉案的相关土地所产生的环境污染问题早在20世纪七八十年代便已出现，而污染现状的产生也经历了漫长的演变过程。在涉案的相关土地上从事生产的企业也几经变迁，从国有、集体产权时代到私人持股、中外合资时代，多家企业曾在该地从事生产经营活动。因此,当前涉案的相关土地出现的严重污染并非一朝一夕形成,而是历经几十年的多家企业生产累积而成。在本案中,两名原告并未提交足够的证据以证明三被告与此前从事生产经营活动的各企业就当前的环境污染问题各应承担多少侵权责任,亦无法证明三被告具体应承担多少赔偿金额。

因此,当地法院最终认定,由于公共利益的损害事实已得到有效处理,且原告方无法提供足够证据证明三名被告对污染事实应承担损害赔偿责任,故决定对两原告提出的判令三被告消除危险或赔偿环境修复费用、赔礼道歉的诉讼请求不予支持。两原告主张由三被告承担律师费、差旅费等相关费用的请求亦不予支持。最终判决如下:

驳回原告北京市朝阳区自然之友环境研究所、中国生物多样性保护与绿色发展基金会的诉讼请求。案件受理费 1 891 800 元,由两原告共同负担。〔1〕

高达 189 万余元的案件受理费,就是根据原告所提出的 3.7 亿元环境修复费用计算出来的。我们不去评论这一案件的最终判决正确与否,仅从原告所需承担的近 200 万元的案件受理费这一方面来看,相信每个人都会有以下几个疑问:原告败诉所需要承担的风险是否过高?更多的社会组织和个人是否会因此而对公益诉讼望而却步?这一结果究竟是否符合公益诉讼这一制度设立的初衷?如果过高的诉讼费用成了公益诉讼制度的门槛,本就发展滞后、关注度不高的公益诉讼恐怕会更难被社会大众认同和接受,社会组织参与公益诉讼的积极性恐怕也会受到很大打击,这都是我们需要思考和解决的问题。

4. 检察院的参与导致社会组织参与公益诉讼的必要性降低

近几年,在我国的公益诉讼制度中,最引人瞩目的当属检察院的参与。在 2015 年 7 月 2 日,最高检就发布《检察机关提起公益诉

---

〔1〕 江苏省常州市中级人民法院 (2016) 苏 04 民初 214 号民事判决 (已被撤销)。

## 第三章 我国社会组织参与公益诉讼存在的问题与对策

讼改革试点方案》，选择13个省区市检察院开展改革试点，这成了检察机关参与公益诉讼的起点。而在历时近两年后的2017年6月27日，全国人大修改《民事诉讼法》和《行政诉讼法》，明确自当年7月1日起，检察机关提起公益诉讼制度正式在全国范围内实施，标志着检察机关作为公益诉讼的一个重要角色正式进入历史舞台。

我们可以看一下下面这份成绩单：[1]

（1）吉林。2017年，吉林省检察机关共发现公益诉讼案件线索1946件，其中生态环境和资源保护领域1712件，占87.98%；办理公益诉讼诉前程序案件1130件，相关行政机关纠正违法或履行职责896件，占79.29%；向人民法院提起公益诉讼101件。公益诉讼在吉林生态环境资源保护中所发挥的积极作用，得到中央环保督查组的充分肯定。

全省检察机关通过办理公益诉讼案件，监督和支持行政机关依法行使职权，共督促恢复林地湿地7.9万公顷，清理非法堆放垃圾4000多万吨，查处假冒伪劣食品1.9万公斤，收回假药和走私药品130种，关停整改污染、违法企业41家，为国家避免直接经济损失近2亿元。

（2）江苏。2017年7月1日至11月底，提起公益诉讼案件22件；办理诉前程序案件436件，占两年试点期间诉前案件数的85.8%，其中办理民事公益诉讼诉前程序28件，办理行政公益诉讼诉前程序达408件。

（3）浙江。2017年7月1日以来，浙江检察机关公益诉讼工作积极稳妥推进，全省目前共有22个地市的党委、人大、政府制定了支持公益诉讼的文件。2017年全省各级院共收集公益诉讼案件线索297条，立案220件，提起诉前程序201件。四大领域均有诉前程序案件，其中生态环境和资源保护、食品药品安全、国有财产保护、国有土地使用权出让领域分别为126件、12件、44件、19件，各占

---

[1] 最高人民检察院：《2017年检察机关公益诉讼各地成绩单（一）》，载 http://www.sohu.com/a/219094351_349370。

62.7%、6%、21.9%和9.4%。11月份提前实现全省基层院公益诉讼诉前程序案件全覆盖目标。

杭州、宁波、温州、绍兴市检察院专设了公益诉讼部。目前全省民行检察（公益诉讼）部门总人数达到443人、员额检察官183人。其中基层检察院民行检察部门总人数达到336人，员额检察官130人，90%的基层检察院民行检察部门得到了加强。各级检察院组织开展了多种形式的公益诉讼培训，共培训1500余人次。全省先后选派80余人参加了最高检组织的公益诉讼培训班。在省检察院指导下，杭州市检察院与浙江大学法学院联合成立了公益诉讼研究中心。

（4）福建。2015年7月开展公益诉讼试点以来，福建省检察机关共办理生态环境领域诉前程序案件573件，75.3%的行政机关主动纠错或履行职责。依法提起生态环境公益诉讼36件，已判决的15件全部胜诉。

自2009年在全国检察机关首创推行"补植复绿"以来，福建省共办理"补植复绿"案件1604件，设立"补植复绿"基地19个，补种林木20多万亩，成活率达89.4%。将生态修复机制从涉林案件拓展到水流、土地、矿产、大气等领域，共对生态新领域案件应用生态修复机制38件，投放鱼苗313多万尾，督促还林1.16万亩。通过公益诉讼，促成恢复耕地400多公顷、清理河道15公里、清理垃圾4.6万吨、固废物403.7吨，督促关停、整治污染企业50家，为国家挽回经济损失8.4亿多元。

积极参与福建省各地"母亲河"、湿地公园、自然保护区、生态涵养区、水土流失区及矿山生态环境的保护行动，累计参与各类专项整治238次，向各地河长制办公室派驻检察联络室（员）、设立联系点并开展联合巡防，推动跨区域跨部门联动协作，建立生态保护司法联盟。针对生态领域治理薄弱环节发出检察建议663份，试行破坏生态环境违法犯罪行为档案查询制度，探索森林资源管理"黑名单"。

（5）广西。截至2017年12月25日，全区检察机关共受理各类公益诉讼案件线索447件;立案审查民事公益诉讼6件、行政公益诉讼162件,合计立案168件;进入公益诉讼诉前程序的民事公益诉讼案件2件、行政公益诉讼案件97件,合计99件。其中,涉及国有财产保护49件,经诉前程序督促保护、已收回国有财产622.9万元;涉及国有土地出让5件,已督促收回被欠缴国有土地使用权出让金900万元;涉及环境资源保护41件,已恢复被损毁国有林地、生态公益林地23.76亩,保护被污染耕地72.9亩,清理被污染和非法占用的河道8.19公里,督促关停和整治违法排放废气和其他空气污染物的企业1家;涉及食品药品安全2件。

(6)重庆。2017年7月,重庆巫溪县检察院发现徐家镇高洪村垃圾场存在环境污染问题的线索,在调查核实后向徐家镇政府发出公益诉讼诉前检察建议,要求镇政府依法履职,采取有效措施,治理垃圾污染问题。徐家镇政府迅速行动,用7天解决了垃圾处理问题。

这是重庆检察机关发出的百余件公益诉讼诉前检察建议之一。据介绍,自2017年7月全国检察机关正式开展提起公益诉讼工作以来,重庆检察机关在履行职责中发现公益诉讼案件线索282件,其中行政公益案件线索255件,民事公益案件线索27件。生态环境和资源保护领域195件;食品药品安全领域4件;国有财产保护领域43件;国有土地使用权出让领域40件。

截至12月份,全市检察机关提出诉前检察建议102件,立案117件,其中行政公益诉前程序案件100件,民事公益诉前程序案件2件,收到行政机关回复65件,向人民法院提起公益诉讼1件。

(7)四川。2017年7月,四川检察机关全面开展公益诉讼工作,截止11月底,各地共收集公益案件线索400件,立案271件,办理诉前程序192件,共向人民法院提起刑事附带民事公益诉讼3件,行政公益诉讼1件。

四川检察机关办理生态环境和资源保护领域公益诉讼案件109件,占全省公益诉讼案件40.22%,办理诉前程序案件63件,提起公益诉讼 3 件。通过办案共督促修复被污染、破坏、违法占用的林地、耕地、湿地、草原 1748.2 亩；消除污染隐患及治理恢复被污染水源地面积 715.85 平方公里；补种各类被毁林木 22 864 株；促成关停和整治违法企业 34 家。

此外，四川全省发现食品药品安全领域公益诉讼案件线索 49 件，立案 25 件，发出诉前检察建议 15 件；通过诉前检察建议，促成行政机关依法履职或纠正违法 117 件，督促收回国有土地出让金 7.66 亿余元，收回人防易地建设费 440.66 万元，督促违法企业或个人追缴、赔偿损失 9176.05 万元。

（8）陕西。截至目前，陕西检察机关已摸排出公益诉讼案件线索 1674 件，办理诉前程序案件 1161 件，起诉 82 件，判决 52 件，判决案件均得到法院支持。

通过办案共督促行政执法部门补种、恢复被损毁国有林地 1822 亩，挽回、复垦被非法改变用途和占用的耕地 1714 亩，清除处理违法堆放的各类生活垃圾 16 431 吨，督促保护、收回国家所有的资产和权益价值 7.2 亿元，有效维护了国家利益和社会公共利益。

（9）新疆。新疆检察机关的公益诉讼工作按下"快进键"，成立以检察长为组长的公益诉讼工作领导小组，全面部署推进公益诉讼工作。目前，新疆各地已重点摸排梳理生态环境和资源保护、食品药品安全、国有土地流转和国有财产损害等领域造成国家和社会公共利益受到侵害线索 196 件，包括行政机关不履行职责或履职不当的行政公益诉讼案件线索 192 件，公民、法人其他组织侵害赔偿的民事公益诉讼案件线索 4 件。其中，涉及环境资源保护类 116 件，占 59%；国有土地出让类 45 件，占 23%；国有财产保护类 30 件，占 15%；食品药品安全类 5 件，占 3%。

从以上这份亮眼的成绩单可以看出，对于检察院来说，从只能支持起诉，到可以由检察机关提起公益诉讼，公益诉讼经历了历史性变革。自全面推开以来，截至 2017 年 11 月底，全国检察机关共收集公益案件线索 1.2 万件，其中，生态环境和资源保护领域 8100

多件，占 67.4%；共提出检察建议和发布公告 6200 多件，生态环境和资源保护领域近 4000 件，占 64.1%；提起公益诉讼 97 件，生态环境和资源保护领域 82 件，占 84.5%。可以说，检察院在公益诉讼中起到了至关重要的作用。

然而，与此相对应的，无论是从案件数量还是社会影响力上来看，社会组织在公益诉讼上的参与情况完全无法和检察院相提并论。在上文中我们已经提到，截至 2016 年 3 月，相关社会组织提起公益诉讼 6 件；截至 2016 年 9 月，相关社会组织提起公益诉讼 17 件；截至 2017 年 6 月，相关社会组织依法提起公益诉讼 35 件。这一系列数字与上述检察院的表现相比，足以证明社会组织在公益诉讼的参与度仍然很低。而且，从当前我国公益诉讼的发展趋势来看，检察院参与公益诉讼将成为公益诉讼领域的一种日常现象，国家无论是在立法还是在司法层面都对检察机关参与公益诉讼提出了更高的要求，同时也给予了更多的支持。可以预见到，在未来的一段时间内，提到公益诉讼，人们将会更多地想到检察院，而不是社会组织。

确实，从客观角度来说，在我国当前的国情下，由检察院充当公益诉讼的主导角色更有利于公益诉讼制度的发展。然而，如果从社会组织的角度出发去看待这一问题的话，我们不由得有这样的担心：如果检察院能够更好更有效地参与公益诉讼，那社会组织还会积极参与公益诉讼吗？换而言之，如果检察院在公益诉讼中长期处于主导地位，而国家并未对社会组织参与公益诉讼提供更多支持的话，则社会组织参与公益诉讼的积极性必然会受到极大影响，这将不利于社会组织更好地参与到公益诉讼之中。

(三) 我国社会组织参与公益诉讼存在问题的原因分析

1. 社会组织参与公益诉讼的制度不健全问题的原因

社会组织参与公益诉讼的制度不够健全的问题，主要与我国法律体系和立法习惯有关。由于我国社会组织基本上是在改革开放之后，为了顺应市场潮流才逐渐发展起来的，在起步上就比其他发达国家的社会组织发展得更迟一些，因此相关的法律制度并不完善。

在处理与社会组织有关的问题的时候，立法者更倾向于借鉴一些原有的法律体系和法律条文，而这些体系和条文往往不能很好地解决社会组织在参与公益诉讼过程中遇到的问题。

另一方面，针对民事诉讼法中关于社会组织参加公益诉讼的描述存在语意模糊等问题的情况，这并不是只存在于社会组织参与公益诉讼立法领域的问题，而是普遍存在于我国各个部门法法条中的现象，这与我国传统立法习惯脱不开关系。

2. 公益诉讼起诉主体资格在法律上不明确的原因

首先，公益诉讼起诉主体资格问题的产生与立法有关。严格来说，在2013年《民事诉讼法》中首次出现专门针对公益诉讼的描述后，可以说我国公益诉讼的发展进入了一个全新的阶段，这是值得肯定的。然而，由于我国公益诉讼起步较晚，立法者在对公益诉讼的起诉主体进行描述时，难免会借用一些其他部门法中习惯的表达方式进行描述，这也导致了起诉主体描述不清问题的产生。[1]在上文提及的2013年和2016年的两个案例中，焦点问题都集中在对《民事诉讼法》第55条规定的解读上。《民事诉讼法》第55条规定："对环境污染、侵害众多消费者合法权益等损害社会公共利益的行为，法律规定的机关和有关组织可以向人民法院提起诉讼。"一方面，这其中的"法律规定的机关和有关组织"描述方式过于模糊，让法官难以准确把握；另一方面，由于缺乏其他补充性条文对这一规定中的"机关"和"有关组织"做出明确界定，具体的判断往往全凭法官的自主意识决定，这就导致法官的自由裁量权有过宽过大之嫌。

其次，公益诉讼起诉主体资格问题的产生也与法官对公益诉讼的理解角度不同有关。在2013年和2016年的这两个案例中，来自不同地区的一审及二审法院均对社会组织的起诉主体资格提出了质疑，并且最终都是简单地根据现行法条裁定社会组织不符合公益诉

---

[1] 何静：《国外非政府组织的管理模式及对中国的启示》，载《学术探索》2013年第6期，第64~68页。

讼的起诉条件，只有2016年案例中的最高院在综合了各方面因素，包括社会组织业务范围和立法导向之后才裁定该案中的社会组织符合公益诉讼的起诉条件。从这一点来看，我国的地方法院在对公益诉讼进行审理时显得过于僵硬，我们很明显地能够感受到当前我国的部分法官对公益诉讼的理解角度存在不同之处，对公益诉讼的发展导向把握也还不到位。

3. 公益诉讼费用承担规则对原告不利的原因

从上文的北京市朝阳区自然之友环境研究所、中国生物多样性保护与绿色发展基金会与江苏常隆化工有限公司、常州市常宇化工有限公司等环境污染责任纠纷一案中可以看出，公益诉讼费用承担问题产生的根本原因，是因为在我国当前的诉讼体系中并没有专门的涉及公益诉讼费用承担方式的规定，法院在做出判决时的主要依据仍是来源于现有的民事诉讼相关法律法规中关于费用承担的规定，例如《诉讼费用交纳办法》中关于案件受理费的规定。如果一味地照搬这些规定，那么作为原告方的社会组织在提起公益诉讼时就不得不考虑败诉所导致的承担高额诉讼费用的风险，因为公益诉讼的社会性、广泛性、复杂性等特征就决定了公益诉讼所涉及的诉讼标的金额往往是比较巨大的。因此，如果只是机械地按照现行的诉讼费用规定去处理公益诉讼中的诉讼费用问题，必然会导致社会组织在公益诉讼中的参与度下降这一后果，这对我国公益诉讼的发展是不利的。

4. 检察院的参与导致社会组织参与公益诉讼的必要性降低的原因

客观地说，检察院在我国当前公益诉讼中担任重要角色这一现象与我国公益诉讼的发展情况是密不可分的。由于我国公益诉讼起步较晚，为了适应我国社会发展过程中对公共利益保护的迫切要求，作为司法机关的检察院由于其自身的专业性和象征性，自然成了公益诉讼制度中不可或缺的重要角色。首先，检察院是法律监督机关，无论从精神层面还是从实际职权范围来看都具有维护公共利益的天然合理性；其次，检察院作为有权提起公诉的司法机关，对违法犯罪行为具有天然的威慑力，由检察院作为公益诉讼的主导，能够极大地威慑那些潜在的侵害公共利益的行为，更有利于实现保护公共利益。因此，在现阶段的公益诉讼中，检察院担任了最主要的角色。

但是，从实际情况出发，笔者认为将公共利益的保护全部寄托于检察院身上是不现实的。因为公共利益的侵害案件有一个最典型的特征：具有急迫的时效性。例如环境类公益诉讼，一旦发生污染现象，排污治理、恢复原状都是一件非常复杂的事情，需要耗费大量的人力物力，且不一定能够完全治理污染。如果所有的公共利益侵害行为都要等待检察院立案调查、起诉，在这个时间内，公共利益将很有可能受到不可挽回的损害。因此，笔者认为，在公益诉讼领域由检察院完全负责起诉是不合理的。公共利益的维护必须要借助社会大众的力量，只有社会大众积极参与对公共利益的维护，公共利益被侵害的风险才会降至最低。

那么，为什么说检察院的参与将会影响社会组织参与公益诉讼呢？作为社会组织，提起公益诉讼的根本目的是为了保护公共利益免受侵害。但如果检察院参与公益诉讼，则无论从诉讼成本还是从诉讼过程来说，作为司法系统一部分的检察院自然会比社会组织更为便利。如此一来，对于社会组织参与公益诉讼一是消耗成本不成比例，二是诉讼过程不如检察院方便。在公共利益同样能够得到维护的情况下，社会组织参与公益诉讼的积极性必然会受到影响，而长期发展下去的话，对公益诉讼的发展是不利的。

## 三、完善我国社会组织参与公益诉讼的建议

### （一）完善社会组织参与公益诉讼的制度

参考国外的经验，国外的立法机关往往对社会组织参与公益诉讼制定了更为系统、完善的制度。

德国法律明确允许社会团体组织参与公益诉讼，将具有共同利益的众多法律主体提起诉讼的权利，委托给具有公益性质的团体，

由该社会团体提起符合其章程、设立目的的诉讼。[1]

意大利在民事诉讼和行政诉讼范围内规定了团体诉讼制度,用来保障那些超个人的利益或者能够达到范围很广的利益。1986年7月8日发布的意大利《第349号法令》规定,如果行政行为的许可、拒绝或者不作为违反了对自然的保护及对自然景观的维护,那么某些被认可的团体,尽管其权利并没有受到侵害,但也有权对这一行政行为提起诉讼。

与德国和意大利相比,早在1913年法国就以判例方式确定了团体诉讼的制度。法国的团体诉讼源于经济公益,进而被用于私人的社会保护,如消费者保护和环境保护等方面,从而能够更好地保护公共利益不受侵害。

因此,完善我国社会组织参与公益诉讼的制度保障,让更多的社会组织能够参与到公益诉讼之中,将会是完善我国公益诉讼制度的一个重要举措。

首先,社会各界对于公益诉讼的理念需要提升,应当承认社会组织参与公益诉讼的合理性和合法性。立法部门在立法时应对社会组织参与公益诉讼投入更多关注;执法部门在执法时应当重视社会组织参与公益诉讼的重要作用;司法部门在处理相关问题时对社会组织参与公益诉讼的法律地位应给予认可。从社会层面来看,我国社会组织应该加强对自身使命和责任的认识,积极参与公益诉讼;普通民众应该了解社会组织和公益诉讼的基本概念和意义,关注身边的公益诉讼案件,形成一种全民关注的现象。

其次,有关部门应当明确社会组织参与公益诉讼的主体地位,明确社会组织参与公益诉讼的条件和流程,以一种积极向上的态度引导社会组织按照有关法律规定参与公益诉讼。对涉及某一具体领域的公益诉讼案件应出台相应的实施细则,明确诉讼的各个流程,保障公益诉讼的健康发展。

---

[1] 高琪:《我国环境民事公益诉讼的原告适格限制——以德国利他团体诉讼制度为借鉴》,载《法学评论》2015年第3期,第143~153页。

最后，司法机关应积极主动地提供充分的保障措施，确保社会组织能够正确地参与公益诉讼。更新司法观念，对社会组织参与公益诉讼予以足够的认可，并肯定社会组织享有提起公益诉讼的合法权利。此外，司法机关在处理社会组织提起公益诉讼的有关案件时，不应刻意刁难社会组织，人为地为社会组织参与公益诉讼设置障碍，而应从维护社会公共利益不受侵犯的角度出发，对合理合法的社会组织提起的公益诉讼给予足够的支持，严格按照法律程序应对社会组织参与公益诉讼这一问题。

（二）进一步明确公益诉讼起诉主体

在国外的公益诉讼体系中，起诉主体往往是更为明确的：

美国、日本等国将有权提起公益诉讼的主体扩大至非人生物，从而拓宽了公益诉讼的起诉渠道。英国、德国这些国家，虽然提起公益诉讼的权力往往不及于个人而交由国家规定的代表人或者有权团体实行，但是为了避免不作为行为的发生，这些国家都制定了相应的监督保障体系以有效地督促这些代表人必须及时履行其义务。[1]

对于我国公益诉讼中关于起诉主体不明确的问题，下一步我们应当结合我国实际国情，参考借鉴国外先进立法经验将其进一步明确化。

在我国现行的法律中，《中华人民共和国环境保护法》以及《中华人民共和国消费者权益保护法》是两部在社会组织的资格认定上较为完整的部门法。《中华人民共和国环境保护法》第五章第58条规定：

对污染环境、破坏生态，损害社会公共利益的行为，符合下列条件的社会组织可以向人民法院提起诉讼：

（1）依法在设区的市级以上人民政府民政部门登记。

---

[1] 刘俊月、邓集文：《当代国外政府对非政府组织的管理考察》，载《中共长春市委党校学报》2004年第5期，第40~43页。

(2) 专门从事环境保护公益活动连续 5 年以上且无违法记录。

符合前款规定的社会组织向人民法院提起诉讼，人民法院应当依法受理。

提起诉讼的社会组织不得通过诉讼牟取经济利益。

而在《中华人民共和国消费者权益保护法》第五章第 37 条第 1 款第 7 项关于消费者协会职责的规定中同样有如下条文：

就损害消费者合法权益的行为，（消费者协会）支持受损害的消费者提起诉讼或者依照本法提起诉讼。

由此可见，现行的法律确实对社会组织的起诉资格进行了规定。然而有的地方法院在判断社会组织是否具有提起公益诉讼资格时，往往忽略了部门法的具体规定，而是紧盯《民事诉讼法》第 55 条规定，对"法律规定的机关和有关组织"这一表述方式提出各种解释，既不符合法律适用的规定，也不符合实际情况的要求。因此，笔者认为，有关部门应及时出台关于《民事诉讼法》第 55 条规定的相关司法解释，明确所谓的"法律规定的机关和有关组织"究竟包括那些机关和组织。结合当前司法实践中频繁出现的不认可社会组织参与公益诉讼的诉讼地位的情况，如果不直接将"社会组织"字样写入这一条文，在今后的司法实践中恐怕还会出现诸如前文案例中所列举的、法院不认可社会组织参与公益诉讼正当性的情况；同时，结合当前我国检察机关承担提起公益诉讼这一主要职责的实际情况，为了进一步明确检察院提起公益诉讼的合法性，我们同样需要将"检察机关"字样加入这一条文。综上所述，我们可以对"法律规定的机关和有关组织"这一表述方式进行进一步的明确，例如可将其修改为"检察机关、社会组织及其他法律规定的机关和有关组织"。这样一来，首先是作为公益诉讼主要起诉方的检察机关和社会组织提起公益诉讼的正当性得以保障，其次是保留了其他机关、组织在合理情况下主动提起公益诉讼的可能性，从而使这一条文在保障公益诉讼制度合法实施上切实发挥自身作用，避免法院自由裁量权过大的情况。

另一方面，为了避免部分社会组织滥用诉权，除了《中华人民共和国环境保护法》《中华人民共和国消费者权益保护法》中涉及的环境保护型社会组织、消费者权益保护社会组织之外，在一般社会组织提起公益诉讼时，相关部门必须对该社会组织的资质进行严格审查，确保只有具有一定条件、符合我国社会主义法治建设的社会组织才能提起公益诉讼。因此，我们可以参照上文2016年案例中最高人民法院对社会组织主体资格的认定标准，对于提起公益诉讼的社会组织，重点从三个方面审查其是否具有起诉资格：

（1）该社会组织的宗旨和业务范围是否包含维护公共利益。

（2）该社会组织是否实际从事保护公益活动。

（3）该社会组织所维护的环境公共利益是否与其宗旨和业务范围具有关联性。

确认该社会组织的宗旨和业务范围是否包含维护公共利益，可以保证提起公益诉讼的社会组织具有相应的专业性，能够胜任提起公益诉讼这一角色；确认该社会组织是否实际从事保护公益活动，可以避免一些挂羊头卖狗肉的社会组织打着维护公益的旗号，通过公益诉讼来实施不法行为；确认该社会组织所维护的环境公共利益是否与其宗旨和业务范围具有关联性，可以避免不相关的社会组织为了某些目的随意提起公益诉讼，进而占用司法资源，导致真正的公益问题得不到解决。

具体来说，法院在面对社会组织提起的公益诉讼时，应当要求社会组织提供充分的材料以证明其符合以上三个方面的起诉要求，同时应连同工商、环保、税局等各有关部门对该社会组织进行综合审查，从业务内容、资金流等多方面确保提起公益诉讼的社会组织具有相应起诉资质。

综上，在对社会组织进行严格审查后，我们就可以保证其提起的公益诉讼是合理合法的，是有利于保护公共利益不受侵害的，这对我国社会的和谐发展具有十分重要的意义。

(三) 明确原告参与公益诉讼的费用减免规则

关于原告参与公益诉讼的费用减免规则,我们可以参考国外一些较为先进的做法。

在美国,很大一部分环境公益诉讼是以集团诉讼的形式提起的。[1]集团诉讼中的"风险收费制"是一种颇具代表性的诉讼费用制度,在这种制度中,诉讼费用由律师预先垫付,如果案件败诉,律师不能要求当事人支付其垫付的费用;但如果案件胜诉,律师除垫付的费用之外还能从当事人获得的损害赔偿金中获得一定比例的报酬,且案件受理费、律师费和其他费用经原告申请均可判决由败诉方承担。

在英国,一开始环境公益诉讼只能由国家任命的检察官提起,而由于检察机关属于国家机构,所以相关的诉讼费用一般由国家全额承担。而在起诉资格放宽到社会组织、公民个人之后,英国对此专门构建了范围遍及全国的诉讼援助制度,负责援助事务的是政府牵头建立的诉讼费用援助基金会。起诉人认为自己没有能力支付诉讼费用的,可向基金会提出申请,在审查通过之后可获得基金会提供的基金进行诉讼。[2]

总体而言,各国为了鼓励公益组织和公民提起环境公益诉讼,大都通过法律规定了诉讼费用减免和激励机制,促使公众提高参与积极性。

因此,在讨论我国原告参与公益诉讼的费用减免规则时,我们可以按照以下思路进行。

首先,关于案件受理费负担过高的问题,我们可借鉴在一起公益诉讼案件中贵州高级人民法院采取的做法,即"在审理涉案数额较大的公益诉讼时,原告无须事先预交案件受理费。结案后,如果

---

[1] 陈亮:《环境公益诉讼研究》,法律出版社2015年版,第126页。
[2] 夏建中、张菊枝:《我国社会组织的现状与未来发展方向》,载《湖南师范大学社会科学学报》2014年第1期,第25~31页。

原告败诉，则除非是恶意诉讼的情形，人民法院一般应决定免收案件受理费；如果被告败诉，则由被告全额承担案件受理费"。从保护公共利益不受不法侵犯这一基本出发点来看，贵州高院的做法体现了鼓励社会大众参与公益诉讼，鼓励社会大众对不法侵犯提起公益诉讼的精神，这一点值得我们借鉴。

其次，关于公益诉讼中的鉴定费，我们可以采取多种方法解决。如果是涉及范围较广的公益诉讼鉴定事项，原告可以向法院提出申请，由其安排相关机构进行鉴定，并承担相应鉴定费用，这样可以使原告需承担的诉讼费用成本降低，而对于被告则没有这种安排措施。此外如果条件允许，原告可以向有关部门申请从国家设立的环保公益费用账户中临时调拨费用用于公益诉讼鉴定，如果原告败诉，这部分费用可以不用返还；而如果被告败诉，则由被告负责向环保公益费用账户返还相应费用。

最后，关于公益诉讼中可能产生的其他费用，例如律师费等，原则上可以根据相关规定的要求由败诉方承担。当然，如果原告由于非主观原因暂时无法交纳这部分费用的话，法院也不应武断地以此为由驳回起诉，而应本着积极保护公共利益不受侵犯的宗旨，结合实际情况来判断是否应当允许原告提起公益诉讼。

（四）鼓励社会组织与检察院共同参与公益诉讼

关于社会组织与检察院共同参与公益诉讼，我们可以参考其他国家的相关规定。

法国是大陆法系国家的一个重要标杆。作为公益诉讼的重要组成部分，检察机关代表公益参与民事诉讼也起源于法国。1804年，《拿破仑法典》就规定了检察官可以为了社会公益提起或参与诉讼。而1806年的《法国民事诉讼法典》则明确规定了检察机关民事公益诉讼制度，旋即被其他国家相继效仿，影响深远。但是即便如此，法国仍然制定了鼓励社会组织提起公益诉讼的相关规定。同时，法国的团体诉讼制度也比较发达,并且在公益诉讼中占据着重要位置。[1]

相比于法国,德国公益诉讼制度最引人注目的则是"公共利益代表人制度",它是针对检察机关参与民事或者行政公益诉讼案件的设计。《联邦德国行政法院法》设专节规定了公益代表人制度,并将检察官作为公益诉讼的代表人,他们在诉讼中是参加人,为维护公共利益,他们有权提起上诉要求变更行政行为,但他们只能参与诉讼,却不能提起诉讼。[2]1960年颁布的《德国法院法》也对公益代表人制度作了规定。德国的《民事诉讼法》也规定了:检察机关作为社会公共利益的代表,对涉及国家、社会公共利益的重大案件可以提起民事诉讼。同样的,在德国的"利他团体诉讼"模式中,社会团体也可以提起公益诉讼,总的来说,德国的公益诉讼制度兼具了国家机关起诉和社会团体起诉的双重属性。

日本在不同时期接受着不同法系的洗礼。但总的来说,日本的公益诉讼制度更多地继受于大陆法系。早在明治政府期间,日本就开始仿效法国建立起了检察制度,也规定了检察机关作为公益代表人参与或者提起民事诉讼的权利。另一方面,日本同样制定了允许社会团体提起公益诉讼的相关规定。[3]

英国公益诉讼制度的建立是在判例法之中完成的,并集中于起诉资格的扩展。一般来说,英国实行的公益诉讼制度包括代表人诉讼、检察总长诉讼、告发人诉讼和私人诉讼。检察总长诉讼是指,只有检察长能够有权代表公众,依职权提起诉讼;而私人诉讼则意味着一般公民也可以根据规定提起公益诉讼。

可以看出,无论是大陆法系的国家还是英美法系的国家,其公益诉讼体系中都包含检察机关参与公益诉讼的规定。但是,这些国

---

[1] 汪贻飞:《国内外公益诉讼制度及其经验借鉴》,载《水利发展研究》2012年第4期,第16~19页。

[2] 王明远:《环境侵权救济法律制度》,中国法制出版社2001年版,第110页。

[3] 王义:《政府对民间组织管理的控制性倾向及其矫正》,载《行政论坛》2010年第5期,第66~68页。

家在支持检察机关参与公益诉讼之外，还对社会组织或公民个体参与公益诉讼给予了足够的支持。因此，对于我国公益诉讼的长远发展来说，除了当前的制度之外，我们应该进一步思考和探索激励社会组织参与公益诉讼的方式方法。

笔者认为，公益诉讼的健康发展离不开社会大众的配合和支持，因此，国家应对社会组织参与公益诉讼提供更多的便利条件。具体来说，国家可在当前以检察院为主导的公益诉讼体系中赋予社会组织更多可以担当的角色，为其提供更多参与的可能性，这样更有利于公益诉讼制度整体的发展和完善。

在检察院处理公益诉讼的案件时，可以邀请社会组织更多地参与到案件当中，实现检察院与社会组织的互通合作。比如在公益诉讼案件起诉阶段，可以向社会组织公布案件的进度，同时听取一些专家的专业意见；在公益诉讼案件的开庭审理阶段，可以邀请社会组织到场旁听，并在整个审理阶段针对案情互相沟通等等。总的来说，笔者相信，通过加强社会组织与检察院的合作，促进二者在公益诉讼领域实现更为紧密的联系，对我国公益诉讼的发展会产生更加积极的影响。

总之，在本章中，我们通过对当前我国社会组织和公益诉讼的现状进行分析，整理出其中存在的一些问题点，然后通过将国外社会组织的一些先进经验与我国实际情况相结合，探寻改变和解决现存问题的方法。总的来说，由于我国社会组织和公益诉讼制度起步较晚，目前仍处于起步阶段，有很多问题需要我们去正视和解决。而通过归纳和总结，笔者认为，在解决我国社会组织参与公益诉讼相关问题的过程之中，政府机关和社会组织两者无疑肩负着无可替代的作用。作为政府机关，最关键的一点是简政放权。具体一点来说，政府机关一方面应自觉减少对社会组织日常活动的干预，另一方面应积极主动为社会组织的日常运作提供必要的协助和保障。转变思路、开拓创新、转型升级不仅是企业应当做的事，同样是政府机关应当做的事。作为社会组织，努力提高自身专业水平，提升内部管理能力是第一位的。如果自身业务水平不足，社会组织很难承担其应当承担的社会监督责任。因此，作为未来社会事务中的重要一环，我国社会组织应当随时保持热情和决心，以积极的态度应对时局发展。

CHAPTER4 第四章

# 社会治理创新背景下我国社会组织法制建设

根据发达国家建设经验,社会组织的发展制度是否健全完善、发展质量如何,一方面被视为国家和社会自由发达程度的标志,另一方面也是社会发展和公民权利的客观需要。纵观我国社会组织的演进与发展历程,大致可以分为三个阶段。

第一个阶段,是传统社会背景下社会组织初期的表现形式。传统中国是家天下的、封闭式的社会,受皇权政治、官僚制度、自然经济等因素影响,使得国家与社会之间相对分离、皇室和百姓之间相对分离。只有在动用皇权以获得资源利用时,国家和社会才产生联系,比如征兵和税收,但除此之外的百姓生活,以皇权为代表的国家政治权力并不深涉。因此,在民间社会,如宗族此类血缘性组织或者行业组织、寺院庙观等宗教组织,为社会百姓生存、生活提供诸多免费的帮助和服务。这一类组织通过自身的治理和发展,形成有秩序、有自身管理机制的组织结构体,并发挥着其自身存在的优势与活力,为维护社会稳定及提高百姓生活质量起了积极作用。

这一阶段,出现了三大类传统的"社会组织",首先是宗族(又称家族)。宗族是以家庭为组成部分,以血缘关系为纽带联合起来的社会单位。传统中国的国家建设与血缘宗法、家族组织是联系统一的,血亲之间亲亲、尊尊、忠孝互释,以此类形式组建宗族为代表的主体性、自主性大型结构体。以占有大部分资产的地主阶级为核心的宗族,发展至宋明时期已经脱离了国家政治权利的直接统

## 第四章　社会治理创新背景下我国社会组织法制建设

治，实现形成了自我管理和自我发展的自治型组织。小农经济的古代社会，家族内部能够自给自足、自救自助，尤其是在其衣食住行和处理内部事务上，更多的包括家族里的公共事务，以及后来发展的南北朝时期对家族祭祀活动的筹办。一些家族甚至还设定有家规、族规，以此对家族内部进行严而有序的管理，家族内部可以协调利益关系与冲突矛盾，这样的治理机制，在很长时间内是维系社会稳定的重要形式。家族内部，主事的人被称为族长，族内大小事务涵盖了个体的利益表达、纠纷冲突等解决实务的各种办法，掌事者族长具有裁决权力。家族内部拥有自己的祠堂，有自己独立的活动场所，独立的信仰、组织形式和团结一致的组织主体，并且对其所在的区域负责提供服务和维护利益等工作。随着社会的发展，至明清时期还出现了由地方乡绅成立的慈善机构，为生活有困难的人民提供救济服务。这种独立的、有自己的管理模式和服务模式的家族组成了与国家政治没有交涉的民间自治组织。

　　再者，是拟制宗族或者称为同地域的组织。例如同乡会馆，这种以地域为划分标准的社会关系；同业公所，以行业种类为标准划分的社会关系。也可以说它们是血缘家族关系延伸于社会空间的一种表现形式。当人们进入到一个陌生的地方，同乡会馆可以为其提供必要的帮助及方便。明清以后经济发展迅速，同乡会馆或以商会形式设置，以同乡之间的关系联系着城市工人，使其成为政治管理的另一种力量。另一种社会关系，同业公所是拟家族化的行业性社会组织。它们在行业规范制定方面，发挥引导者的功能。

　　再次是宗教性的佛教寺院与道教庙观。佛教自两汉时传入中国后，一直是维系民间社会和谐的重要关系纽带。道教是中国传统宗教，自古不论是达官贵人还是凡夫俗子都对其有所偏好。并对人民群众的物质和精神生活方面提供基本的服务及发挥辅助作用。比如自发筹集资金修桥铺路、创办义学，主持民间慈善事业等。传统中国的政权形式，导致中央权力集中在京，县以下基本享受不到皇权下的服务。所以，传统中国的县以下的事务管理以及公共服务的提供,基本上是靠家族等拟制家族组织实现,它们弥补了国家和地方官府功能上的缺失,维护社会基本工作的正常运转,提供着精神信仰、物质生产等基本的社会公共物品[1]。

第二个阶段,是我国社会组织发展瓶颈期。随着社会经济的不断发展,宗族一类的传统组织逐渐消失和转型,现代"社会组织"出现了妇联、共青团、人民公社、生产队等新的组织。这些组织的成立、经费、人员均由国家政治权利参与决定,可以说现代"社会组织"是政治的产物。政府限制"社会组织"的数量和种类,据统计在1950年左右,全国性的社团组织不到50个,地方性的社会组织不到5000个。在此期间的30年内,中国民间几乎没有出现过严格意义上的组织。可以说现代"社会组织"体系,是缺乏组织成员的自发性与主动性的。这一时期的"社会组织"管理制度十分落后,监管体制、产权制度、组织管理等存在很多缺陷,且引发不少社会矛盾。

第三个阶段,社会组织作用面越来越广,社会组织正走在规范和推进的探索新时期。社会组织在不同国家不同时期有不同称谓,比如非政府组织、慈善组织等。在我国,社会组织作为官方用语,首次出现于党的十六届六中全会《中共中央关于构建社会主义和谐社会若干重要问题的决定》中,此后,用社会组织这一称呼替代之前国内对社会组织的各种指称,使其特点更加鲜明化。我国社会组织分为社会团体、基金会和民办非企业单位三大类,此后对社会组织的规范成为其发展之重。近些年社会组织发展迅速,时下政府向社会组织购买公共服务以推动服务型政府建设开展得如火如荼;也有社会组织自发协助机关单位解决社会纠纷;农民工维权组织、学术机构专家维权组织等作为民众自我救助形式得到了社会关注及肯定;社会组织如今遍及社会生活各个方面及领域,被视为当代社会治理现代化的一支重要力量。随着《基金会管理办法》等的相继颁

---

[1] 王向民:《中国社会组织的历史演变及其发生缘由》,载《东岳论丛》2014年第10期,第12~18页。

布,我国的社会组织有了新的发展。如成立登记管理机关、颁布相关法规、取缔合作基金会等。通过这些探索和实践,初步建立了社会组织相关体制,且和相关部门形成了分工明确、协同合作的管理体系。社会组织法制监管也在不断改进和完善当中,监督和自律格局也初步形成。

这一时期,我国在面对社会组织的发展问题上,表现得越来越积极,特别是社会治理创新理念的提出,使得社会组织成为社会治理创新中的重要主体。社会组织整体实力壮大起来,社会影响力得到增强,社会组织涉及社会生活的各个层面,在促进经济增长、维护社会稳定、开展社会公共服务等各方面都显示出越来越重要的作用,社会组织在发展过程中,还有了联盟和网络化的进步,政府和组织之间的合作关系越发密切。以社会组织参与公共服务和社会管理为主要形式的社会治理创新,不仅能有效弥补政府在公共服务及社会管理方面的偏漏,又能带动民众参与到社会治理中去,形成民主、自由、开放、平等的社会景象,以便更好、更快地实现我国社会治理现代化。当然,社会组织在发展中也存在着诸多不足,影响和制约了其正常功能的发挥。比如社会组织面临登记难、成立难的问题,公信力缺失的问题,诉讼无门的问题,法律保障不健全的问题等,因此,我国社会组织法制建设亟须提上日程。

目前,我国社会组织参与社会治理创新,迎来了最好的时代,我国也有一些相关研究分析和政策出台,但在社会组织法制建设上,还有一段可以前进的距离。加强完善社会组织立法、规范和引导各类社会组织健康发展成为社会治理创新内容的重中之重。

## 一、发展社会组织的意义

### (一) 社会组织是国家和社会良性互动的重要纽带

国家和社会从来都是相互联系的,但又缺乏一种互动的媒介。社会组织作为随之而来的时代产物,连接国家和社会健康关系的发展。国家和社会建立良性互动关系，关系到社会建设和社会治理的成败。社会组织优化整合社会力量为我国法治体系建设提供支持，具有促进社会自律秩序的形成以及矛盾纠纷的化解等多方面的重大意义。

国家和社会关系的不断调整，是中国现代化发展道路上不可忽略和回避的现象。早期，国家权力的绝对性导致其与长期被压制的社会关系发生冲突，从而出现了革命、起义的历史问题；后来市场经济的出现，经济社会的转型，国家和社会的矛盾越来越多，出现了"一放即乱""一统即死"的现象。社会组织的出现，作为国家和社会之间平衡力量，势必成为社会治理的重要手段。

国家和社会组织二者关系只能也必须是良性互动的。国家在社会组织的发展和培育上，加以引导和规制，但是并不以国家强制力对其施行统治，社会组织是独立的，政府可以对其进行规范性的掌握。这种模式下的社会组织不仅可以实现自主自治，也可以充分发挥其优势，与政府权力机构一起施行对社会经济生活的协调管理。如此一来，一方面政府需要缩减和转变职能，另一方面需要让出一部分权力和职能给社会组织，以便实现国家和社会组织在分工、分权基础上的制约和合作[1]。

（二）社会组织是政府简政放权下的重要力量

时代飞速发展的今天，全能型政府已经不能适应潮流，政府的资源有限，且在提供社会服务方面耗资成本大，社会治理需要开辟新的途径。面对社会利益激化和社会冲突多元化的境况，社会组织为政府职能的转变提供了新的可能。在政府简政放权的政策下，社会组织承接政府部分职能为大势所趋。社会组织的功能就是在国家放权后，把政府不愿管、不宜管、管不好的社会事务管起来，政府

---

[1] 王大为：《法治中国建设视野下的社会组织》，载《河北法学》2015年第11期，第2~10页。

以宏观调控的视角与社会组织一起分工合作管理社会事务[1]。不仅如此,社会组织也是社会救助的必要选择。社会组织是接地气的与人民群众关系密切的组织机构,贴近群众生活,使得服务更加便利。因此,社会组织在社会救济方面可以为政府部门提供便利,政府部门与社会组织合作将会提高社会救济的水平与效果。

此外,社会组织在参与社会治理中发挥了积极作用。第一,社会组织促进经济健康有序发展。政府对市场进行宏观调控,企业依法经营,社会组织作为第三部门、作为市场经济的"第三只手",可以起到桥梁纽带作用。一方面,行业自律成为引领社会组织发展的重要方式,为政府制定治理政策提供了有用的帮助,促进了行业健康发展;另一方面,各类协会的相互交流促进了市场繁荣,拉动了市场经济增长。第二,社会组织维护了社会和谐稳定。社会组织在参与社会治理、预防犯罪、维护社会稳定、化解纠纷矛盾等方面发挥着独特功能。第三,社会组织发挥了有益补充作用,推动社会事业蓬勃发展。当前,我国社会组织已经遍及教育、卫生、科技、文化、体育、社会福利等各个领域,并在社会各项事业中发挥着积极作用。第四,社会组织发挥着聚力引导作用,促进精神文明良性互动。社会组织大多来源于基层,活跃于基层,以开展便民利民服务为主要内容,在城乡社区中扮演着重要角色:首先满足社区居民多样化,多层次的业余文体生活需求,拉近人与人之间的距离,促进社区居民的身心健康和生活质量的提高;再者社会组织加强了农村文化建设,引导他们的生活走向科学性,远离封建迷信和邪教组织;再次,社会组织促进人的全面发展,使得居民团结,邻里和睦,减少矛盾,维护安定,调动居民积极参与社会建设与管理,利于社会治理相关工作的开展。

(三)社会组织是推动国家法治建设的重要内容

"科学立法"是法治建设的主要内容,社会组织是法治建设工作

---

[1] 马长山:《法治进程中的"民间治理":民间社会组织与法治秩序关系的研究》,法律出版社2006年版,第35页。

中的重要主体。《中共中央关于全面推进依法治国若干重大问题的决定》中提出"探索委托第三方起草法律法规草案"。一些社会组织在这方面发挥了主体作用。例如，1990年贵州省法学会起草了《贵州省老年人保护条例》[1]；2004年中国民用爆破器材流通协会起草《烟花爆竹销售许可证管理办法》[2]；2005年天津市律师协会起草了《天津市地方立法听证办法》[3]。各行各业的社会组织都能在自己擅长的领域发挥作用，制订相应的章程、执业规范等，它们具有专业性、科学性，与国家的法律一起构成整个社会规范系统，成为我国法制建设当中不可缺失的内容。社会组织的生存和发展离不开健全的法制保障。

自1989年起，我国相继颁布了社会组织方面的法律法规，有1989年的《外国商会管理暂行规定》，1998年修订的《社会团体登记管理条例》《民办非企业单位登记管理暂行条例》，2004年修订的《基金会管理条例》[4]。它们的颁布确立了我国社会组织登记管理制度的基本雏形。当然，从整个社会组织法律体系上讲，与社会组织有关的法律规范还有很多：《宪法》第35条，以基本法的形式确立公民结社自由，具有最高法律效力；此外，《民法通则》以法律形式肯定了社会组织的法人资格；《刑法》当中单位犯罪规定了社会团体主体资格；还有一些单行法规的颁布，分类规范某一种社会组织的，如《工会法》《律师法》《行政许可法》《民办教育促进法》等；相关法律还包括《企业所得税法》《反垄断法》等；不仅如此，一些地方法规、部门规章也从很多方面为社会组织的管理提供依据和法律保障。总体上说，我国社会组织法制建设已经小有成就，但是，

---

[1] 参见《贵州省法学会发展简况》，载 http://www.gzsfxh.gov.cn/zh-cn-1/xuehuijieshao/index.Htm。

[2] 参见《民爆流通协会受国家安监局委托起草行政规章》，载 http://www.chinawuliu.com.cn/lhhkx/200406/24/125814.shtml。

[3] 参见《天津人大开创国内先例 委托律师协会起草地方法规》，载《江南时报》2005年9月2日，第10版。

[4] 刘一纯、村夫：《论社会组织的社会管理主体地位及其法治保障》，载《社团管理研究》2012年第1期，第23~26页。

与我国社会经济的发展对社会组织发展的需求对照,社会组织法制保障还有诸多不足,需要改进和完善。

## 二、社会治理创新视野下对社会组织发展的认识

(一)社会治理创新的基本问题

1. 社会治理理论与实践

社会治理这一概念的形成,是依据社会的发展情况而逐渐产生的。西方发达国家的社会治理理念形成早,其内涵已经相当丰富,包括对社会公共服务的管理与规制,促进、导社会公共服务建设,并且为公共服务的实现提供权利保障、维持国家正常秩序及促使社会各项事业得到长治久远的发展。在这种形势下,政府仍然是社会管理的主体,但并不是唯一主体,社会组织及各项社会力量在获得政府的许可后,积极投身于社会治理当中。改革开放以后,我国经济发展和国家建设迎来新的可能,社会治理理念初步形成。国内关于社会组织研究学者也多了起来,他们的观点概括起来,一方认为社会治理是与国家治理相对的,将社会作为大概念,分为政治领域、经济区域和市民阶层三大类,它们所分管的领域不同。一方认为社会治理可以区分出广义和狭义的概念,广义的社会治理,是指对于国家统一的管理,包括政治、经济、文化、生态、社会四个方面。狭义的社会治理,是指除了政治和经济之外的社会子系统。

我国当代要讲的社会治理,是政府领导下的,包括其他社会组织和社会力量在内的行为主体,在法律、法规、政策的框架内,综合运用各种资源和手段,以维护社会公平、公正,维持社会秩序。在我国,社会治理实践方面可以分为三个阶段。第一个阶段,是我国改革开放前的"全能政府"模式,这一阶段政府是社会治理的唯一主体,无论是行政单位、企业单位还是各类社会组织,都是政府下设的隶属"单位",政府在社会治理和社会服务领域是全能的管理者。第二个阶段,是在20世纪80年代之后,国家事业都处在百废

待兴当中,经济建设是国家建设的重点,这一时期,建立了具有社会主义特色的市场经济体制,传统政府全能化模式开始被新的法制化管理方式所取代。此后,我国的社会治理走向不断地自我进步和探索当中。第三个阶段,是在党的十八届三中全会后形成的"社会治理创新"模式探索。由此,社会治理工作成为新时代下最为关键的一个内容,社会治理走向创新研究之路。

2. 社会治理创新理论提出

社会治理又称社会管理,旧的社会治理模式对于处在社会转型过程中的中国而言已经行不通。当下社会矛盾激烈,社会转型的速度、广度、深度、难度等均前所未有。2011年胡锦涛总书记在"社会管理及其创新专题研讨班"开班式上指出:当前我国既处于发展的重要战略机遇期,又处于社会矛盾凸显期,社会治理领域存在的问题还不少。从总体上看,我国社会治理领域存在的问题,是我国经济社会发展水平和阶段性的集中反映。随着社会转型进程的加快,社会矛盾的种类越来越多,比如征地拆迁引发的纠纷、食品药品引发的安全问题、贩毒卖淫等使得社会不和谐因素增多,加上"拼爹""炫富"这些时代产物下的不利因素等,我国社会治理方面迎来了巨大的挑战。原有的传统社会治理模式已经不能满足社会发展的需求,社会治理要走一条创新之路,对社会资源进行合理利用,整合新的管理体制,形成一个适合中国国情的治理现代化格局。社会组织利用自身资源优势提供专业性公共服务,既能满足社会不同群体的需求,弥补政府和市场功能的不足,又能帮助社会组织在大量社会治理实践中经受锻炼,有效提升内部建设水平。

(二)社会治理创新视野下社会组织的重要性及优势分析

1. 社会治理创新视野下社会组织的重要性分析

社会组织是社会治理创新之路的重要选择、是社会治理当中的主力军。因基本国情决定国家政策,我国的社会治理离不开政府,政府是最重要的、最主要的社会治理主体,但并不是全能的。在我国大环境下,社会治理主体由国家机关和社会组织两大类组成。新时期下，在十八大提出"党委领导、政府负责、社会协同、公众参与、法治保障"的二十字方针内，以社会治理体制建设为目标，正确对待政府负责和社会协同问题。社会组织是社会治理创新中的重要内容。以上阐明了社会组织与社会治理相互依存的关系，肯定了社会组织和社会治理之间相互作用、相互影响、相互制约的模式。社会组织的发展水平代表又制约着社会治理的水平。在当前加强社会治理，推动社会治理创新的行动中，必须深刻理解社会组织与社会治理的相互关系。

当今社会，社会经济的发展需要社会组织的协助功能，社会秩序的稳定、社会活动的公平、维护公民合法权益等都需要社会组织作为重要力量发挥积极作用。党的十八届三中全会通过的《中共中央关于全面深化改革若干重大问题的决定》中，提出"社会治理体制创新"，迎来社会治理大革新，给予了社会组织更加重要的历史使命。多元化治理模式使得社会组织能得心应手地投入到工作中，更因其具有非营利性、公益性的性质，使其弥补了政府、市场资源配置机制的缺陷，成为社会治理创新实现的关键所在。

社会组织以其独特优势通过各种活动发挥"资源动员、社会服务、社会治理和政策倡导"等特殊社会功能，成为政府、市场与社会之间冲突的缓冲器或协调中介[1]。近年来，社会组织承担了大量的社会公共事务，主体作用日益凸显。一是以自治形式独立承担大量社会事务。二是承担大量模糊地带的公共事务。三是以购买服务形式承担大量政府的公共事务，促进经济健康有序发展；为社会的稳定发挥了维护作用；在推动社会事业发展上，发挥了补充作用；带领了精神文明的良性互动。社会组织作用的实现，又将直接推进社会转型的实现。近年来，我国一直在寻求一种新的社会管理模式，社会治理由国家管理的一元化逐步向多主体合作化转型，是政府建设社会治理现代化的新思路，也是社会组织参与社会治理创新的直

---

〔1〕 陈莲凤：《以社会治理为导向推进社会组织发展》，载《福建论坛（人文社会科学版）》2014年第11期，第171~176页。

接选择。

2. 社会治理创新视野下社会组织的优势分析

(1) 能够弥补政府功能的不足。社会组织天然具有的特征使其独立区别于政府和企事业单位,自由、自愿地发展自身,为我国的经济和社会发展提供便利。政府不是万能的,在很多方面都存在难以发挥好作用的境况,比如在对外贸易交往、社会资源的整合配置、行业自律与协调上,政府的宏观调控不能起到很好的作用,这时候,社会组织便显示出自己的优势来。社会组织参与国际贸易,能更好地与外国社会组织进行交流合作,可以便利的引进、开发、利用外国知识、技术,促进我国的经济健康有序发展。如此不仅使得经济增长速度加快,而且还维护了我国在国际贸易中的合法权益和应有地位。

(2) 能够改进社会治理。伴随着我国传统治理向现代化社会治理的变革,对"单位人"的管理逐渐变成对"社会人"的管理,政府社会治理难免出现缺损。当下,正是我国社会转型时期,新的社会治理途径和方式也在不断地探索当中。政府视野下传统的社会治理模式,不仅治理成本偏高,而且在解决实际问题上也常常面临失衡。因此,社会组织的发展为新的社会治理模式提供了可能,且能有效弥补政府治理下的缺失。社会组织的广泛性和基层性,可以使得其能更好地作用于社会的各个角落,使得千千万万的"社会人"重新回归到组织的管理和约束当中。通过社会治理创新,既能够提高社会治理效果,又能提升社会组织的自我管理能力。

(3) 能有效强化社会服务。当前,我国社会事业发展相对不足,公共服务由政府一手包办的旧体制不断受到市场需求多元化、群众需求个性化的挑战。解决这些问题,需要在强化政府责任的同时,鼓励社会力量扩大公共服务供给。社会组织可以利用自身优势在提供公共服务方面发挥补充作用,参与目前市场解决不了、政府解决不好的一些社会问题的解决。随着政府逐步向公共服务型转变,社会组织可以通过接受委托、参与招标等方式,承接一些公共服务职能。同时，社会组织所具有的公益性以及宽容、互助、互惠、利他和公益志愿精神，使得社会组织成为公益服务的担当者，公益服务主要涉及扶贫救助、养老助残、医疗卫生、文体科普、妇幼保护、服务"三农"、法律援助、支教助学、生态环境、促进就业等重点而急需的民生领域。

(4) 能缓和社会矛盾。社会组织具有民间性和群众性，使其成为不同群体实现自己意愿、维护自身权益的利益共同体。因而社会组织扮演公众参与的组织者、公众诉求代言者、群众权益维护者的角色。社会组织与政府相比，能更直接、更全面地了解社会各阶层的不同需求，并能以不同形式对需求做出直接、有效的反应。让社会组织参与社会治理，有助于增进政府与民众之间的双向沟通和交流，增进政府与民众之间的相互理解和信任。同时，社会组织还扮演着社会矛盾调处者的角色。充分发挥社会组织的协调作用，可以在政府与个人之间建立一条缓冲带，减少民众与政府的直接对立，有利于化解社会矛盾，增进社会和谐。

(三) 社会治理创新视野下制约社会组织发展的因素

1. 体制因素

在我国，虽然社会组织形式存在已久，但其初始的、直接的和最主要的力量均来自政府权力部门的推动。政府主导的体制既是推动社会组织发展的主导力量，也是制约我国社会组织发展的重要因素。

从政府与社会组织的定位来看，政府既是改革的推动者，又是需要进行改革的对象，政府的这种双重性使它对社会组织的发展面临一种两难选择的状况；政府在加强对社会组织的管理和扶持社会组织的发展两者之间，经常出现摇摆不定的政策取向，特别表现在对自下而上发展起来的社会组织，往往限制有余而支持不足，从而导致对社会组织的培育力度不够，推动力也存在明显不足。再从政府机构与社会组织的关系来看，中国社会组织带有浓厚的官方色彩，它们中的许多都是在政府职能部门或派出机构的主导下建立起来的，有的社会组织与政府存在事实上的上下级关系；在双重管理体制下，还有许多社会组织以政府部门为主管部门，挂靠或置于政府部门的控制之下，与政府部门形成主从关系，这些都严重偏离了社会组织的基本属性，制约了社会组织健康发展。不仅如此，政府购买社会服务、支持社会组织承接力度还不够大，在项目、资金等方面支持有限，社会组织获取政府资源和公共治理项目渠道不广，承接政府职能转移事项不多。当然，此背景下，社会组织的法律、法规等，还比较滞后，如上位法和下位法的矛盾、对社会组织的外部监督不到位的矛盾等。社会组织的发展环境也急需进一步优化。

2. 文化因素

在社会组织参与社会治理问题上理解，"政府并不是公共权力的唯一主体，公民个人、社会组织等也可以成为公共管理的主体，它们在共同的目标下参与式地决定公共政策和提供公共服务，共同承担公共事务治理的责任"。然而目标确立容易，观念转变却并非一朝一夕之功。要使社会治理理念深入人心，并将其内化为全体社会成员的自觉行动，还需要做大量的理念更新、培育工作。目前仍然存在两个方面的现实障碍：一是公众对政府的过分依赖。二是人们缺少对社会组织的认同、关注、支持和参与。首先，政府部门管理人员对社会组织参与社会治理心存疑虑，不能充分认识社会组织参与社会治理的意义和能力。其次，民众相关现代文化素养的缺失。欧美社会组织的发展，离不开社会成员基于公民意识的责任关怀和基于宗教背景的精神关怀。而相似的中国文化精神也存在着"仁义""兼爱""慈悲"等，但是相比于国外宗教文化的根深蒂固，我国文化则略显单薄。由这一大因素和其他因素共同作用造成中国社会组织的四大缺乏：一是人才缺乏；二是资金短缺；三是能力不足；四是社会支持欠缺。我国如果不能够及时普及公民意识、社会契约、社会责任、和共同治理等现代法律与社会意识，社会组织参与社会治理就难免因缺乏群众基础而流于形式。

### 3. 自身因素

从社会组织发展现状来看，影响社会组织自身发展的有三大缺失：一是缺乏资金，社会组织的资金来源渠道有限，大部分社会组织只能依靠政府扶持和收取会费维持正常运转，社会组织发展便显得艰难起来。二是缺乏专职人员，工资待遇和福利保障普遍不高，大部分社会组织找不到专职的服务人才，社会组织内部不能得到科学的治理。三是缺乏完善的内部管理制度，不少社会组织没有健全以章程为核心的诚信自律管理制度，内部管理不完善，民主决策不规范，社会公信力不强。

### （四）社会治理创新视野下社会组织发展的必然选择

#### 1. 激发社会组织参与社会治理的活力

社会治理创新，首先需要激发社会组织参与社会治理的活力。社会组织是社会建设和治理的主体之一，在社会治理中发挥着积极作用。十八届三中全会专门强调，要"创新社会治理体制""改进社会治理方式""激发社会组织活力""适合由社会组织提供的公共服务和解决的事项，交由社会组织承担""推进有条件的事业单位转为企业或者社会组织"；十八届四中全会也有诸多相关政策，这都充分表明，全面深化改革，社会治理创新，为社会组织发展提供了难得的机遇，同时也预示着社会组织在社会治理中要承担更多的职责使命。我国社会组织分布范围广，发展数量大，涉及行业多，在开展人道救助、反映民生诉求、化解社会矛盾等方面具有独特优势。社会治理创新，需要社会组织发挥主动能动力，广泛参与社会服务，发挥自身重要作用。

新时期下，政府持续加大简政放权和购买服务力度，既为各类社会组织提供了广阔的锻炼发展空间，也搭建了一个公平竞争平台，是对社会组织承接能力的全新挑战和严峻考验。改进社会治理方式，激发社会组织活力，创新有效预防和化解社会矛盾体制。综上理解，社会组织参与社会治理创新，主要体现在，反映群众诉求，规范社会行为，协调社会关系，调解利益格局，化解社会矛盾，解决社会问题，增强社会活力。这既是社会治理创新建设的内在要求，也是社会组织参与社会治理的终极目标。

2. 加强政府与社会组织之间合作共治

分析社会与国家之间的关系，我们得出社会组织在社会治理当中的表现方式有三个不同模式：自治型、管制型与合作型。

国外大多数学者曾高度赞美社会组织的自治性，国家绝对的不干预政策，虽一方面为社会组织的发展无疑提供了良好的秩序保障，"社会组织如果任由公民社会来发展的话，它将具备这样的美德：良好的品格、诚实、自我牺牲、自律、信任、文明等"[1]。但是这种模式下的社会组织过于强调自身的权利和权力，政府相对显得弱势，社会组织容易滋生问题。

罗伯特提出："国家是一个与其他权力中心相对的官僚政治整体，当国家扩张时，必然导致自愿组织功能的下降，并因此使得它们逐渐衰弱，同时，它也削弱了自愿组织得以维持的社区精神。"[2]这是一种完全绝对的政府主义，国家权力至高无上，可以任意垄断各种社会资源，在此背景下的社会组织根本不能得到很好的生存和发展。

如今，我们要强调的是合作型模式，也是当下我国社会治理创新视野下的经验选择。政府交出一部分事务给社会组织去完成，社会组织以自身的便利代替政府去做一些政府不便管理或者能节省社会资源的相关事宜。既是现代民主国家的标志，又能发挥优势互补功能。社会组织与政府之间的良性合作关系使得社会组织不再对抗和制约政府，而是要渗透和参与政府，推动法律健全和公共政策的完善，促进民生、环保以及基本人权的实现；而政府则在尊重社会组织独立性的同时，应支持社会组织参与社会管理，为其提供法律

---

[1] 黄辉明：《社会管理创新视角下社会组织立法的完善》，载《中共天津市委党校学报》2013年第5期，第86~90页。

[2] 王伟：《治理理念视角下非政府组织与政府关系研究》，上海交通大学2010年硕士学位论文。

保障，对其进行适当引导和有限干预[1]。

3. 社会组织法制建设工作势在必行

社会组织在参与社会治理当中遇到了许多困难。第一，表现为思想上对社会组织的认识不统一，政府、社会以及社会组织本身对社会组织的发展以及参与社会治理的重要性和必要性认识不足；第二，社会组织发展环境欠佳，表现在缺政策支持，缺资金帮助，缺专职人员的管理和参与，缺健全完善的内部管理机制；第三，社会组织参与社会治理的平台有限；第四，社会组织监管力量比较薄弱。由此，不管是从激发社会组织的活力上，还是在其与政府合作上，社会治理创新视野下社会组织的工作要得到很好的开展，作用要得到很好的发挥，必须要加紧社会组织法制建设。

## 三、社会治理创新视野下社会组织法制建设困境

### （一）社会组织法制建设的法律思维困境

几千年来，我国受传统思想影响严重，政治权力一直是老百姓深信不疑的权威，使得改革开放以来的很长一段时间内，社会主义现代化建设处于迷茫当中，缺乏经验、缺乏人手、缺乏资源，一直困扰着我国的社会管理。在实践中，两种绝对化理解是社会组织发展的思想困境。首先是绝对的政府主义，社会组织的存在和发展是政府的主张，社会组织仅仅是政府在实践管理行为时的附属品，并没有独立的价值。社会组织起着维护政府利益或者传达政府思想的作用，政府权力的无限放大，造成社会组织处境艰难，甚至可有可无，根本忽略了社会组织作为独立自主的团体而能够服务社会管理的基本作用。其次是绝对的对立主义思想，认为社会组织是影响政府权威的团体，它们的存在是和政府相对立的，企图占有政府的权力和资源。两种极端的思想，严重阻碍了社会管理体制改革，阻碍

---

[1] 赵白鸽：《从网络风波看社会组织改革与发展》，载《学会》2012年第8期，第32~33页。

了社会治理创新事业的进展。除此之外，我国社会组织的发展缺乏经费的支持也是一个大矛盾，社会组织的非营利性一定程度上影响着从业人员的积极性，留不住人才和成员普遍素质不高也将成为普遍的问题等，综上所有这些思想上的因素严重制约社会组织的进步和发展。

另外，社会组织作为社会治理的主体，本身的基本条件还应该具有独立性。从这个角度讲，这也是其与其他社会治理主体平等生存的形式之一，独立自主是社会组织发展的必要前提，它的独立程度与其发展程度相辅相成。可眼下，我国社会组织的生存与发展，并没有获得应有的自由与平等，在实际操作当中，社会组织处处受到压制和影响，社会组织的行政化严重束缚和制约社会组织主体资格的实现。

（二）社会组织法制建设的立法、司法困境

当下社会组织行政化色彩严重、公众信任度不高、监督管理不到位等不利因素仍然制约着其健康发展。加强社会组织自身建设是当务之急，最重要的是依靠法制手段，为社会组织的发展设置必要规范以及为其作用的实现提供必要的条件和法律保障。

1. 立法的困境

社会组织法制建设相对滞后，首先表现在立法思想上。我国现行社会组织基本是两千年之前制定的，制定思想比较古板和传统，社会组织是处于严格管理和控制之中，重视管理却不重视社会组织的自身权利保护；重视审批制度却对其监督不够；重视行政手段的管控却忽略对其经济制约。社会组织成立过于苛刻，程序过于繁杂，不仅如此政府对社会组织的人员与财产的管控严格，社会组织的优势难以发挥。这种场面形成的原因，一是我国最早成立社会组织的经费是出自国家，二是控管体制下社会组织形成了对行政权力的惯性依赖。社会组织立法是保障公民的结社自由，还是限制公民的结社自由，是一个重要选择。结社权的实现，更要重视政府和社会组织之间的关系发展，政府和社会组织不应该是对立的，而应该是一种合作关系。社会组织需要借助政府力量维护其最基本的权利,政府也需要借助社会组织的力量实现社会有序治理,相互之间应该加深交流。

再者,社会组织立法没有与时俱进,缺乏科学性。第一,表现为现有规范层级低。当下,我国缺少一部专门的《社会组织法》,现行少量单行法律、行政法规、地方性法规、规章等,对社会组织的性质、职能及其权利、义务等缺乏严格的界定,其所规范的范围、效力等也有很大局限性,无法形成统一的标准,甚至引发社会组织是什么的尴尬,如此严重影响了社会组织的健康发展。第二,表现为立法品质不过关。新时代面临的新问题,不可能一直沿用旧的规章制度去解决。早前形成的社会组织法律规范,对当时具有针对意义,而与现在相对,社会组织的管理模式需要更新和重建,方能符合我国当前社会主义现代化法制建设模式,从这个角度讲,社会对社会组织的立法交代了时代的诉求。第三,表现为法律体系之间没有能够完成相互衔接。现行社会组织法律规范存在许多不规范的问题,甚至是出现上位法与下位法相抵触的问题,这样一来,对于社会组织的监督变得更加复杂起来,为政府插手社会组织事宜提供了机会,也不利于社会组织的独立,实务中难免会有执行难问题的产生。

从立法内容上看,现行社会组织立法内容存在诸多不足。第一,表现为准入问题。根据《社会团体登记管理条例》第10条、《民办非企业单位登记管理暂行条例》第8条、《基金会管理条例》第8条可以得出,现行立法中,规定的基本上是涉及社会组织成立的会员人数问题、财产数额问题、业务主管方面的问题等,主要体现了限制社会组织的成立和生存。成立形式和标准一刀切,不顾及城乡差别和社会组织性质差异,准入门槛太高,使得大量社会组织处于非法状态。第二,表现为立法忽略政府责任,非营利性是社会组织的重要特征,社会组织天然地处于生存与发展的劣势,特别需要政府的扶持和负责。而我国现行法律法规当中,并没有明确政府扶持的相关规定。第三，表现为没有对社会组织税收制度做统一规定。没有一部统一的社会组织税收管理规范，导致政府各部门在社会组织税收法规制定和操作时各自为政，缺乏沟通，导致很多地方的社会组织税收征管处于失控状态。第四，表现为分级制度限制行业竞争。《社会团体登记管理条例》规定了"分级登记、分级管理"的管理制度，要求社会团体活动的空间范围不能超过其行政管辖区域，这造成了社会团体之间在地域上各自为政、互不竞争的局面。第五，表现为社会组织的监督体系不完善，借鉴发达国家经验，对社会组织是政府监管、社会监督和行业自律三者合一的模式。第六，表现为对社会组织行政处罚的规定不明确。根据现有的法规条例来看，社会组织行政处罚的规定比较笼统和模糊，仅有的少许规定当中多用"可以处罚""可以罚款"等字眼来规定处罚的范畴和种类，这样将导致对社会组织的行政处罚容易出现滥用行政权力和逃避处罚的恶劣情况。立法内容的不足远不止以上六点，因此，在未来的社会组织法制建设当中，将要面临的阻碍还有很多。

2. 司法的困境

司法监督是法治国家处理法律问题的最后救济手段。我们要考虑的是，在社会组织方面，司法将以什么作为依据，介入到社会组织的管理上。由于社会组织的自治性质，社会组织的司法问题作为一个世界性的课题被各国所研究探讨。纵观全球，日本曾经在放松政府规制的政治革新问题上讨论强化司法功能改革，提出如何规制社会组织管理行为方面的问题；历史上，加拿大一系列教堂与工会案件，使得社会组织的行为管理问题成为该国的焦点[1]。在实践当中，无论是行政诉讼还是民事诉讼，社会组织很难被认定为适格的诉讼被告，面临社会组织的诉讼，大多不予受理。如2002年，长春

---

[1] 珍妮特·麦克林:《中间团体与国家》，载[新西]迈克尔·塔格特编:《行政法的范围》，金自宁译，中国人民大学出版社2006年版，第192页。

## 第四章 社会治理创新背景下我国社会组织法制建设

亚泰足球俱乐部不服中国足协相关处罚提起行政诉讼[1]，2005年北京律师李坤就北京市律师协会给他的处分决定提起民事诉讼[2]，两案均以"不属于受理范围"被法院裁定驳回起诉或不予受理。社会组织成员状告无门，在社会需求与法律制度发生冲突时，除了期待立法上的进一步完善之外，在社会治理创新的大视野下，积极发现法律介入社会组织的空间，必要时，以司法形式促进对社会组织监督体制的完善。

（1）以行政诉讼角度看社会组织。当社会组织参与到社会公共管理和服务时，难免会在某一些情况下侵犯相对方的某些权益，社会的矛盾和纠纷是不可避免的，这时候，一方可以以社会组织为被告向法院提起行政诉讼；当然，如果是社会组织管理方受到来自行政机关或其他法律、法规授权的组织的不利对待时，社会组织是有权利提起行政诉讼的。理论和现实往往不同，由于社会组织在行政诉讼当中缺少法律法规的肯定，遇到诸如此类的情况，法院基本是不予受理案件。在我国，判断某一社会组织管理行为是否有行政可诉性，应有以下几个标准：第一，社会组织管理行为改变社团成员的身份，社团成员加入社团后，与社团之间便形成某种法律关系，享有相应的权利和义务。如果社团成员违反社团管理章程的规定，受到处罚或者该法律关系随之消灭，那么该行为可以提起行政诉讼。第二，如果社会组织管理的行为对社团成员的财产权、人身权等基本权利产生重大影响，那么该行为可以提起行政诉讼。第三，启动行政诉讼时，要坚持穷尽内部救济原则和尊重组织自主性原则。

（2）以民事诉讼角度看社会组织。从某种依据上讲，社会组织是自愿组成的团体，基于其自愿、自主性，社会组织应符合民事诉讼的管理范围。社会组织成员自加入社会组织那天起，对组织章程

---

[1] 罗璇、曹斌：《面临尴尬：长春亚泰状告中国足协——访亚泰足球俱乐部代理律师周卫平》，载《中国律师》2002年第3期，第18～20页。

[2] 李京华：《北京市首例律师状告律师协会案被驳回起诉》，载中国法院网，https://www.chinacourt.org/article/detail/2005/05/id/163224.shtml.

及规章制度便自动视为接受并，相互之间形成契约关系。因此，社会组织在基于合同所产生法律关系当中，是适用合同法的相关规定的，就好比用人单位对劳动者在工作范围内的管理权。社会组织在司法领域，是不能缺少民事诉讼的调整规定的。当然，司法介入社会组织与成员之间纠纷时要十分慎重，不能因此而破坏了社会组织的自治组织性质。除此之外，还要以合法的内部规章制度为依据。法院的监督要中立，适度，使其不会全部置身于政府的控制之内，避免其丧失独立性。

（3）以公益诉讼角度看社会组织。社会组织提起公益诉讼可以分为行政公益诉讼和民事公益诉讼。一方面讲行政公益诉讼，行政公益诉讼是为维护公共利益提起的，因为社会组织具有公益性，其作为公益诉讼的主体是可行的，我国法律在这方面应当予以确认。社会组织提起行政公益诉讼具有天然优势，首先，与个人相比，社会组织对公共事务更为熟悉，在财力和物力上相对充沛；再者，社会组织具有专业知识的优势，行政公益诉讼往往比较复杂，在论证行政行为的违法性时，需要社会组织专业知识的认定，这样一来可以节约诉讼成本和减少诉讼环节，真正保障受害者的实体利益，同时又是对行政权力的相对制约。当然，借鉴国外经验，对社会组织提起公益诉讼要有严格的限制，如主体资格、诉讼程序、举证责任等。从我国国情出发，为防止行政公益诉讼滥诉现象发生，应该考虑对团体诉讼做出一些限制，第一，能够提起团体诉讼的社会组织必须是公益性团体，且被行政机关承认的合法团体。第二，如果是组织内部出现纠纷而导致组织利益受损，或者是单独成员提出主张自己权利的，这两种情况不宜提起行政公益诉讼。第三，社会组织提起行政公益诉讼应限制于其宗旨和业务范围，超出范围的，不享有诉讼资格。另一方面说民事公益诉讼，社会组织作为民事公益诉讼原告，具有其天然的优势。"对污染环境、侵害众多消费者合法权益等损害社会公共利益的行为，法律规定的机关和有关组织可以向人民法院提起诉讼。"这是我国法律首次确立公益诉讼制度，并明确将社会组织作为公益诉讼主体之一。这一规定解决了多年来困扰社会组织提起民事公益诉讼的立法缺位问题,当然,尽管意义重大,但还是存在不足。在社会组织提起民事公益诉讼方面,还有许多具体环节需要法律规定,如社会组织作为原告的举证责任规定、胜诉奖励规定、诉讼主体资格的限制等。

### (三) 社会组织法制建设的监管困境

随着依法设立登记的社会组织越来越多,引发的社会问题也越来越多。社会组织作为一个特别庞大复杂的社会群体,于各行各业都有涉及公共服务,与此同时,社会组织滋生的社会矛盾给社会的健康发展带来了挑战,社会公信力下降。

一方面存在监督缺位,比如慈善组织面临的监管失利问题,网络社会组织的管制问题等等,成为社会组织发展中的瓶颈。以慈善组织为例,其存在严重的监管不到位的问题。比如轰动一时的"郭美美"事件,利用慈善资金挥霍炫富;许多别有用心的人欺骗募捐;捐赠人不能跟踪定位自己资金的使用状况,是否真正起到了济贫帮困的作用等等这些问题,使得大家开始怀疑慈善组织,消弭了民众信任感。社会组织缺乏良好的内部治理结构,没有一套符合当下社会组织发展的管理机制、自律机制和监管机制。在社会组织内部,当面临问题决策时,有的出现一个人说了算的情况,形式上是履行职能,实则有很多不规范的地方;或者,有些社会组织发展成为了少数人的利益载体,背离了社会组织的宗旨。

另一方面是公信力缺失的问题,第一来自于对社会组织内部资金的管理和使用。社会组织因其具有非营利性质和公益性质,当其使用来自于社会捐助的资金时,在是否合法、合理、公开、透明的问题上都深切关乎社会大众的利益,也是对社会组织诚信检测的标准之一。社会组织以服务公共事业为发展基础,可以相对容易得到社会各界的支持和帮助,经济的产生容易滋生腐败,如曾轰动一时的"郭美美"事件,给红十字协会的发展和信誉带来了极其恶劣的影响,也致使群众对社会组织产生了疑虑和差评,浪费了大众的信任。又比如，网络社会组织面临着公信力的问题，公信力问题应该从两个方面分析，首先是内部的公信力缺失问题，组织的发起者或者管理者，对组织管理不够认真负责，很难起到领导和带头发展的作用；网络社会组织的设立成本比较低，组成人群来源广泛，难免有不同意见的产生而导致内部不和，且影响网络社会组织的健康运行。内部自律机制还不够完善，如何能使得网民诚实守信也是一大问题。再者，网络社会组织容易变成舆论的武器，舆论方面不独立。

根据社会组织产生的政策，社会组织有官方和民办的区分。官办的社会组织虽然有政府作为后盾，比较容易得到发展和运行，但是它们大多存在工作效率低、内部管理不透明、监督管理不到位等严重问题；民办的社会组织更是面临监管不足的问题，很难获取社会的信任。种种原因导致社会组织普遍遇到公信力缺失的困境，很难得到真正意义上的健康发展，也很难取得政府和社会的认同和肯定，社会组织难以发展壮大，无法实现其服务公共事业的存在价值。

## 四、社会组织法制建设的国外经验及启示

### （一）国外社会组织的发展特色

1. 国外社会组织的产生与发展分析

西方国家的社会组织产生得比较早，宗教传统是社会组织产生的一个重要因素，由于资本主义原始积累的过渡，社会组织有了经济基础和制度保障。早在1601年，英国便颁布了《慈善事业法》和《贫困法》。资本主义的垄断和经济的快速发展使得贫富差距问题变得突出，以及层出不穷的社会问题让政府部门疲惫不堪，也使得大众群体对政府失去信任。20世纪70年代兴起了新公共管理革命，政府开始减少公共服务的提供，为社会组织提供了巨大的空间，社会组织由此开始积极分担政府的公共管理职能。

根据西方国家社会组织的发展历程，可以把其发展概括为三个

阶段。首先是社会组织的发展和普及阶段。世界大战后的国家重建和经济复苏，需要社会各类群体发挥积极作用，由此，社会组织的产生和发展迎来了春天。社会组织成为介于政府和企业之间的第三部门，弥补了二者作用范围的缺失。与此同时，《联合国宪章》认可了社会组织的地位与作用，从而奠定了社会组织的发展和生存基础。然后是社会组织充分发展阶段。第二次世界大战后的几十年时间里，国外社会组织发展迅猛，社会组织不仅在管理内部事务上得心应手，甚至在外交上也有了独立的地位，扮演着越来越重要的角色。再者是社会组织调整改革阶段。社会组织的发展迎来了困境，需要其充分认识自我，而进行相应改革。社会组织的改革主要内容就是使自己的资金独立起来，开始进行营利活动作为吸纳资金的新途径，改变过分依赖社会资助的发展状况。如此一来，社会组织逐渐演变成具有自我发展的新型能力型社会组织。

2. 国外社会组织的功能分析

随着社会组织的社会地位不断提高，社会组织呈现多元化和复杂化模式发展。不同人群开始因为共同利益而组建相应团体组织，形成了有别于政府和市场的调节性功能组织，它们代替政府管理一部分公共事务，发挥着不可取代的作用。第一，社会组织提供社会服务。社会组织自产生就具有非营利性质与公益性质，所以，不同社会组织向社会不同群体提供他们所需要的公共服务，这种有别于政府服务的强制性和企业服务的营利性的结构性组织，深受大众的喜爱和信赖。它们所涉及的领域包括社会救济、社会福利、社会保障等等，是社会分工合作下的产物，也是政府作用失灵下的弥补。第二，社会组织促进社会经济发展。近年来，随着社会组织的普及和不断转型，伴随着经济结构的不断调整和各项服务业的兴起，社会组织的存在不仅仅是提供公共服务这么简单，它们还一并带动了社会一部分人员的就业和国民经济收益的增长。第三，社会组织作用于政治领域。社会组织虽然不属于政府部门，但是其在很多方面发挥着政府部门的作用，比如，给政府部门提意见、提交研究报告、与政府部门进行管理协商、维护政府部门的权威等等。第四,社会组织具有社会整合功能。社会组织通过自身发展和提供社会服务,得到社会各界的认可与信赖,甚至起到了维护社会稳定与和谐发展的社会整合功能,尤其是在为社会弱势群体提供帮助,化解社会矛盾方面。

3. 国外社会组织发展给我国社会组织发展的启示

西方国家社会组织之所以能够好而健康地发展起来,离不开两点。首先,社会组织的生存和发展有章可循。政策支持和法律保障是任何事物发展起来的基础,西方各国社会组织有完备的法律体系保护其功能的实现并且不过多的限制其活动。然后,发展本来就是一条漫长而曲折的历程,所以社会组织的进步与成长需要时间,也需要正确处理好社会组织与政府权力之间的关系,这样才能使得社会组织的生命力长久不衰。

(二)国外社会组织法制建设概述

1. 美国社会组织法制建设概述

(1)法律规定精细、规制手段有效。我们知道美国是判例法国家,所以在社会组织方面并未颁布成文统一的社会组织法典,关于社会组织的管理规定,精细而繁多。分散规定于国家的《宪法》《税法》《商法》等。社会组织的相关管理措施是宏观上看的,主要体现在《美国联邦税法》第501条,规定了社会组织的表现形式及例举了具有免税资格的社会组织30多种。《国内税收条例》第170条作为社会组织的规制条款,与《美国联邦税法》第501条形成相互照应的体系化管理模式。税务机关从三个方向监督社会组织:一是审查社会组织提交的年度报告,并且向社会公开该报告的内容;二是对税务机关施行审计监督;三是对违规的社会组织进行处罚[1]。对违法的行为依法处理,一般是撤销其免税资格,但是税务机关不会轻

---

[1]李培林、徐崇温、李林:《当代西方社会的非营利组织——美国、加拿大非营利组织考察报告》,载《河北学刊》2006年第2期,第71~80页。

易做出这种最严厉的处罚，而是责令社会组织纠正错误或者缴纳一定的罚款。

（2）监管体制职责明确。结社自由是美国宪法赋予公民的权利，所以，美国并没有规定社会组织的成立需要什么样的条件和程序。而是在社会组织成立后，对其进行全方位的监督和把控，来自政府、第三方和行业自律。政府监管的主要方式，有对社会组织进行检查、审查其提交的书面报告等。在美国的33个州中，司法机关是社会组织的财产监督管理部门，具有仲裁权、处罚权和起诉权。同时，国家慈善信息局、人类慈善咨询服务组织、宗教事务委员会等部门颁布了社会组织运行的大量管理标准，用以评价社会组织的运行情况。对慈善组织这一部分，美国政府重视政府拨款和捐款的情况，还有评价其社会影响，例如，对于社会组织开展的培训，不仅要评估培训的人数，还要评价接受培训者的能力提升状况。对于弱势社会群体的帮助不仅要保障其免于饥饿的权利，还要帮助其开拓发展机会，真正从本质上起到了帮助弱势群体的作用。

（3）政府政策支持社会组织发展。美国社会组织的资金有几大来源：一是政府的支持和资助；二是社会人群的捐赠；三是社会组织自主经营的所得。目前，第三种已经在火热发展当中，将成为后来社会组织进步的主要经济来源。社会组织能够获得政府的公益事业项目资金，政府采取项目招标的方式，而不是直接拨款。中央政府是社会组织的资金的主要来源者，税收减免政策重要举措的实施者。联邦税务部门主管社会组织的土地税与销售税减免；宗教、慈善等公益事业性社会组织可以免税。概括起来讲，美国社会组织政策是宽松的：政府能够给予社会组织足够的经费资助与税收优惠，社会组织以此为基础向社会提供公共服务。

（4）促进社会组织自律模式的设立。对于社会组织的监督管理问题，向来提倡政府监督的同时，更有自律机制的完善与配合。美国在处理面对社会组织自律机制的问题上，有以下主要举措：规范引导社会组织制定内部管理章程，尤其是对财务管理的监管；明确社会组织的管理人格制度，使得社会组织有责必究落到实处；加强完善社会监督体制，使用审计监督模式。近年来，美国的社会组织开始重视评估工作。例如，美国慈善信息局制定了9条评估准则，为慈善机构健康发展提供了科学指南。美国全国非营利机构董事会中心也颁布了一项供董事会组织先填写相关表格，再由专门评估机构对其进行评估，并将评估报告反馈给填报人，用来帮助董事会与董事更好地开展工作。

（5）严格管制社会组织财务活动、盈余经费。美国大多数的社会组织归属各州管理，联邦政府管理的社会组织很少。虽然社会组织有权获得盈利，但是其不得将盈利分红，随意处置社会组织财务。社会组织所获得利益必须用于社会组织自身建设。规定社会组织产权及收益属于全社会，任何组织和个人不得侵犯；社会组织可以开展与其他性质相符合的经营性业务，但是其所得必须用于社会组织自身建设、用在社会公益事业上，任何组织和个人不得分红。一旦社会组织终止，其剩余财产必须移交同类性质的社会组织，不得瓜分。这些举措不仅有效规范了社会组织的经营活动，也保障了社会组织的公益性质。

2. 俄罗斯社会组织法制建设概述

（1）健全的社会组织法律体系。俄罗斯联邦的社会组织法律法规建设已经有所成就，包括有《俄罗斯联邦宪法》《俄罗斯联邦刑法典》《俄罗斯慈善活动和慈善组织法》等构成的法律体系已经建成。比如，《俄罗斯联邦社会联合组织法》第3条规定，任何公民可以根据自身的意志，不需要得到中央和地方政府机关的同意而成立社会联合组织；任何公民也有权自由加入社会组织。

（2）社会组织管理制度的确定。第一，实行分类调整制度，《俄罗斯联邦社会联合组织法》规定，该法适用依据公民动议建立的一切社会联合组织，以及外国的非商业、非政府性社会联合组织在

## 第四章　社会治理创新背景下我国社会组织法制建设

俄罗斯联邦领土上成立的结构性分枝机构的活动[1]；但是，宗教组织、商业组织等除外。《俄罗斯联邦非商业组织法》适用于俄罗斯联邦境内成立的或正式成立的一切非商业组织，但不适用与消费合作社，消费合作社的管理，有其他法律予以调整。俄罗斯联邦对于社会组织的法律规制，主要采用的是根据社会组织的不同类型分别制定单行法律进行调整的策略。

第二，实行全面法律规范。俄罗斯联邦的社会组织立法，调整社会组织成立和运行以及取缔的所有环节，主要内容包括：社会组织的法律地位、管理机构、人员组成、登记注册程序、权利和义务、活动范围、活动限制等。社会组织的制度设计体现出全面、细致、具体的特点，既为社会组织的发展与成长指明了方向，也为政府主管部门的监管提供了明确的依据。

第三，法律责任明确而具体。俄罗斯联邦社会组织法律责任具有明确而具体的特点，《俄罗斯联邦社会联合组织法》的规定能够体现出这一特点。该法第五章用一章专门具体规定了违反社会组织法律制度的法律责任。第39条规定的是平等责任原则，也就是政府及其组成部门、社会组织和每个公民违反《俄罗斯联邦社会联合组织法》和其他社会组织单行法律的规定都应当依法承担责任。第40条规定，政府主管部门及其工作人员违反《俄罗斯联邦社会联合组织法》和其他社会组织单行法律的规定侵害社会组织利益的，要依法承担刑事、民事和行政责任。第41条规定，不具备法人资格的社会组织违反法律的责任由该组织领导机关的负责人承担。

（3）法律责任明确而具体。俄罗斯联邦社会组织法律责任明确而具有特点。《俄罗斯联邦社会联合组织法》第五章规定了违反社会组织法律制度的责任问题。第39条规定平等责任原则，不管是政府还是企业还是个人，只要违反了社会组织法律法规就要依法承担责任。还有第40条、第41条等都是细致的责任问题规定。

---

[1] 刘向文、王圭宇：《试析俄罗斯联邦对非政府组织的法律规制》，载《郑州大学学报（哲学社会科学版）》2009年第4期，第124~128页。

(4)社会组织法律规制的最新发展。近年来俄罗斯政府加强对社会组织的管理，法律规制新发展的主要内容有：其一，社会组织的宗旨与活动不得与俄罗斯联邦宪法相抵触；其二，提高对社会组织创立者和成员的要求，新增了在俄境内有合法居留权的要求，新增了对特定人员的结社权的禁止规定。其三，明确了境外社会组织在俄的登记程序。其四，确认了社会组织资金来源和用途的报告说明制度。其五，赋予政府主管部门对于社会组织的监督检查权。其六，健全了社会组织的法律责任，如书面警告、责令改正等。其七，增加了取缔社会组织的法定理由，如地区性社会联合组织的取缔，由有关的检察机关或登记主管部门向法院提出申请。

3. 英国社会组织法制建设概述

(1)制定完备的相关法律法规。英国算是社会组织产生最早的国家之一，其《慈善用途法》制定于1601年。随着慈善组织的不断发展，英国对慈善法进行了多次修订，最新的是2006年《慈善法》，该法首次在法律上界定了慈善事业的内涵，并以例举的方式明确了慈善事业的具体外延，即扶助贫困、发展教育、宗教推广、保护环境、促进健康、保护文化遗产等，只有从事这些活动的组织才能被注册为慈善组织。该法还规定了慈善组织的登记注册条件，确定了政府监管部门——慈善委员会的法律职责。

(2)慈善委员会的登记和监管。在英国，慈善组织是独立的，工作内容与政府和市场企业之间构成整个社会大系统，但又有着密切联系，并不隔断三者之间的相互关系。有些社会组织的成立本身就是政府的替代物，也是由政府推动的。

慈善委员会是慈善组织的政府主管部门，对慈善组织进行登记和日常监管。慈善委员会的主要职责是推动慈善事业的发展，利用其法定权威来维护慈善组织的良好名誉，保障慈善法的全面贯彻实施，并指导慈善组织建立良好的行为准则，以维护社会公众对慈善组织的信心。慈善委员会的具体职责包括：对符合规定条件的慈善组织进行登记注册；对于登记注册信息的慈善组织或者虽然未登记注册但需要帮助的慈善组织给予信息、技术以及公共政策等方面的帮助；对于登记注册的慈善组织按照组织规模的不同实施不同要求的监管；对于在运营过程中存在违法之处的慈善组织开展调查，并可将违法的慈善组织移交法院处理[1]。

慈善委员会的登记职责，既具有法律性，又具有行政性。任何社区组织或志愿者组织，若要获得慈善组织的法律地位，必须经过慈善委员会登记注册，只有这样，慈善组织才能获得独立的法律地位、税收减免和政府资助的资格。慈善委员会登记的实质是给予对慈善组织的法律认定。慈善组织的登记标准主要有三个：一是不得与其他的慈善组织相重叠，如果申请者不进行补正、修改将被驳回注册申请；二是要有独立的组织章程、组织宗旨与行政管理办法；三是要组成托管理事会。慈善委员会的另一项重要职责是对慈善组织实施日常监管，监管方式包括监管、抽查。如对财务收支报表的检查，如若存在违规，慈善委员会将有权对该慈善组织给予处罚，包括吊销慈善组织的执照，责令其修改组织章程、改组理事会与冻结财产等。

4. 澳大利亚社会组织法制建设概述

（1）社会组织管理的法律框架。澳大利亚政府分为三级：联邦政府、州政府和地方政府。这三个层级对社会组织的建立和管理都有相关法律规定。但是到目前为止，澳大利亚没有一部统一的联邦法律来规范各类社会组织，对于不同类型社会组织的规定散见于各个相关的法律法规之中。如1997年的《家庭税评估法》、2001年的《公司法》等。各州和地区也都有对于社会组织的法律规定。

（2）社会组织设立制度。在澳大利亚，最主要的具有法律地位的社会组织是社团法人、慈善信托和担保有限公司。第一，社团法人的设立。社团法人是依据州或地区的法律成立的、以会员制为基础的社会组织，主要存在形式是小型体育俱乐部、社区组织，是获

---

[1] 胡琳琳、郝福庆：《英国公共服务类非营利组织发展的经验及其对我国的启示》，载《四川行政学院学报》2011年第5期，第13~16页。

得政府资助最多的，最为常见的社会组织。社团法人不得以营利为目的，也不能从事商业活动。不过，在某些特定情况下，尽管社团法人取得了实际上的经济利益，但是却不能认为其是以从事交易、牟取经济收益为目的。第二，慈善信托的设立。慈善信托就是将资产、财产用于宗教发展、贫困救助、教育发展以及其他有利于社区发展与维护公共利益的信托。所有州与地区的普通法都许可慈善信托的成立，但是每个州的慈善信托立法又各不相同。建立慈善信托存在比较严格的法律要求，其中大多数和不动产相关的慈善信托登记，都要采取书面法律文件。第三，担保有限公司的设立。联邦2001年《公司法》允许成立担保有限公司，且大多数担保有限公司是非营利公司。

（3）社会组织管理的相关法律规定。尽管澳大利亚各个地方立法略有不同，但是对于社会组织的设立要求是一致的，其目的基于合法目的而成立。因此，社团法人不得以股本、股票方式向其会员分红，并且会员不得对社团法人的财产进行自由处分，不管是直接处分还是间接处分。慈善信托不得分红或者发放类似形式的收益。

社会组织解散之后的财产分割规定于大量的法律条文当中，如《社团法人设立法》第92条规定：社团法人解散后或清盘结算后，任何社团剩余财产都应当受到影响财产的信托的制约。慈善信托可以永久存续，若其解散并仍然有剩余财产，法院将使用分配力求近似原则进行处置。

社会组织的活动管理有两个方面。一是日常活动，社会组织的活动必须合法。一些地区立法要求社团的成立目的要与社区和体育活动有关，还有的地区立法要求社团的活动不得为其会员牟取物质利益。在实践中，立法一般禁止社团将经济活动看作其主要的活动目的。二是政治活动，联邦立法和州立法对于申请注册登记为政治团体的组织，均有着严格的规定。根据《联邦选举法》的规定，社会组织如要从事政治活动或选举事务，必须承担相应的法律责任。

(二) 国外社会组织法制建设的启示

1. 建立健全社会组织管理的法律体系

国外社会组织法制建设，几乎都是把建立健全的社会组织法律体系放在第一位。例如，英国早在1601年就制定了规范志愿部门行为的《慈善法》《救济法》，成为世界社会组织立法的先声。近年来英国对《慈善法》进行了修订，拓展了慈善活动的范围，把文化、艺术、生态保护、公共医疗、社会保障等事业纳入其中。德国关于社会组织的立法也相当完备，形成了由德国基本法为基础。此外，日本的《社会组织法》、匈牙利的《公益组织法》、南非的《社会组织法》、捷克的《公益法人法》等也制定了许多专门性的社会组织法规。同时，有些国家还制定了其他配套法律，有些国家虽然没有制定专门性社会组织法，但涉及社会组织管理制度散见于其他有关法律当中。例如美国和菲律宾。在美国，立法机关没有制定专门的社会组织法来规范其相应的活动，但法律调整方面有通过其他立法来实现对其管控；菲律宾有关社会组织的法律主要分布在《宪法》《公司法》《税收法》等。此外，社会组织法人制度的规范和完善，也是社会组织法治建设的重要内容。

2. 建立完善的社会组织监督管理体制

对于社会组织的管理，需要运用多种法律手段实现对社会组织的各种机构和制度的有效监管。美国社会组织的管理没有专门管理部门，但是其采用法律形式规定社会组织的税收制度，税务部门有权定期对社会组织进行免税资格审查，以及专门订立社会组织的设立登记制度和违法处罚制度。英国社会组织的管理实现的是由慈善委员会统一管理的模式，慈善委员会是英国政府的一个特设监管机构，不需要对政府负责。俄罗斯对社会组织实行权责一致的监督管理模式。加拿大实行多部门共同管理的体制。加拿大负责管理社会组织的政府部门有三个：一是消费者商业事务部。主要管理社会组织的成立与注销；要求社会组织提交年度报告，对迟交或者不交的，视情节予以警告或解散处罚；对进行不符合组织宗旨活动的社会组织予以解散。二是税务部门。税务部门有权对社会组织财务进行不定期审计，要求社会组织财务信息进行社会公开化，监督社会组织免税活动的运行状况，并对不提交年度报告、活动内容和组织宗旨严重不符、将所获捐赠款项转让给其他社会组织等违规行为给予吊销免税证的处罚。三是国内事务部。其主要职责是为社会组织提供服务，协调社会组织与政府各部门的关系。

社会组织登记制度是其获得税收优惠的前提，当然，社会组织要想获得免税资格并非那么简单，必须经过复杂的申请和验证程序，只有经过政府主管部门批准获得相应资格后才能享受优惠政策。根据各国社会组织管理法的规定，社会组织的成立登记程序主要有两个程序。第一是向社会组织登记机关提交法定的申请登记资料，主要包括成立申请书、原始会员人数、组织章程、活动场所等；第二是由登记主管部门在一定期限内做出审批决定，决定不予登记的要告知理由，社会组织如有异议有权向法院起诉。如美国社会组织登记程序比较简单，申请提交，然后州内政司进行审核；日本的社会组织不经注册不具有法人资格，但是具有合法性。澳大利亚社会组织的成立非常简单，每州政府都设立有社会组织登记机构，社会组织的成立只要不危害国家安全利益就可以设立。

国外对于社会组织的监管分为三个层次。首先表现为政府监管。政府认定社会组织的免税情况以及对社会组织部门进行不定期审计，社会在财产方面要进行公开化。例如美国对社会组织受赠以及捐赠行为建立系统的管理机制，对社会组织的日常活动进行审查，禁止有牟利行为。再者表现在社会监督方面。社会监督是调整社会组织行为的不可或缺的监督方式，社会组织广泛接受来自社会的大量捐赠，并且以税收优惠等形式获得公益资金，因此，社会组织应对接受社会监督。社会组织一旦被发现有问题就应该接受相应处罚。社会监督最直接的表现形式就是信息公开化。信息公开化包括资金用途公开、业务活动公开、业务活动的社会效益公开以及受益人的受益情况公开。社会组织应该在信息公开化问题上采取主动配合和积极参与。社会组织的监督必不可少的还有社会组织的内部监管。美国社会组织存在一个很重要的机构为董事会，董事会的主要职责是掌控整个社会组织的运作及决策，董事会成员对于社会组织做出任何决定都必须承担法律责任。同时董事会也受到严格监督，其资金决策必须有充分的依据。当下，必须要考虑的问题还包括社会组织的行业管理和网络联盟，因此，对于网络监管和社会组织行业行为的引导、规范问题将变成社会组织的新思路。

3. 实现政府与社会组织的协作管理制度

国外社会组织的发展并没有否定社会组织与政府的相互关系问题，社会组织与政府是相辅相成的，共同为社会治理提供自身的能量。如日本对社会组织的管理，政府参与协助，总理府设立由各部门负责人参与组成的"公益法人、监督事务联络协议会"，其达成的协议、做出的决定传达至各地方政府贯彻实施；捷克、新加坡等国家由政府内务部门对社会组织进行审查、注册登记与管理；印度尼西亚政府对社会组织实行的各业务主管部门与内务部共同管理的体制。

## 五、社会治理创新视野下完善我国社会组织法制建设的建议

### （一）社会组织法制建设的基本要求

1. 明确社会组织法律体系的必要性

（1）保障宪法权利的需要。我国《宪法》规定公民享有结社权利。因此，结社权是我国公民的基本人权。关于人权的保障模式主要有两种：一是绝对保障模式，是指依据宪法所拥有的权利其他法规及个人、团体不能加以任意形式限制或规定例外的情况发生。如美国宪法的基本人权保障就是绝对保障模式的典型。二是相对保障模式，是指允许其他法律规范对宪法所规定的基本权利加以直接有效的限制或客观上存在这种可能性的方式。我国的现行宪法人权保障就是这种相对模式。我国公民享有结社权利不是不受任何限制的

自由，它依据比例原则不得损害公共利益、道德、公共秩序等。我国社会组织公民结社自由的现状是有所缺失的，实为保护不足，限制有余。因此，为了充分保障我国公民的结社自由，应按照《宪法》和《公民权利与政治权利国际公约》重新审视我国现行的社会组织法律体系，建构起真正体现宪法精神的社会组织法律体系。

（2）实现参与民主的需要。社会组织实现公民民主，通过成立社会组织参与社会公共事务。实践证明越来越多的社会组织正逐步成为自身成员的利益代言人和权益维护者，为社会公众提供了参与社会公共管理的重要渠道。尤其在价格调整、规划制定、人口政策、环境保护等领域，社会组织起到了普通公民发挥不了的作用；相反，在那些缺乏组织化的领域，公民个体对社会公共事务的决策影响力都是非常有限的。我国的基本国情决定了我国的民主建设只能走渐进式道路，而通过让公民参与社会组织来训练民主技能是一条可行的道路。所以，应当完善我国社会组织法律体系，依法规范公民通过社会组织参与国家事务管理和社会公共事务管理的行为，以法治来保障我国民主建设进程。

（3）保障社会组织健康发展的需要。眼下，我国社会组织的发展不顺畅，主要是因为其没有统一完善的法律规范。所以继续完善社会组织法律体系引领社会组织健康发展。一是发挥法律对社会组织的告示作用，以法律的形式向社会传达国家发布的信息和态度。二是发挥法律对社会组织的指引作用。三是发挥法律对社会组织的评价作用。四是发挥法律对社会组织的预测作用。人们可以预先知晓所为行为将产生的后果，然后根据预知判断为与不为，以此做出对未来事项的安排和计划。五是发挥法律对社会组织的教育作用。六是发挥法律对社会组织的强制作用。

2. 确立先进的社会组织立法指导思想

我国社会组织目前的管理思想是一种政府管理加控制的运行模式，这种治理模式，表现为政府主管部门对于公民结社活动实施集权控制，而忽视公民结社的内在需求。我国之前的社会组织立法，对于社会组织的类型、存在状态和方向,都是政府主动选择的过程,而不是社会自发发展的过程。社会组织立法应该摒弃政府绝对化控制模式,这是社会组织立法的第一步路。摆脱观念性的障碍,以实现结社权为基本的社会组织立法应该树立权利本位思想,这是第二步路。社会组织是社会治理创新当中的重要内容,所以,社会组织立法应树立治理理念,这是第三步路。社会组织与政府之间的关系一直是社会组织发展的重要问题。由此,在面临社会治理大视野下,社会组织与政府应该实现合作,以二者共赢带动社会治理转型的成功,这是社会组织立法思想更新的第四步路。

3. 正确对待社会治理创新视野下的社会组织作用

社会治理创新是大力发挥社会组织的作用。首先,社会组织能够承担越来越多的社会治理职能。社会治理是指政府及承担特定的公共管理职能的社会组织对各类社会公共事务所实施的监管活动,不仅需要发挥政府的主导作用,还要让社会组织积极参与。其次,社会组织能够在维护社会秩序上发挥重要作用,发挥重要的社会整合功能。最后,社会组织有助于提高社会自我管理能力。社会组织都是具有特定宗旨、运行规范、内部治理结构和规章制度的组织体,因此,它能够对自身成员的价值观念和行为模式发挥引导和规范作用,能够有效防止组织成员的失范与越轨。综上所述,正因为社会组织在社会治理创新上承担着重要功能,所以迫切需要通过完善法律体系来规范社会组织的活动。

(二) 社会组织法制建设的法律体系完善

1. 完善、平衡社会组织的立法框架

社会组织立法不是简单的问题,社会组织的性质决定着社会组织的复合型特征,因此,在立法方面,是一个要考虑周全、渐进过程的问题。由于社会组织法律体系比较宽泛,所以它涉及的法律部门也较多。我国《宪法》当中规定的结社权实现问题,是社会组织立法的首要目标;社会组织的立法自然少不了行政监督问题的考虑,从社会组织的设立到运行到解散,行政法方面都起着很大的管理规范作用，此外，随着社会治理理论的发展，社会组织作为社会多中心治理的重要主体，其权力来源与权力行使方式等问题也会被逐渐纳入现代行政法的视野，并成为现代行政法的重要转折点；我们不得不承认，社会组织也涉及民法领域，社会组织以法人的形式登记成立，自然要受到民法关于法人制度的约束；社会组织立法自然也是社会法的范畴，社会组织立法具有社会法属性，因此使得社会组织立法容易受到社会政策的影响，我国现有的社会组织立法，往往是受到政策影响的，法律的权威很容易受到侵犯。因此，社会组织立法模式应该是以一部基本法为核心，多项单行法一同运行的法律体系。

  面对我国社会组织基本法空缺问题，我们亟须制定一部可以统一调整社会组织关系的基本法，这将直接影响到社会组织立法的质量与作用。因此，制定《社会组织法》这一基本法成为完善社会组织法律体系的首要问题。在《社会组织法》制定的过程中，我们应该考虑几个方面：第一，摒弃政府对社会组织的控管思想。第二，解决社会组织定位不明的问题。社会组织法的修订要明确社会组织的内涵及界定，内容及形式，权力形式及限制，登记成立模式及注销方式等。第三，引导社会组织激励机制的配套制度出台。以《社会组织法》的制定为契机，实现税法对社会组织的辅助作用。第四，社会组织立法要改变和完善监督问题。监督要全面，杜绝之前的行政监督一刀切局面，社会监督、新媒体监督应该成为主要运行模式，以及社会组织内部管理问题上，尽量做到合法、合理、公开、透明。

  以《社会组织法》为中心的社会组织法律体系，还需要其他法律规范相配套衔接适用。因此，建议在《民法典》制定的内容里面加上社会组织法人制度的修订，将其划分营利法人和非营利法人，然后将非营利法人划分为互益法人和公益法人，以此全面明确我国的社会组织法人制度。社会组织法律体系的完善是一个漫长的过程，以后也必将出现完备的社会组织各领域的专项法律规范。

  另外，《社会组织法》的制定应该和我国即将修订和颁布的

《慈善事业法》《社会工作者条例》《志愿服务法》等法律法规相互衔接、配套,形成高度统一而完善的社会组织法律体系。同时,对《社会团体登记管理条例》《民办非企业单位登记管理暂行条例》和《基金会管理条例》的修订也要提上日程,以及连接《社会组织法》与《工会法》《中国红十字会法》《公益事业捐赠法》等的修订,如此一来,社会组织的法律体系基本完备。

2. 进一步完善社会组织税收立法

从国外社会组织发展的情况来看,健全的税收优惠制度是社会组织得以健康发展的重要基础。我国目前并没有统一的规范的社会组织税收制度,有的只是位阶比较低的单行法规。随着社会组织的不断发展,现有的税收法律制度已显示出严重的滞后性。在税收征管实践中,对于营利组织与社会组织的区分没有明确的法律规定,致使应当得到税收优惠的社会组织享受不到优惠政策;此外,现有的社会组织税收法律规定之间存在不统一的冲突。因此,完备的税收优惠制度的制定迫在眉睫。

对于社会组织税收制度的修订,第一,要考虑提高立法级别。一方面,从法律性质上讲,税收是一种典型的侵益性行政行为,所以税收的立法权的行使,应该交由国家权力机关。另一方面,税收优惠制度上升至国家法律的地位,因此,任何地方法规、规章,都不能与之相背离,不然便视为无效,不发生法律作用。第二,要考虑社会组织税收制度涉及的范围,应当严格区分社会组织的营利活动与非营利活动,对于社会组织的非营利活动才会予以减免税收,反之则不可以。第三,要考虑社会捐助的税收减免问题。统一完备的社会组织捐赠税收优惠政策还包括:提高捐赠税前扣除比例,捐赠税收优惠只适用于向公益组织的捐赠,简化和规范捐赠扣除程序等。

(三) 社会组织法制建设的相关制度探究

1. 社会组织行政监管模式创新

我国社会组织的管理体制是根据1989年国务院制定的《社会团

体登记管理条例》确立的,是为双重管理模式,即从社会组织的成立到发展运行都要接受业务主管部门和登记主管部门的制约和管理。双管理体制阻碍了社会组织的发展,不仅造成社会组织成立难、活动难问题,还使得对其监管问题难以落到实处,部门之间相互推卸责任。因此,社会组织的发展必须有改革创新管理模式,杜绝一刀切的思想。由此我们可以从两个方面分析,一方面从整体上看,我们实行一元化管理模式,社会组织登记问题可以交由业务主管部门管理,只需向民政部门备案;另一方面,可以对非营利的特定类型的社会组织实行区别管理制度,即特定社会组织交由民政部门登记管理,因此成立的社会组织可以享有国家优惠政策的扶持。如此一来,对社会组织登记管理进行分工合作,利于监管。

处理好登记管理问题后,对于社会组织的发展还应该处理好两个关系。第一,我国社会组织管理的基本原则是培育与监管相结合,要正确处理好监管与培育之间的辩证关系:培育是监管的目的,不着眼于培育,监管就毫无意义;监管是培育的保障,没有必要的监管就会导致社会组织迷失方向。因此,完善社会组织管理体制,应当贯彻培育与监管相结合的工作方针,使两者统一于社会组织发展的实践中。

第二,处理好政府的干预和支持关系。干预是指政府主管部门介入社会组织的内部管理事务,把社会组织视为政府的附庸品,忽略其主体地位。干预现象表现在对现行社会组织的管理上,政府主管部门介入社会组织的人事安排、资金使用和内部管理。支持是指政府主管部门对于社会组织给予资金、政策等扶持。现阶段,我国社会组织管理制度不可能做到完全不干预,我们可以考虑在社会组织重大问题上,政府主管部门进行干预,其他情况下,施行扶持政策,正所谓少干预多支持。

2. 社会组织执法监察与柔性监管机制创新的协调统一

一方面,好的制度必然少不了一套行之有效的执行体系。社会组织的执法监察力度需要加强,制定和完善执法、处理程序,将年检工作与日常监督、绩效管理、信用建设、执法查处结合起来,有关部门要着力解决执法监察工作中的实际困难,做好保障工作,为执法监察工作创造良好的条件。建立由登记管理机关、业务主管单位、业务指导单位以及相关职能部门组成的社会组织执法联动机制,对社会组织违法违规行为依法予以查处,齐抓共管,形成监管合力。

另一方面,社会治理创新视野下,我国社会组织监管机制的单一刚性执法方式也需要创新和改革。社会组织的业务主管部门和登记部门偏重于用单方的、强制的行政管理手段来实现管理目的,也将致使社会组织的自主性、自治性受到严重制约,制约了社会组织的生存与发展。有时,甚至出现了暴力执法问题,造成政府部门和社会组织的矛盾产生,严重损害政府的公信力。因此,为了提高社会组织的监管效能,促进社会组织的健康发展,必须进行监管机制创新。具体来说,就是要建立起社会组织的柔性执法机制。包括行政指导、行政合同、行政调解、行政奖励等一系列不具有法律强制力的行政执法手段。

当然,对社会组织施行刚性执法和柔性监管,二者协调统一,才是社会治理创新视野下社会组织发展的必然选择和必然趋势。

3. 加强对社会组织的社会监督力度

对社会实行社会监督的理论根据来自对社会组织所承担的公共责任。社会组织之所以可以接受社会捐助并且享有税收优惠等扶持政策,是因为其具有非营利性质,所从事的为公益性事业。因此,社会组织有责任接受社会的监督。社会监督作为非正式的监督机制,具有执法成本低、实行效果好的优势,是对国家行政监管机制的有益补充。

第一,处理好社会组织的信息公开问题。社会组织的财务信息一直是社会监督的重点对象,参照外国经验,我国应该有一套完备的信息公开制度管理守则,用科学的办法计算统计社会组织财务的收支情况,并且社会组织每年都应该向社会出具《年度检查报告书》,公开捐赠信息等;此外,还要拓宽信息公布渠道,打开新媒体的传播模式，使得社会组织的行为受到全社会的监督；不仅如此，社会组织应该享有社会的救济权，也就是说当社会组织的信息公开制度遭到破坏的时候，或者该信息公开会有损公共利益的时候，社会组织有权对此提起诉讼，这反过来也是对社会组织的一种信息公开保障制度。第二，参照国外社会组织发展经验，第三方评估制度也是有效地对社会组织施行社会监督办法之一，第三方评估顾名思义，是不同于政府和社会组织的一种社会监督制度，它具有客观性、效率性，能够弥补政府监督的不足。第三，必须要重视媒体新闻、网络的监督作用。第四，唤醒大众的监督意识，群众的眼睛是雪亮的，对此，社会公众监督也是有力的监督方式。

4. 促进社会组织自律机制形成

社会组织的自律介于行政监管和社会监督之间，其提出的要求既可以与法律规定相同，也可以比法律规定更加严格，社会组织自律标准对于组织内部成员具有强制力。同时还可以在社会组织之间制定统一的行业标准，协调其行为。如此一来，不仅可以使得社会组织形成统一的行为准则和共同的价值观，也可以相互制约，以此促进社会组织健康协调发展。自律机制因此成为社会组织管理当中必须重视的关键。因此，促进社会组织自律机制的形成尤为关键。为此，需要做到以下几个方面。

第一，加强社会组织人力资源管理。近年来，社会组织在专业人才的招揽上有了一定的进步，但是人才总量不够、人才流失严重，人才不能尽其用等问题也比较突出，因此，社会组织的发展要注重内部人才培育、招录和管理。在工作中，要激发员工的积极性和团结精神，重视民主决策；科学合理的实行工作效绩评估政策，建立鼓励机制。第二，社会组织内部的财务管理制度要重视且有规划，组织内部要有公开透明的财务信息表，明确权力责任的分配，内外审计制度要相结合起来管理。第三，处理好组织内部与外部的联系以及发挥同行业之间帮助作用，相互监督，相互交流，发展好关系。第四，提高社会组织自信力和他信力，加强诚实守信建设。当然，社会组织在自律自我监督方面可以做到的远远不止这些，在社会组织的发展中，期求可以做到更好。

5. 加强社会组织诚信建设

社会组织的发展生命力来自于政府和社会的信任，因其的公益性属性又决定着它的活动离不开政府和社会的资助与捐赠。那么，如何证明自身具有担当的能力，证明本身值得被信任，一定要有诚信的说服力。社会组织是展现公共精神的重要舞台，只有其不断加强诚信建设，获得公众的信赖，提高社会组织的道德素养，才有利于社会组织的健康发展，有利于社会治理的有效实现。社会组织的道德建设是全社会道德建设的重要方面，也是提高社会组织诚信度的重要举措，一方面，抓好从业人员的职业道德建设，另一方面，要加强社会组织道德整合。社会组织要制定以诚信为核心社会组织道德标准和行为规范，使诚信真正成为社会组织认同并自觉践行的行为准则。

6. 加强社会组织党建工作，完善综合监管机制

社会组织党建工作是社会组织建设的重要内容，也是促进社会组织健康发展的重要途径，更是社会治理创新视野下对社会组织发展的必然要求。

各级地方要坚持归口管理、归属地管理原则，加强对社会组织党建工作指导。坚持从社会组织实际情况出发，通过选派党建工作指导员指导组建、党员够数单独建、集中党员联合组建、挂靠单位组建等方式，建立健全社会组织党组织，扩大党在社会组织中的组织覆盖和工作覆盖。一方面，加强组织领导，注重加强社会组织党员培育监管，重视社会组织负责人的学历和素养，在社会组织的高学历高素养的人群发展党员。深入开展创先争优活动，积极探索符合社会组织特点的党建活动方式，从人、财、物等方面给予支持与保障，提高党建工作的时效性，不断增强党对社会组织的凝聚力和影响力。另一方面，业务主管单位、登记管理机关及相关部门形成社会组织建设与管理工作协调机制，相互通报有关情况，研究调查

重要问题，建立预测预警和执法联动，提高监管合力，依法打击和查处社会组织违法行为和非法组织，促进我国社会组织健康有序发展。

  总之，社会组织的发展是一把双刃剑，既有不可或缺的重要价值也存在不容忽视的隐患。因此，很多国家从维护国家统一、保障国家安全与社会稳定的角度出发，对社会组织的涉外活动也进行严格管理，对外国社会组织的活动进行严密控制。据此，我国应当有所借鉴。当然，社会组织参与社会治理创新，在我国法治化的建设进程中，发挥着不可缺少的重要作用。社会组织作为越来越重要的社会治理力量，其健康发展关系到社会稳定，关系到整个社会的法制建设。现阶段社会组织的发展面临了前所未有的机遇和挑战，社会组织法制建设迫在眉睫。从上文的研究可以提出如下一些社会组织发展的结论：完善、健全社会组织法律法规，完善、健全社会组织监督机制，完善、健全社会组织发展模式，完善、健全社会组织管理模式等；把人才培育、诚实守信建设、信息公开透明化、发挥行业间互助协调等统一起来；社会组织健康发展必须和政府合作起来，社会组织依靠政府支持健康发展，政府向社会组织购买服务；严格制定和执行社会组织财务管理制度，严格执行会员制度，严格规范换届选举制度等。推动建立多部门配合的综合监管体制和社会组织执法机制，实行登记审查、年度检查、等级评估、执法监察"四位一体"的监管模式，建立信息交流平台和互通报道制度，提高监管应急反应能力。

# 第五章
# 我国慈善组织立法的成就、不足及完善

当代中国,经济突飞猛进,国力持续增强,人民群众的生活水平稳步提高,在此时代背景下,我国慈善组织的数量也迅速增加,社会各界都在祖国大地上为慈善事业的蓬勃发展增砖添瓦。与此同时,党在第十八届四中全会上指出:要全面推进依法治国战略,完善社会主义法律体系,建设法治国家。全国人民在党的领导下,全面学习社会主义法治理论,逐步形成健全的法律规范体系、公正的法律实施体系、完备的法律监督体系和可靠的法律保障体系。在此基础上,作为社会组织的重头戏,健全的慈善组织法律保障体系是完备的法律规范体系中不可或缺的要素。

## 一、慈善组织的一般理论研究

### (一)慈善组织的概念界定及法律特征

#### 1. 慈善组织的概念分析

慈善组织(Charity Organization)一词在牛津词典中的解释是为贫困者提供帮助的团体或社会组织,但关于其概念的具体说法,不论在法律还是理论层面,各国都不尽相同。作为最早从事慈善立法的国家,英国学者将慈善组织定义为"以公共利益为宗旨的,从事各种慈善公益活动的非政府、非营利性的组织"。作为当今慈善文化积淀最深厚,慈善组织发展最好的国家之一,美国在税法中对慈善组织进行了界定，即"不需要缴税，通过捐赠行为而获得税收优惠的组织"。正如莎士比亚所说，一千个人眼中就会有一千个哈姆雷特，我国学者对慈善组织的概念可谓是莫衷一是。有的学者认为慈善组织是"以扶助社会弱势群体为目的，从事各种慈善活动的，非营利性的民间组织"[1]。也有的学者认为慈善组织是"独立于政府组织外的，从事慈善活动的，非营利、非政治性的组织"[2]。还有的学者认为慈善组织是"对弱势群体进行救济的，完全为法理上所承认的慈善用途设立的非营利组织"[3]。

我国的《慈善法》对慈善组织的概念是这样进行界定的：依法成立并且符合本法的规定，以面向社会开展慈善活动为宗旨的非营利性组织。我国慈善组织常见的表现形式主要有基金会、社会团体与民办非企业单位三种。例如，我国《社会团体登记管理条例》将"社会团体"界定为"中国公民自愿组成，为实现会员共同意愿，按照其章程开展活动的非营利性社会组织"。《江苏省慈善事业促进条例》被普遍认为是我国最早界定慈善组织的规范性文件，它定义的慈善组织"是指依法登记成立，以慈善事业为唯一宗旨的非营利性社会组织"。

2. 慈善组织的法律特征

通过分析、比较慈善组织的不同概念我们可以得知，虽然对慈善组织的描述在理论界百家争鸣，但其中所体现的法律特征却不谋而合。

第一，组织自治性。一方面，慈善组织具有组织性。不能将慈善组织的活动简单等同于一般意义上的好人好事或者是单纯的施恩行惠行为。既谓慈善组织，就决定了其独立的法律人格。当然，自主的财产、固定的场所以及明确、严格的章程规定等配套制度都是

---

[1] 毕天云：《试论慈善组织的福利供给》，载《云南民族大学学报（哲学社会科学版）》2009年第6期，第49～53页。

[2] 高宛玉：《试论构建和谐社会中慈善组织发展的现实基础与战略选择》，载《湖南广播电视大学学报》2006年第4期，第78～80页。

[3] 孟令君：《中国慈善工作概论》，北京大学出版社2008年版，第69页。

作为一个组织不可或缺的形式要件。另一方面，慈善组织具有非政府性。政府不应肆意干涉慈善组织独立经营、管理的事项，慈善组织也不应受限于行政机关。但是，这并不代表政府对慈善组织的管理束手无策，政府应当适当地监督指导慈善组织的运行过程，并适时地通过立法或合资、合作等方式积极地发挥主导作用，促进慈善组织发展。

第二，非营利性。慈善组织是非营利组织的一种，其通过募捐活动，将来自四面八方、五湖四海的财物集中分配给需要帮助的人们。慈善组织的宗旨是服务于社会公益，这就要求其不能将营利作为组织运作的驱动力，进行慈善活动必须严格遵守章程规定，其全部资产也都归组织所有。当热心的人们将特定的财物捐赠给慈善组织后，便失去了对其的所有权，慈善组织因捐赠而占有该财物并以类似于"管理员"的身份分别依照双方的约定、捐赠时的用途或组织章程的规定使用该财物。因此，世界上大多数国家都给予了慈善组织在税收方面的优惠政策，以促进慈善事业的发展。

第三，社会公益性。慈善组织的服务对象是社会上需要帮助的人，开展慈善活动也是为不特定的多数人造福谋利。慈善组织的设立指向社会公共利益，其目的具有公益性。而有关公益活动的领域，虽然在不同国家受到不同的经济状况与文化传统的制约，但从整体上看，近几年国外公益慈善领域的范围在逐步扩大。我国《公益事业捐赠法》对公益活动的领域也进行了限定，根据现阶段我国国情，慈善组织的慈善活动应当涉及"救灾、扶贫、助残、科教文卫事业、生态环境等领域"，全方位地为公共利益服务。

第四，参与志愿性。参与的志愿性主要体现在慈善捐赠的自愿性和慈善活动的志愿性。也就是说，社会主体在面对慈善组织的募捐活动时，是否实施捐赠行为以及采用何种形式实施捐赠行为都必须完全建立在自愿的基础上。《中国慈善事业发展指导纲要（2011—2015年）》（已失效）也提出将平等自愿原则作为推动我国慈善事业向前的基本原则之一。另外，慈善组织从设立到开展慈善活动的整个运作过程都依赖于志愿者的自愿参与,而非依托于法律的强制规定。因此,志愿者的广泛参与是慈善组织发展壮大的根本。

(二) 我国慈善组织的发展历程

中华民族被誉为礼仪之邦,华夏儿女自古就崇尚好善乐施、扶困济贫的传统美德。早在先秦时期,在以"仁"为核心的慈善思想的推动下,在民间普遍形成了慈善互助的道德风尚。伴随着佛教传入我国,济贫的思想得以迅速传播,并在魏晋南北朝时期达到高潮,对我国古代以寺庙为代表的慈善组织的发展产生了积极的作用。明末清初时期,慈善组织日渐兴起。明万历十八年,杨东明组织父老乡亲在河南虞城设立了我国第一个同善会组织,被认为是我国最早成立的民间慈善组织。同善会大多都是由地方乡绅举办,并以会员的捐献作为其经费的主要来源。我国古代的慈善组织多为政府创办,民众参与性不强,直到同善会的兴起才逐渐扭转了这种形势,慈善文化也开始了由传统文化向现代意义的文化过渡。自此,慈善组织开始呈现出多元化的发展趋势。清朝末年,鸦片战争爆发,中国关闭已久的大门被无情地打开,与此同时,西方国家的慈善理念也悄然汇入中国。正是在西方宗教思想的广泛传播、宗教慈善活动的广泛开展以及中西方慈善文化的冲突与融合中[1],中国近代慈善事业飞速发展。

新中国成立初期,在复杂的社会环境与特殊意识形态的巨大影响下,当时数量众多的慈善组织大都难逃被解散、取缔的命运,幸存下来为数不多的慈善组织也都被政府接管,改造成政府的附属机构。最为典型的是中国福利基金会与中国红十字会,二者均被改造成为由政府直接管理的慈善组织。追随着改革开放的脚步,我国慈善组织开始同经济、社会一道蓬勃发展。中国儿童少年基金会在1981年宣告成立,此举拉开了中国慈善事业发展的大幕。1994年成立的中华慈善总会,不仅实现了我国在全国性慈善组织方面零的突

---

[1] 周秋光、曾桂林:《中国慈善简史》,人民出版社2006年版,第23页。

破,还为今后全国性慈善组织的纷至沓来提供了宝贵的经验。2004年,党的十六届四中全会更是历史性地把慈善事业写入了党的文件。此外,我国颁布了一系列有关慈善的法律法规,为慈善组织进一步开拓发展空间提供了有力的法律保障。在中国法治进程不断加快的背景下,慈善组织的作用更将日益凸显。

(三) 完善我国慈善组织立法的必要性

改革开放以来,我国在经济、文化、科技与综合国力等方面都取得了举世瞩目的成就,已经成为世界第二大经济实体。经济的快速发展使人民的生活水平发生了翻天覆地的变化。在全面建设小康社会的今天,应对自然灾害与社会危机事件、缩小城乡差距、减少社会各阶层贫富分化、促进东西部以及各民族和谐发展等问题的顺利解决都离不开慈善组织的协调和支援。

2008年被称作是我国的慈善元年,汶川地震与南方冰雪唤醒了全民族的慈善热情,全国各地纷纷掀起了慈善浪潮,各种慈善性组织与日俱增,如火如荼,我国的慈善事业也蒸蒸日上,呈现出一片欣欣向荣的景象。新的《慈善法》更是将每年的9月5日定为"中华慈善日"。但是,我国的慈善立法仍存在着诸多方面的不足,而慈善法律的缺陷也导致慈善事业在发展过程中出现了一系列问题,诸如慈善组织的主体资格不明确、监督管理不健全、信息公开不透明等,致使慈善组织的公信力骤然衰减。此外,法律规范的漏洞最终导致社会上出现了一系列慈善腐败、慈善丑闻,使得百姓对慈善事业的热情一落千丈,同时也向我们敲响了慈善立法的警钟。相比于其他慈善事业起步较早、发达程度较高的国家基本都有系统的慈善法律体系来规范慈善组织、保障慈善事业的发展,我国目前的慈善法律较为分散且层次普遍较低,不仅约束力不强,可操作性也不高,零散的法律法规不仅无法形成体系,有时甚至发生冲突。这种实际情况使得我国完善慈善组织立法的必要性十分突出。非营利组织法律专家阿德勒女士指出,"只有好的法律框架才能极大地促进慈善事业的繁荣"[1]。因此,完备的法律体系不仅是慈善组织专业化、规范化运行的必要条件,也是我国全面实施依法治国战略的题中之义。

## 二、我国慈善组织立法取得的成就

### (一) 全国人大及其常委会制定的法律

1.《中华人民共和国慈善法》

新世纪以来,随着经济突飞猛进,科技日新月异,时代已将我国的慈善事业推向了一个新的高度。十年磨一剑,在爱心人士澎湃激荡的慈善热浪中,在人民群众的千呼万唤翘首注目中,2016年3月,第十二届全国人大第四次会议通过了《慈善法》并于同年9月起施行。

《慈善法》是我国慈善事业的基本法,提纲挈领地规定了我国基本的慈善法律制度,标志着我国慈善事业全面进入法治时代,是我国依法立法、科学立法、民主立法的具体实践。该法不仅有助于规范慈善活动顺利、有序地进行,保障我国慈善事业健康、持续发展,还有利于营造人心向善、人人行善的社会氛围与制度环境。对于慈善组织来说,该法既是约束,又是保护,更是督促。

2.《中华人民共和国公益事业捐赠法》

在新中国成立后的很长一段时间内,我国实行的是计划经济,政府和国有单位权力过大,加之那一时期我国经济实力有限、人均财力匮乏,因此,我国的公益慈善捐赠活动长期处于潦倒的境地,社会力量也很少致力于公益事业。直到改革开放以后,随着社会主义市场经济体制改革的不断深入,国家将政府职能的转变作为工作的着力点,建立和完善社会保障制度,使得公益事业对社会生活的影响日益显著。同时,经济的发展也带动了国民人均收入的增加,提高了全社会的捐赠能力,公益慈善捐赠活动也取得了长足的进展。

---

[1] [美]贝奇·布查特·阿德勒:《美国慈善法指南》,NPO信息咨询中心主译,中国社会科学出版社2002年版,第4页。

在此背景下，1999 年 6 月，全国人大常委会通过了《公益事业捐赠法》并于同年 9 月起施行。

《公益事业捐赠法》是我国第一次为规范慈善捐赠活动而专门进行的法律层面上的立法，也是我国到目前为止针对慈善捐赠领域效力最高的立法性文件，致力于规范慈善行为，保护相关权利人的合法权益，保障公益事业的健康发展。该法对公益事业的领域进行了限定，并确定了相关主体的权利与义务，还明确了慈善财产的管理和使用，同时涉及了相应的法律责任以及相关的税收优惠资格，规范了由捐赠而产生的各种行为。最为重要的是，该法明确规定"国家鼓励自然人、法人或者其他组织对公益事业进行捐赠"，亮明了国家对慈善捐赠的态度，为慈善事业的发展营造了一个良好的法律环境，开启了中国慈善公益捐赠的新时代。

3.《中华人民共和国红十字会法》

1904 年 3 月，我国成立了非营利的、人道救援性质的中国红十字会，作为全国统一的红十字组织。自成立以来，中国红十字会发扬"人道、博爱、奉献"精神，努力奋斗在救助灾民、伤兵、难民的一线岗位上，并取得了长足的发展。1993 年 10 月，第八届全国人大常委会第四次会议通过了《红十字会法》，并于公布之日起施行。

《红十字会法》是我国首部有关全国性慈善组织的立法性文件，也是我国对红十字组织进行专门规范的全国性法律。该法明确规定了我国红十字会的组织性质、职责、标志、经费与财产以及活动方式，基本明确了红十字会是可享受国家财政扶持与减税、免税优惠待遇的社会组织。《红十字会法》的出台为红十字会的工作营造了良好的法制氛围，近年来，红十字会将弘扬红十字精神与加强社会主义精神文明建设、树立社会主义荣辱观、全面建设小康社会紧密结合起来，不断提升群众的慈善意识，赢得了社会力量和爱心人士的大力支持。

4.《中华人民共和国个人所得税法》《中华人民共和国企业所得税法》

《个人所得税法》与《企业所得税法》是我国专门针对慈善事业税收优惠方面的法律，分别明确了个人和企业在进行慈善捐赠时可以获得的税收优惠比例。例如，我国《企业所得税法》将企业在年度利润总额12%以内的公益性捐赠支出，视为可以在计算应纳税所得额时扣除的部分。这样一方面能够使企业真正实现多捐少扣，获得现实的利益；另一方面有助于调动企业的慈善热情，使其更加踊跃的投身于慈善事业。而对于个人向慈善组织的捐赠，我国法律也作出了准予在缴纳个人所得税前全部扣除的规定。此外，《企业所得税法》不仅对企业向慈善组织的慈善捐赠就其捐赠额是否享有免税资格作出了规定，也对非营利性组织本身的收入能否免税做出了规定，还与《个人所得税法》《公益事业捐赠法》一并构成了我国以税收优惠政策为调控手段促进慈善事业发展的法律框架。另外，我国关于税收优惠方面的法律规定还包含在国家税务总局、财政部以及海关总署等机关制定的部门规章文件中。

除此之外，我国2014年修订的《环境保护法》首次认定了社会组织的环保公益诉讼主体资格，300余家社会组织可提起环保公益诉讼，为艰难前行的环境公益诉讼提供了新的动力，为我国的慈善事业增砖添瓦。

（二）国务院制定的行政法规

1.《基金会管理条例》

1988年《基金会管理办法》的发布是我国首次以规范性法律文件的形式明确了基金会的法律性质与法律地位。此后的多年里，我国一直都是通过业务主管单位、人民银行和民政部门的三方负责制来共同实现对基金会的登记管理。具体地说，基金会的登记需要业务主管单位同意、人民银行审查批准和民政部门登记注册。这使得基金会实际上更类似于金融机构或准金融机构。随着我国经济的发展，社会贫富分化的现象也愈演愈烈，加之人们日益高涨的慈善热情与各类基金会的疯狂涌现,2004年3月8日,国家正式颁布《基金会管理条例》,并于6月1日起施行,同时废止《基金会管理办法》。

《基金会管理条例》总结了我国过去16年来在基金会管理方面的实践经验,在借鉴、吸收了外国先进的非营利性组织立法经验的基础上,历史性地将我国基金会细化为公募型和非公募型,并在慈善事业的进行中赋予个人、企业更多的社会角色,从而更好地吸引社会资源从事慈善事业。此后,以公民个人或者企业名义创办的基金会开始登上舞台,相得益彰的各项制度、规章也相继出台,使非公募型基金会得以在一个和谐的环境中发展,提高了社会力量参与慈善事业的积极性。该条例第一次对基金会的登记制度、组织机构、财产使用和管理、监督管理等方面进行了系统地规范,提高了基金会设立的门槛的同时,更加强调与明确了基金会的公益性质。

2.《社会团体登记管理条例》

基于《宪法》规定的结社自由原则,我国社会团体具备结社性质,是"人合"性质的社会组织。为了保障宪法赋予我国公民的基本权利,规范社会团体的登记管理并维护其合法利益,1998年10月,国务院颁布并施行了《社会团体登记管理条例》。

《社会团体登记管理条例》一方面严格、公正地将合法社会团体与非法社会团体划分开来,现实有效地保障了我国公民结社自由的基本权利,确认了我国社会团体的合法性并维护了其合法利益;另一方面从实质上区分了公益法人与营利法人,间接肯定了社会团体在我国慈善组织中的地位。社会团体是我国社会力量的重要组成部分,在我国社会发展的过程中一直扮演着重要的角色,尤其在我国加入WTO以后,社会团体的发展也日益与国际接轨。多元化的社会不断对我国社会团体提出了新的更高的要求,我国《社会团体登记管理条例》也势必会在新时代的召唤下重新修订,从而更好地保障我国慈善事业的发展。

3. 《民办非企业单位登记管理暂行条例》

民办非企业单位的广泛兴起是我国改革开放的丰硕成果之一，其在发展壮大的同时既凝结了人民群众的创造力与积极性，在社会生活的各方面都发挥了积极的作用，又充分体现了我国公民享有的社会主义的自由与民主，是我国社会主义现代化建设事业不可缺少的组成部分。为了统一我国民办非企业单位的登记管理制度，对我国民办非企业单位开展的活动加以规范，1998年10月，国务院颁布了《民办非企业单位登记管理暂行条例》并于发布之日起施行。

该暂行条例明确了我国民办非企业单位的性质、范围及其活动原则，划清了民办非企业单位与事业单位以及社会团体三者之间的界限，有效地保障民办非企业单位的合法权益。值得注意的是，使用"暂行条例"的字眼，显示出了我国对于民办非企业单位的依法管理还处于进一步积累经验的过程当中，特别是在建设社会主义法治国家的治国方略下，公民的权利保护意识日益增强，要求国家制定规范民办非企业单位的法律、法规的呼声势必会越来越高。

(三) 国务院职能部门颁布的部门规章

国务院职能部门针对各个不同慈善主体的捐赠行为，还有与捐赠的物资、善款等方面有关的税收管理，相继出台了诸多的部门规章。例如，为了更好地对社会捐赠的救灾款物进行管理，规范在面对自然灾害时的社会捐赠活动，保护相关权利人的合法权益，2008年4月，民政部颁布并实施了《救灾捐赠管理办法》。该办法的实施使得进行救灾募捐活动的主体得以明确，救灾捐赠款物的受赠人的范围得以扩大，实现了救灾捐赠活动有法可依，保障了救灾活动顺利地开展。另外，我国颁布的部门规章还有国家民政部颁布的《社会福利机构管理暂行办法》（现已失效）、《公益慈善捐助信息公开指引》等。其中，《公益慈善捐助信息公开指引》旨在指导慈善组织规范地进行信息公开，引导慈善资源的正确、高效使用，为公众了解、获取和监督慈善捐助信息提供法律保障，推动慈善事业健康、稳步地发展。

### （四）地方性法规

1993年，作为省级慈善组织，吉林省慈善总会的率先成立刮起了慈善组织全面发展的风暴。在这个大环境下，我国各地也根据自己的经济发展水平，相应的制定了适应地方发展特色的地方性法规，用以规范本地慈善组织的日常运作，推动其健康发展。特别是在志愿服务立法方面，这一领域我国尚没有统一的法律或行政法规，主要是通过地方性立法进行规范。例如，1999年9月广东省第九届人大常委会第十一次会议公布的《广东省青年志愿服务条例》（现已失效），是我国第一部关于志愿服务的规范性法律文件。而上文提到的《江苏省慈善事业促进条例》不仅是我国第一部地方性慈善法规，也是我国第一部慈善方面的法律规范，该条例首次对慈善组织的概念进行了界定，对慈善活动、慈善捐赠进行了定义，在我国慈善事业的历史进程中具有里程碑式的意义。

## 三、我国慈善组织立法存在的不足

虽然目前我国的慈善组织立法已经初具规模，在慈善领域也拥有了一部全国范围内的综合性法律，但是，《慈善法》的规定只是在全国层面上起到一个纲领性的指导作用，而慈善组织具体适用的法律法规大都还散见于法规、规章以及更低等级的规范性文件中。其中，大部分规章制度早已滞后于我国蓬勃发展的慈善事业，从而导致适用起来乱象丛生。

### （一）实体注册制度立法上的不足

1. 准入制度繁复严苛

准入制度是我国为了规范慈善组织的慈善活动，保证慈善事业的良性发展，而对以公益慈善为目的的主体加入慈善事业进行的资格确定。在我国，依法登记是慈善组织取得合法地位的前提条件，只有经过依法登记的慈善组织，才可以在法律允许的范围内开展慈善活动并受到法律的保护。根据我国有关慈善组织准入制度的法律规定，我国慈善组织的准入制度主要存在着两大不足。

一方面，在准入条件上，我国《社会团体登记管理条例》对成立社会团体所需要达到的成员个数以及注册资金都提出了具体的要求，即个人成员数不少于 50 个，或者单位成员数不少于 30 个，抑或者由个人、单位混合组成的成员数不少于 50 个，并且，全国性的社会团体的活动资金不得低于 10 万元，地方性和跨行政区域的社会团体的活动资金不得低于 3 万元。我国《基金会管理条例》对设立基金会的原始基金数也提出了较高要求，对于公募型基金会来说，全国性质的货币到账基金不得低于 800 万元人民币，地方性质的货币到账基金不得低于 400 万元人民币；而非公募型基金会的货币到账基金不得低于 200 万元人民币。从这些规定中可以看出我国的法律规定对慈善组织的准入要求是相当高的。就成立社会团体时法律要求达到的成员数来说，由于不同的个体拥有着不同的价值观，因此，成员个数越多的组织、团体，组织成员间就越难以达成统一的价值标准。然而，社会团体先取得合法身份，并通过开展现实的慈善活动，才能够吸引志同道合的人员加入。而对于那些社会弱势群体或活跃在社会基层的人们来说，法律在社会团体成员与资金数目上设置的门槛，使得他们只能站在门外望而生叹。就法律规定的基金会成立资金规模方面说，数目庞大的注册资金再加上货币必须到账的规定，吓退了众多有着高涨慈善热情的组织，而单凭普通个体，成立基金会更是难于上青天。

另一方面，在规模限制上，我国法律为了避免不同的社会团体之间出现恶性竞争，规定了成立在先，权利在先的制度。具体地说，就是在对社会团体的设立条件进行审批时，如果民政部门经过审查发现申请设立的社会团体的业务范围与同一区划内已经设立的其他社会团体相同或者相似的，且申请的社会团体没有设立必要的，民政部门会不予批准设立。类似先来后到的审批制度的存在，再加上一些民政部门对当地实际情况考虑得不够充分，使得在同一行政区划内如果某一类社会团体已经存在，那么申请在后的与之类似的组

## 第五章 我国慈善组织立法的成就、不足及完善

织就几乎很难通过审批，不利于我国慈善组织的发展。

2. 独立地位枉担虚名

1949 年以后实行的计划经济体制造就了我国强政府、弱社会的管理模式，也使得慈善组织遗传了很强的行政色彩。慈善组织丧失了自身的非政府性，甚至无法体现出民事实体法层面的独立性。

在组织准入方面，登记设立的慈善组织的目标与政府的目的往往遥相呼应，慈善组织可能会成为政府的附庸，正因为如此，慈善组织从诞生之日起被就带有官方印记。实体注册后，政府民政部门顺理成章地成了慈善组织的主管部门，有时甚至越俎代庖地开展一系列慈善活动，使慈善组织无法以自己的名义独立地从事慈善活动。如此一来，导致慈善组织的主体地位不清晰，法律人格不独立。对政府的过度依赖也将导致慈善组织逐渐丧失民间性，甚至在性质上发生转变。准入制度方面的限制性规定造成了我国慈善组织发展滞后的局面，从源头上制约了我国慈善事业的发展。

在人事布局方面，虽然我国慈善组织在其章程的设立上，都应法律的要求规定了国家公职人员不得担任慈善组织的领导人员，但这些章程大都形同虚设。政府为了强化对慈善组织的管理，使其能够帮助自己解决复杂、琐碎的社会事务，会对慈善组织进行人事方面的干涉。例如，在许多慈善组织的领导人员中都能看到退休的政府官员甚至在职的政府官员的身影。虽然这种现象从一定程度上能够起到增强政府与慈善组织相互信任的效果，使政府加大对慈善组织提供资金支持与项目支持。但不可避免的是，政府官员行政思想浓厚，会抑制慈善组织本身的自主性与民间性，对慈善组织新鲜活力的注入也会形成阻碍，最终导致慈善组织内部僵化，慈善活动效率低下。总之，慈善组织主体的特殊性与独立性并没有在我国法律上得到充分的体现。

（二）资金募集制度立法上的不足

1. 慈善募捐立法缺失，过分限制公募资格

慈善募捐是慈善事业不断发展的本原，是慈善组织赖以生存的

根基。慈善事业的实质是对社会资源的调节分配。而慈善组织就是建立在自愿捐赠基础之上的,衔接第三次分配关系的纽带,很好地平衡了社会贫富差距、化解了社会矛盾、保障了公平正义。据统计,2014年我国境内接收国内外社会捐赠款物总额为1042.26亿元,占全年 GDP 的 0.16%,其中,企业捐赠金额占总额的近 7 成,约为721.6 亿元,而个人捐赠量约为 115.6 亿元,占比约为 11.1%[1]。这些都远远落后于慈善组织掌控约占 GDP 的 8%到 9%的慈善资源,且个人捐赠为捐赠的主力军的西方发达国家。当前,我国慈善组织的发展道路崎岖坎坷,最大的障碍就是慈善资金的筹集。

一方面,我国《公益事业捐赠法》只对慈善捐赠行为进行规范,遗憾的是没有涉及慈善募捐行为。目前,我国主要通过两种募捐方式筹集善款:一种是通过全国性的新闻媒体面向全社会进行募捐;另一种是通过各地政府以文件的形式面向本地的企业、单位进行征捐。由此可见,我国慈善资金的募集方式十分单调,渠道过于单一。慈善组织的大部分资金都倚赖于企业的捐赠,筹资的能力与效率均有待提高。另外,政府通过征捐行为筹集来的善款实属企业的被动捐赠,并在一定程度上带有强制性,背离了慈善参与的自愿性。更何况,政府筹集来的善款最终惠及的只是当地较为知名的那些公募慈善组织,无形中挤占了大部分民间慈善组织的募款空间,削弱了他们的筹款能力。最为严重的是,这类带有某种程度的强制性的募捐方式有时甚至会出现在校园里,不仅损害了捐赠人的合法权益,还会对广大师生参与慈善捐赠的主动性与积极性产生负面影响,更不利于慈善募捐活动的长远发展。随着科技的日新月异与互联网的日益普及,慈善捐赠的方式虽然得到了一定的拓展,却仍然难以跟上时代的步伐,因此,我国在慈善捐赠的方式上还需多动脑筋。此外,我国当前的善款筹募机制通常属于临时性的应急机制,给人以临时抱佛脚的感觉,因此,我国善款筹募机制应走向常态化、规范

---

[1] 中民慈善捐助信息中心:《2014 年捐赠总额再破千亿》,载 http://gongyi.sina.com.cn/gyzx/qt/2015-09-21/doc-ifxhzevf0893639.shtml。

化的轨道。慈善募捐立法的缺失导致我国近年来频频出现慈善丑闻，致使公众对慈善组织失去信任，多数人们宁愿选择将捐赠的款物直接送到救灾一线去。

另一方面，我国立法对慈善组织公募资格与募捐区域也进行了严格的限制。根据我国《慈善法》的相关规定，在我国慈善组织中，只有依法取得公开募捐资格的慈善组织才能面向社会公众公开组织募捐活动。而其他慈善组织或个人若想发起公共募捐活动，就只有选择与具有公募资格的慈善组织合作。众所周知，李连杰发起的"壹基金"慈善计划，在转型成为公募基金会以前的很长一段时间内都是挂靠在中国红十字会下开展活动的。另外，法律还对慈善组织募捐活动的开展区域进行了限制，慈善组织的募捐活动原则上只能在其登记的民政部门管辖的区域内进行。对公募资格的限制导致倚靠慈善款物来维持生计的慈善组织由于没有面向社会公开组织募捐活动的资格，而经常处于资金匮乏的窘境；而对募捐区域的限制则不利于慈善组织自身的发展。

2. 权利主体法律定位不明确，法律责任规定不当

权利主体法律定位不明确，主要指的是募捐者与捐赠者的权利义务在法律规范上的缺失，是引起善款纠纷的导火索。缺乏约束募捐方的法律规范，就容易出现发起募捐活动的慈善组织或个别募捐人将募集的善款侵吞并占为己有，甚至出现打着慈善的旗号而从事营利活动的慈善诈骗行为。而对捐赠方缺乏法律规范的保护往往导致捐赠者的合法权益丧失相应的救济途径。另外，目前我国法律法规对募捐方需要承担的相关法律责任的规定也有不当之处。例如，我国《基金会管理条例》虽然规定了基金会对其违法行为应当承担的相应的行政、民事甚至刑事责任，但对于基金会工作人员应承担的相应的行政责任仍存在立法上的空白。并且，针对基金会打着慈善旗号进行的诸如营利、诈骗等行为，法律对其的处罚过于轻微。

(三) 信息公开与监管立法上的不足

1. 信息公开立法不完备

信息公开主要是指慈善组织运用便于公众知悉的方式，定期对慈善信息进行公告，也就是"慈善组织告知相关权利人内部管理信息的透明程度以及对相关慈善活动涉及的人、财、物的公开程度"[1]。公众对慈善信息享有知情权，公开的内容涉及慈善组织的人事信息、财务信息、活动信息以及善款的来源、具体使用情况等方面。信息公开是保障慈善事业诚信力的重要环节，是慈善组织公信力的基石，也是慈善活动顺利进行的前提。慈善事业的本质是运用社会的慈善捐赠开展具有公益性的活动，它凝结了社会公众的仁爱与信赖，一旦这种信赖遭到质疑，那么慈善组织就会失去资金来源，慈善事业也会变为一潭死水。郑功成教授在接受访问时也强调，"慈善事业应当在社会的监督下成为装在'玻璃瓶'中的事业，真正实现运作透明、信息公开"[2]。当前，公众对慈善组织信息公开的要求与呼声越来越大，并逐渐转化成了一股强烈的社会舆论方面的监督力量。

首先，目前我国关于慈善组织信息公开尚未制定专门的法律，与之相关的规定在已经颁布的一系列规范性文件中也鲜有涉及。虽然我国《慈善法》对于慈善组织的信息公开在公开内容、公开方式与公开时限等方面做出了较为清晰的规定，但仍然存在着诸如公开渠道单一、更新周期过长等不妥之处。

其次，在信息公开的方式上，我国现阶段实行的信息公开方式是在强制性公开为主的基础上，权利人申请公开与法律法规强制公开相结合。美中不足的是，对于法律法规强制慈善组织公开的信息，在公开的时限与渠道方面存在瑕疵，不利于相关权利人及时、高效地获得慈善信息。对于依权利人申请公开的信息，相关的法律规定

---

[1] 侯利文：《被困的慈善：慈善组织公信力缺失及其重建》，载《天府新论》2015年第1期，第99~105页。

[2] 左玮娜：《慈善事业立法正在进行时——访全国人大常委会委员、中国人民大学教授郑功成》，载《中国社会报》2014年3月11日，第1版。

不但寥寥无几，而且对申请人的范围也进行了限定，法律只规定捐助人与受益人等利益相关者可以申请信息公开，却忽略了社会公众，在一定程度上也侵犯了公众的知情权。另外，由于法律没有将利益相关者拥有的慈善信息公开申请权明确规定为一种权利，加之在申请程序上也疏于规范，这就造成了当利益相关者提出的信息公开申请被慈善组织拒绝时，申请人的救济途径匮乏，大大降低了信息公开的效率。此外，良好的信息公开形态应当是积极的、主动的，但由于我国的慈善组织缺乏竞争压力，一些大型的公募慈善组织更是将社会上大部分的慈善资源掌握在自己手中，导致慈善组织对于信息公开往往表现得无精打采，慈善组织公信力也日渐下降。

最后，在相应的问责机制上，我国涉及慈善组织信息公开责任追究的法律规定很少。虽然在《基金会管理条例》和《基金会信息公布办法》中有所涉猎，但是针对的对象只有基金会，仅仅是针对基金会怠于信息公开与公开虚假信息两种行为做出了较轻处罚规定，对于其他类型的慈善组织并不具备约束力。而《慈善法》对于未履行信息公开义务的慈善组织的相关人员也只是进行了较轻的行政处分。问责机制的疲软使得社会公众只能被动、无奈地接受慈善组织公开的慈善信息，对于公开的慈善信息的真实性、完整性只能在心里打一个问号。

2. 监管机制立法不健全

对慈善组织进行监管是维护其稳定发展的必要手段。合理高效的监管机制是促进慈善组织健康运行的有力武器，也是实现慈善目标的终极保障。然而，我国却没有专门的法律来规范慈善组织的监管。由于立法上缺乏统一的约束力，监管机制往往只流于形式，依法监督更无从谈起。我国慈善组织的外部监督、内部监督、社会监督等环节均比较薄弱。

首先，在外部监督方面，监管主体多元，责任不明。从监管主体看，我国民政部门、税务部门等都是在法律上拥有监管权的慈善组织监管部门。其中，民政部门主要负责慈善组织的实体注册、日常运作；税务部门主要对慈善组织进行财税方面的监管。从表面上看，似乎各个部门都在法律的框架内各司其职、各管一摊，然而，这些粗线条的法律规定缺少明确的实施细则，导致各个部门在对慈善组织的监管上并没有自发形成法律所希望达到的自上而下的监管层次和由内而外的监管体系，相反，却导致了权责不清、工作不明且容易发生互相推诿的现象，造成了慈善组织在监管上消极、混乱的不利局面。政府虽然通过税务审计、年终报告等方式对慈善组织进行了年度审查，但却收效甚微，政府无法及时纠正慈善组织日常运作过程中自身存在的问题，政府的监管也变得毫无意义。

其次，在内部监督方面，目前我国只有《基金会管理条例》对基金会的内部结构作了简要的规定，包括监事会制度、理事会制度、资产管理制度。其中，监事制度的规定过于简陋，甚至连监事会的议事规则以及监事会成员的产生程序都没有交代清楚。而对于社会团体、民办非企业单位等其他类型的慈善组织，法规的规定更是只停留在了诸如组织名称、场所等层面，而对于组织章程，法规只要求慈善组织在申请成立时提交草案即可。法律法规的开放性虽然使慈善组织在规模等方面拥有了灵活的选择空间，但是却造成了大部分慈善组织的组织结构都存在先天性的缺陷。一些中小型的慈善组织自身的决策、执行机制错杂，财务制度混乱，运作中时常出现暗箱操作的现象。此类问题不仅严重损害了慈善组织的形象，还降低了慈善组织的社会公信力，更阻碍了我国慈善事业的发展。因此，整顿我国慈善组织的内部监管制度，以形成决策、执行、监管三位一体的内部监管机制刻不容缓。

最后，在社会监督方面，我国《公益事业捐赠法》规定，受赠人应对接受捐赠的具体情况进行公开，并接受社会监督。当今社会，慈善已成为一个热门话题，公众纷纷不约而同地为我国慈善事业当起了裁判员。遗憾的是，我国关于信息公开方面的立法尚不完备，仅有的有关信息公开的法律规范也只是停留在原则层面。加之我国大型的公募慈善组织大都由政府直接管理，公众对慈善组织善款使用情况所知甚少。而本被寄予厚望的媒体监督却总是无法在对慈善组织的监管中发挥先声夺人的优势，往往是在事情有了结果之后，媒体才匆匆介入，惊起社会公众的一片叹息声与讨伐声，最终导致公众对慈善组织失去信任。

（四）志愿服务与税收立法上的不足

1. 税收优惠立法匮乏

慈善组织进行慈善活动的实质是为社会提供公共服务，其在扶贫、助残、医疗、教育等方面发挥的作用是政府不可庖代的，更是营利性组织无法达到的。因此，给予慈善组织税收优惠，是世界各国不期而同的做法。对慈善组织予以税收优惠，主要是指通过国家制定税收法规、政府出台税收政策，对从事公益事业的慈善组织和捐赠者在税收上给予优惠，激励慈善组织投身于公益事业。当然，政府在社会公共服务方面永远具有不可推卸的责任和义务，政府通过对企业、个人征收所得税的方式，将财政开支用于需要社会帮助的困难群体。而慈善组织将社会上零星的慈善捐赠集中起来，统一用于社会公共服务，一来可以为政府减轻一些负担，二来也替政府履行了在社会公共服务方面的义务。因此，对慈善捐赠者予以税收减免的优惠政策，是政府鼓励社会公众进行慈善捐赠的激励措施。虽然我国已经出台了一系列税收政策，但均不够完善，在具体的实施过程中仍然存在一些漏洞和盲区，不同政策间也缺乏相应的衔接机制，使得税收优惠政策无法起到应有的激励作用。

首先，在慈善组织税收优惠方面的规定上立法比较分散，没能形成一套完整的、针对性强的慈善组织税收优惠法律制度。当前的法律规定缺乏可操作性，大量的税收优惠政策都是包含在不同的部门规章中，且这些规章普遍约束力较弱、协调性较差，虽然部门规章往往具有较强的指导性，但是缺乏法律法规应有的的刚性，最终还是会对慈善组织税收激励作用的发挥形成制约。

其次，税收减免制度不合理。一方面，能够获得税收减免优惠的慈善组织数量很少。从理论上讲，慈善组织的财产属于公益财产，凡是用于公益事业的资金都理应得到税收减免的待遇。但事实却是，由于我国慈善组织的准入制度存在缺陷，造成了大部分慈善组织因不具备"合法"身份而无权享受税收优惠。因此社会公众在进行慈善捐赠时，只有将财产定向地捐赠给具有开具税前扣除票据资格的慈善组织才能够享受税收优惠的待遇。另一方面，不同的慈善组织享有不同的税收优惠政策，税收减免普遍乏力。依照我国法律，企业或个人将财产定向地捐赠给中国红十字会等21个全国性慈善组织时，可在缴纳企业所得税或个人所得税时享受全额扣除的优惠，但向其他同样"合法"的慈善组织进行同样的慈善捐赠时，却只能获得12%、30%的所得税减免待遇。而且，对于捐赠者直接面向受赠人捐赠的部分在计算缴纳所得税时不享有任何减免的优惠。这些规定不仅变相限制了捐赠者进行慈善捐赠的选择范围，压榨了小型慈善组织的发展空间，且如此低的税收减免比例，对捐赠者进行慈善捐赠的激励作用微乎其微。此外，我国法律没有规定捐赠物品可以享受到的税收优惠。在我国，由于东西部之间、城乡之间差距的存在，实物捐赠俨然成为更加常见的捐赠方式，特别是当遇到重大自然灾害时，捐赠实物甚至比捐钱更加有效。实物捐赠无法获得税收减免优惠，不仅有失公平，更不利于慈善组织自身的发展。

最后，免税程序烦琐。现实中，捐赠者向慈善组织捐赠后很少要求其开具捐赠证明，从而申请税收减免。一方面是因为社会上大部分慈善组织因不具备"合法"身份而无权向捐赠者开具捐赠证明。而最主要的原因是退税手续烦琐。即使捐赠者是向法律授权的慈善组织进行慈善捐赠，依照我国法律的相关规定，个人或企业若想获得税收优惠需经过一套烦琐的"退回制"程序，这会耗费大量的时间。再加上税务部门工作人员对于税收优惠往往呈现出较为消极的工作态度，使得捐赠者在申请税收优惠时经常碰一鼻子灰。退税程序复杂不仅冷却了社会公众参与慈善事业的热情，还使得税收优惠制度变成了一纸空文。

2. 志愿服务立法分散

慈善组织的一个重要特征就是参与的志愿性。一方面，志愿服务不仅仅是服务精神的具体体现，还是促进社会和谐、践行社会主义核心价值观的生动实践。通过志愿服务能够有效地填补市场机制与政府服务的空白，真正实现为政府排忧、为百姓解难，有助于实现社会公平正义，形成一方有难八方支援的社会风气，建设友好型社会。另一方面，志愿服务的质量与志愿者的数量同时也影响着慈善组织的规模与发展。现如今，我国志愿服务的参与人数与日俱增，专业化程度节节提高，服务领域逐步扩展，经费投入不断增加，而志愿者更是成为我国社会活动的主力军。但是，我国《慈善法》关于志愿服务在制度规范、政策扶持等方面的规定都浅尝辄止，不利于促进我国慈善事业的进展。

目前，虽然我国对志愿服务着手进行地方性立法的省市已达二十多个，但各地方的志愿服务立法内容较为简单，大同小异，且原则性规定多，可操作性不强，从而导致志愿服务存在很大的盲目性和无序性。国内关于志愿服务的社会角色、对象范围以及权利义务等方面没有一部可依靠的权威性法律进行规范，导致志愿者的合法权益总是难以得到有效的保障。

除此之外，我国志愿服务还存在资金不足与激励措施缺乏两大问题。在经费来源方面，各地方对志愿服务经费来源的规定普遍较为模糊，虽然我国各地方性立法都有规定政府对志愿服务应给予财政上的支持，但怎样支持，志愿服务所支出的经费是否应纳入地方财政预算等都没有具体的规定[1]。在激励措施方面，虽然我国很多地方性法规中都体现出，在同等条件下，用人单位、学校应给予志愿者在就业、升学方面优先选择的规定，但由于我国志愿服务缺乏具体的制度规范，导致这些优惠措施在现实中毫无可操作性。另外，我国大部分志愿者内心仍持有志愿服务就是无偿奉献的传统观念，

---

[1] 黄喜容：《论我国慈善组织的法律规制》，复旦大学2010年硕士学位论文。

公众对志愿服务的误解也导致志愿服务工作徒有其表，敷衍塞责。

## 四、我国慈善组织立法存在不足的原因分析

### （一）政府管理过多干预慈善组织自治

改革开放以后，我国社会全面进入转型时期，面对复杂、烦琐的社会问题，政府在日常工作中越来越难以面面俱到，于是只好将原本属于政府内部的慈善工作从政府部门中分离出来，我国现代慈善事业就是在这个背景与机遇下发展壮大起来的。政府对于我国慈善事业的鼓励态度与扶持作用是显而易见、毋庸置疑的。一方面，政府赋予了慈善组织合法的身份地位，给予了慈善事业在法律制度上的保障。另一方面，政府为慈善组织营造了良好的社会发展环境。但是，随着社会转型的逐步深入，慈善事业的逐渐成熟，政府在其中所扮演的角色也悄然出现了定位上的偏差。政府越来越多地干预慈善组织的管理、运作，不仅使慈善组织逐渐丧失了独立性与自主性，甚至存在改变慈善事业性质的潜在威胁[1]。

从慈善组织的实体注册、资金募集，到对慈善组织的监管，再到税收优惠措施以及志愿服务等各种制度中，遍布着政府相关部门出台的"条例""办法"以及"通知"，且每一项规定都与我国的慈善事业息息相关。值得肯定的是，这些规章制度对于我国规范慈善组织确实起到了彰显较著的效果，在一定程度上填补了法律缺位的空白。但是，繁芜丛杂的规章制度之间难免存在内容衔接度差、相隔时间长的缺陷，导致政府对慈善组织在管理上出现"越位"的情况。政府将慈善组织视为内部的一个分支机构，旨在辅助政府实施其行政职能，慈善组织的行为也必须向政府负责。在现实中，慈善组织独立自主性的丧失，监事会、理事会等内部监管机制徒有其表等不良结果的出现都是慈善组织在管理、运作上的行政化造成的。反过来，慈善组织对政府也具有很强的依赖性，不仅在资金上依靠

---

[1] 李芳：《慈善性公益法人研究》，法律出版社2008年版，第50页。

政府的支持，在管理、运作上也充满了行政色彩。用规章制度对慈善组织进行规范，是政府管理慈善组织最直接、最有效的手段。慈善组织在日常的管理、运行中离不开良好法律制度的指导、规范，但政府为了使慈善组织始终处于自己的掌控之下，针对慈善组织制定的规章制度必然带有强烈的行政色彩。慈善组织没有良好的法律规范和合理的制度保障，其高效、便民的自身优势和独立、灵活的组织特点就不能得到充分的体现，而政府包揽一切，更是削弱了其在保障民生方面的巨大贡献。

（二）立法对慈善组织自律性的不信任

相对于政府来说，慈善组织在处理由经济转型所带来的社会问题方面有着无与伦比的先天性优势，政府的支持与重视也促进了我国慈善组织的快速发展。但另一方面，慈善组织的发展壮大在一定程度上又弱化了政府在社会公益领域的权威，这是与当时政府对社会生活的强管制理念是相背离的。政府对慈善组织不够信任，对慈善组织开展的活动戒备在心，尤其表现在对慈善组织的资金募集活动的态度上。因此，政府在自身监管范围与能力有限的前提下，用法律法规的形式对慈善组织的公募资格进行了严格的限制。

健全的慈善组织内部监管机制是慈善组织健康发展的必要条件。我国慈善乱象丛生、慈善丑闻频发的一个重要原因就是慈善组织的内部监管机制不健全。慈善组织的内部监管主要包括慈善组织的自我监督与慈善协会的行业自律。内部监督主要说的是，慈善组织通过制定严格的规章制度与设立健全的内部机构，形成一套自上而下的、内部制衡的严密监管机制。行业自律主要说的是，慈善协会通过制定一整套协会自律守则，对慈善组织进行约束与监督。慈善协会的行业自律对我国慈善组织的健康发展起着举足轻重的作用。伴随着慈善事业的繁荣兴盛，不同慈善组织之间的分工与合作不断细化，竞争也不断加剧。慈善协会不仅可以通过行业自律对慈善组织进行约束，还可以对募捐活动进行认证、对募捐人进行培训，确保募捐活动在法律法规的框架内高效、有序地进行，极大提高了慈善事业的社会公信力[1]。由于我国立法对慈善组织自律性的不信任，鲜有涉及慈善组织的内部监督机制。

(三) 立法层级低，法律效果差

慈善组织的茁壮发展离不开完善的法制土壤。与西方慈善发达国家相比，我国慈善事业落后的根本原因就是缺乏一套完整的慈善理念与系统的慈善法律体系的保驾护航。目前，虽然我国社会主义法律体系已基本建立，基本形成了以宪法为统帅，法律、行政法规、地方性法规等位阶分明，效力递减的法律体系。但具体到慈善领域，立法普遍存在着层级过低的问题，且不同法规之间重复、冲突的现象时有发生。一套完整的、无缝衔接的慈善法律制度应当是一个层次分明、相互协调、彼此呼应的有机整体。而纵观我国慈善立法，在慈善法律层面上，只有《慈善法》、《公益事业捐赠法》和《红十字会法》三部法律。其中，《红十字会法》仅仅适用于红十字会这一特定的慈善组织，对其他类型的慈善组织没有约束力。我国大部分慈善法律都是行政法规、地方性法规、部门规章以及政府部门做出的各项工作指示等。行政法规除了在立法层级上不及法律外，规定也较为粗略。不同的省、自治区、直辖市制定的地方性法规不但在效力上又降一级，适用的局限性进一步增大，而且具有很强的地域特点——制定地方性法规的一般都是些经济繁荣且发达程度高的地区。此外，众多的法规、规章难免出现冲突、重复的现象。例如，当慈善组织提出申请变更登记时，基金会直接向民政部门递交申请即可，而民办非企业单位在递交申请前还需对其进行审查批准。

由于慈善组织立法层级低，法律效力及其所调整的内容和范围都受到很大的限制，再加上法规、规章相互冲突等多种因素，慈善法律缺乏权威性，在寻找法律适用时也难以形成统一标准。这些都不利于巩固慈善组织的独立法律地位，在这种慈善法律环境中，慈善组织的发展必然会举步维艰。

---

[1] 王潇晓：《完善慈善组织法律制度的思考》，湖南师范大学2012年硕士学位论文。

(四) 立法技术低,可操作性差

随着我国社会的迅速发展,面对纷繁多变的社会格局,慈善法律越来越无所适从、力不从心。

首先,从慈善立法的内容上看,原则性规定较多,可操作性不强。例如,我国《基金会管理条例》虽然将基金会分为公募型与非公募型,但是对于公募基金会的募捐条件、募捐行为等相关规范,该条例都没有做出细致的规定,这在一定程度上也给公募基金会的监管带来了麻烦。再者,就慈善组织的监管制度来说,现有的规范集中表现为程序性的规定,而实体性的规定过于简略。例如,我国《民办非企业单位登记管理暂行条例》条理分明地规定了其在登记管理过程中的一系列程序性问题,而对相应的实体性法律关系只进行了粗略的概括,导致其在实践中缺乏可操作性[1]。没有实体性的理论本原,仅仅以程序作为主要的调整手段,当面临程序规定之外的问题时往往缺乏法理依据,只能束手无策。

其次,慈善立法年代久远,法律法规缺乏协调性。法律本身具有滞后性,我国除了刚刚通过的《慈善法》提纲挈领地规范了我国慈善事业,剩余的大部分慈善法律大多都是颁布于20世纪八九十年代,即便是2004年出台的《基金会管理条例》距今也有十余年的历史,慈善立法与当代中国慈善事业的发展已经严重脱节。而且,慈善组织主要依赖的各行政规章、部门法规在出台之前由于缺乏沟通、协调,导致出现职能重复的现象,造成各职能部门在工作中互相推诿。此外,目前我国法律规定多是将慈善组织与非营利性组织等量齐观,这种做法最大的弊端是无法体现出慈善组织的特殊性。从法律制定的角度看,将看似同种形式的非营利性组织进行统一规定、集中管理的做法貌似简单易行,实则得不偿失,且不说在实际操作中所带来的麻烦,慈善组织的主体权利也有被滥用的可能。

最后,碍于立法技术的局限性,法律疏于规范相关的责任追究

---

[1] 孟令君:《中国慈善工作概论》,北京大学出版社2008年版,第98页。

机制。法律责任是由违法行为所引起的不利法律后果。只有完善慈善组织立法中法律责任的规定,才能切实保障相关权利人的权利。如果法律不能实现对慈善组织的良好约束作用,对慈善事业不能起到有效的规范作用,那么我国慈善组织只会在一个无序的环境中违法违规地开展活动,恶性发展。

### 五、完善我国慈善组织立法的对策与建议

(一) 完善我国慈善组织的实体注册制度

1. 外国慈善组织实体注册制度分析

(1) 英国慈善组织实体注册制度。在英国,慈善组织的实体注册有着严格的法律制度和完善的管理体系。政府对慈善组织的管理采取登记的形式,慈善组织只有经过登记才能获得主体资格。并且,英国慈善委员会根据《慈善法》的规定设立了专门的慈善组织登记部门。英国的慈善委员会属于国家团体,成立于1853年,是集登记与管理职责于一身的机构。在英国,慈善委员会主要行使登记注册;提供信息、技术、法律咨询;进行监管;调查涉嫌违法的慈善组织并移交法院处理这四项基本职能[1]。

2006年,英国对《慈善法》进行了修订,使得登记不再是慈善组织成立的必要条件。新修订的《慈善法》为小型慈善组织打开了大门。法律规定年收入或预计年收入不超过五千英镑的慈善组织可不经登记直接成立,而原来已经登记的年收入未超过五千英镑的慈善组织在慈善委员会的登记名单上被继续保留,但提出撤销申请的除外。除此之外,英国大多数的大学、国家博物馆等已经由其他机构进行严格管理的组织,或者英国法律特别规定的组织也可不经登记直接成立。在英国,登记成为慈善组织要满足三个基本条件,即拥有独立的身份;拥有合格的董事会机制,且董事会成员不享有报

---

[1] 王名、李勇、黄浩明:《英国非营利组织》,社会科学文献出版社2009年版,第113页。

酬；不得从事与慈善无关的任何活动。还必须满足慈善委员会的两项审核原则，即除特定的救灾扶贫外，慈善活动的受益者应为不特定的多数人；从事带有明显政治倾向活动的组织不得成为慈善组织[1]。再者，英国法律对慈善组织的实体注册再无限制，注册程序也简便快捷，且法律鼓励慈善组织自由竞争、自主发展。

（2）美国慈善组织实体注册制度。在美国，实体注册并不是慈善组织成立的前置条件，任何慈善组织均可不经注册而直接成立。并且，成立慈善组织不需要在注册资金与成员数等方面达到特定的要求。可以说，在美国成立慈善组织一般不会受到任何限制。在程序上，慈善组织只需向其所在州的政府提交申请，并向美国国税局缴纳一定的注册费，就可以获得主体身份。依法进行登记注册的慈善组织具有独立的法律资格，不仅可以获得免税资格，还可以获得政府的资金支持。美国的慈善组织拥有很大的自主性，其在组织形式、财务管理等方面以及在特定慈善领域内进行的活动就连政府也无权干涉。得益于宽松的法律环境，美国慈善组织快速发展，并达到世界顶尖水平。相反，美国政府对慈善组织建立了一套严格的管理制度。美国慈善组织每一年都要对其财务状况进行严格审查，并向当地政府提交审查报告。对于那些弄虚作假的慈善组织，政府将对他们进行严厉的惩罚，对于情节严重的，将取消其免税资格。如此一来，低门槛的准入制度调动了人们成立慈善组织的积极性，激发了人们投身于慈善事业的热情；而高要求的政府管理，很好地规制了慈善组织的日常运行，实现了准入和监管两不误的双赢局面。美国慈善组织的实体注册制度逐渐成为当今世界的主流。

（3）德国慈善组织实体注册制度。在德国，实体注册并不是慈善组织成立的必要条件，未经登记的慈善组织也是受法律保护的。政府对慈善组织的管理采取登记的形式。但较之于依法进行实体注册的慈善组织，没有注册登记的只是无法获得法人资格与税收减免

---

[1] 范英丽：《我国慈善事业的法律保障机制研究》，西北师范大学 2012 年硕士学位论文。

而已。德国慈善组织的登记机关是其所在地的法院。德国法院内部一般均设有专人负责的社团组织登记处。在德国，法律规定只要是"成员人数为7人以上、不违反宪法与相关法律、有章程、明确解散后财产的归属"[1]就可以注册登记成为慈善组织。

2. 外国慈善组织实体注册制度对我国的启示

尽管世界各国对慈善组织实体注册制度的规定迥然不同，却不乏可取之处。首先，实体注册简单快捷。各国对于慈善组织准入制度的规定普遍宽松，注册登记只要达到法律规定的要求即可。其次，实体注册门槛较低。虽然各国对于成立慈善组织都有名称、场所、章程以及成员数方面的具体要求，但是并无不合理要求与过多限制。与之相比，我国设立慈善组织不仅要经过政府民政部门的审核，还要满足严苛的资金或人数条件。一些在社会上具有一定影响力的小型慈善组织由于无法达到实体注册门槛的要求，一直都无法拥有独立的法律身份。最后，自主性较高。西方国家普遍尊重慈善组织的独立地位，法律对政府的干预行为也进行了禁止性规定。

3. 完善我国实体注册制度的立法建议

（1）简化准入机制，降低准入门槛。在慈善组织的准入机制上，我认为，我国可以学习外国的先进模式，适当放宽对慈善组织实行的实体注册制度。也就是说，承认那些没有进行实体注册或是没有达到实体注册要求，仅在一定区域内活动，明显以公益慈善为目的的固定的小型社会组织为慈善组织。彻底实现我国政府对慈善组织的管理从"严准入、宽监管"向"宽准入、严监管"的方向转变。

我国还应当大幅降低慈善组织的成立条件。在注册资金上，降低基金会类型慈善组织的原始注册资金。因为基金会不同于公司、企业，对注册资金的不合理要求不仅使小型基金会无法取得法人身份，还有可能造成其扭曲发展。在成员个数上，降低社会团体类型慈善组织的规定成员个数。对于灵活性强的小型社会团体来说，苛

---

[1] 孟令君：《中国慈善工作概论》，北京大学出版社2008年版，第98页。

刻呆板的人数规定不利于其自身的发展。笔者认为，这里可以借鉴德国的做法，慈善组织成员人数为7人以上即可。

同时，还应当取消同一行政区划内对于成立从事类似业务的慈善组织的禁止性规定。在市场竞争机制下，允许慈善组织区域内自由竞争，肯定其自主性，使其发展完全取决于自身的运作，取决于社会公众对其的认可[1]。

（2）明确慈善组织的法律地位。慈善组织不仅应具有独立的法律地位，能够独立地对外做出行为，还能够独立承担法律责任。但是，在我国目前的慈善法律规定下，仍有很大一部分慈善组织没有获得法人资格，其法律地位也没有得到官方认可。慈善组织不具备法人资格，导致其在日常运作中存在各种不便和限制。例如，不具备法人资格的慈善组织无法顺利开展募集活动，也无法顺利与国内外其他慈善组织进行慈善活动。因此，明确慈善组织的法律地位，尊重其独立性，使其能够畅通无阻地开展慈善活动，是慈善组织赖以生存的基础。

同时，政府应进行职能的转变，摒弃过去管理者的观念，赋予自己引导者的角色，逐步淡化慈善组织自身的行政色彩。以美国为例，法律规定政府不得干涉慈善组织所涉及的特定慈善领域，对慈善组织的管控主要是通过立法以税收等形式进行的。正是在这种自主的发展空间与有序的法制环境下，美国的慈善组织得以蓬勃发展。现如今，在"小政府、大社会"的发展模式下，明确慈善组织法律地位，赋予慈善组织自主空间是呼应时代要求的表现。只有维护好、发展好政府与慈善组织的伙伴关系，为慈善组织提供一个广阔、自由的天地，才能让其在我国慈善事业的进程中大显身手，成为政府的有力帮手。

---

[1] 刘康延：《论我国慈善组织的法律规制：结社自由视角的分析》，山西大学2013年硕士学位论文。

## (二) 完善我国慈善组织资金募集制度

1. 外国慈善组织资金募集制度分析

(1) 英国慈善组织资金募集制度。在英国，慈善组织的资金募集方式主要有慈善募捐与政府拨款两种，而慈善募捐又具体分为公共场所募捐与登门造访募捐。英国法律对慈善募捐行为进行了严格规定。首先，无论发起哪一种慈善募捐活动，第一步都是发起者向慈善委员会提交申请，待申请被批准并颁发慈善募捐证书后才具有募捐资格。其次，募捐发起者需就慈善募捐证书向募捐地政府提交申请，并将慈善募捐的目的、期间、具体地点等信息在政府主管部门备案，待地方政府许可并签发募捐许可证后才能切实开展慈善募捐活动。最后，慈善募捐活动必须在法律允许的范围内开展。募捐者应如实向捐赠者描述募捐活动，不得侵犯捐赠者的隐私。对于政府拨款，英国法律进行了条件性的规定。如果慈善组织开展的慈善活动能够切实使国家或部分地区获得益处，相关部长可以对该慈善组织予以赠款、贷款、担保等形式的财政拨款援助[1]。

(2) 美国慈善组织资金募集制度。在美国，慈善组织的数量众多、公众慈善热情高涨、个体捐赠积极踊跃。碍于联邦体制的束缚，美国政府财力有限，但是慈善组织通过联合募捐的方式很好地解决了资金匮乏的问题。联合募捐的方式诞生于英国，起源于利物浦的二十多个社会团体统一合办的慈善募款活动，之后传入丹佛，并在美国迅速发展。目前，美国的联合募捐主要由联合劝募组织完成，而联合劝募会是美国规模最大、权威性最高的联合劝募组织[2]。美国法律对慈善募捐行为进行了严格的规定。首先，发起募捐的慈善组织必须具有合法的资格；其次，还应办理合法的手续，例如填写公募申请许可证书等；最后，将材料提交相关部门，待审查合格并

---

[1] 杨微微：《对我国慈善事业法律规制的思考》，广西师范大学 2013 年硕士学位论文。

[2] Graig Smith, *The New Corporate Philanthropy*, Harvard Business Review, 2006 (1), pp. 2-6.

颁发募集证书后才能实际开展慈善募捐活动[1]。多年实践证明，联合劝募是当今世界各国普遍采用的较为有效的资金募集方式，为许多国家慈善事业的发展提供了稳定的资金支持。

（3）德国慈善组织资金募集制度。在德国，政府拨款是慈善组织最主要的资金来源。邮寄募捐是德国最具特色的募捐方式之一，这种募捐方式的优点在于能够迅速发现与确定捐赠者。慈善组织会将响应邮寄募捐的捐赠者记录在案，并制作一份捐助者名单，以便于下次再对这些捐助者进行募捐。德国将这份捐赠者名单分为"冷色名单"与"暖色名单"，慈善组织在发起邮寄募捐时也会采取不同的方式。列在"冷色名单"中的捐赠者，慈善组织在发起邮寄募捐前需要向经纪人购买他们的邮寄地址，并将他们列为本组织的潜在合作伙伴；而"暖色名单"中的捐赠者往往都是"老顾客"，他们与慈善组织之间互相有着足够多的了解[2]。

2. 外国慈善组织资金募集制度对我国的启示

虽然各国慈善组织的资金来源各有侧重，资金募集各式各样，但都有其独特之处，许多方面都值得我国借鉴。我国慈善组织由于长期受到行政干预，无法自主发展，慈善资金严重匮乏。因此，我国慈善组织首先需要在加强与政府间的合作的同时，创新募捐机制。然后，充分吸收和借鉴外国的资金募集方式的优点，并因地制宜，走出一条具有中国特色的资金募集道路。最后，明确捐赠主体的权利义务关系，保护利害关系人的合法权益。

3. 完善我国慈善组织资金募集制度的立法建议

（1）创新募集机制，放宽公募资格。我国慈善组织由于长期受到行政色彩的渲染，资金募集渠道单一，传统的慈善募捐活动往往被认为是对教师、公务员等进行的行政摊派行为，或是对社会公众进行的劝捐行为。反观美国，诸如募捐联盟、社区基金会等一大批专业化程度高、社会影响力大的慈善组织都在为慈善事业贡献着力

---

[1] 王权宝：《论我国慈善组织的立法研究》，河北大学 2014 年硕士学位论文。

[2] 耿云：《国外慈善事业简论》，中国社会出版社 2014 年版，第 53 页。

量。这些慈善组织通过联合劝募的方式募集资金，不仅方便了捐赠者，还节约了自身开支，更节省了社会资源，实现了多方共赢。因此，我们可以借鉴美国的经验，建立专门负责慈善募捐的联合募捐机构，用联合募捐的方式高效集结社会资源，并通过专业的、高问责度的方式将集结的社会资源再按需分配给慈善组织。这样一方面可以节约募捐成本，避免社会公众受到重复捐赠的困扰；另一方面可以缓解小型慈善组织筹资困难的压力，促进社会资源的高效利用。

我国《慈善法》规定除了法律特别许可的基金会、社会团体登记即可获得公募资格，其余的慈善组织只有依法登记满2年才能向民政部门申请公募资格，这样不仅不利于慈善组织相互竞争，还容易使社会资源过多堆积在官方背景强大的公募慈善组织手中，阻碍慈善组织的平衡发展。反观国外，获得法人资格即意味着拥有公募资格。也就是说，依法成立的慈善组织自动取得公募资格。因此，我国法律也可适当放宽慈善组织的公募资格，引入竞争机制，打破公募慈善组织对社会资源的垄断，使社会资源最大化地用于第三次分配。同时，法律还应当对慈善募捐行为进行严格的规定，建立慈善募捐申请许可制度。注册登记的慈善组织不仅应向其登记的民政部门提交募捐申请书，将其募捐的目的、期间、具体地点以及活动负责人等信息在民政部门备案，还需待民政部门审核批准后才能切实开展慈善募捐活动。慈善募捐申请许可制度既有利于防止公募资格的滥用，又有利于对资金募集活动的监管。

（2）明确捐赠主体的权利义务关系。慈善捐赠是慈善组织开展慈善活动的核心。明确捐赠行为的法律性质、确定捐赠主体的权利义务关系，既有利于保护捐赠者的合法权益，又有利于规范慈善募捐活动。理论上，我国将捐赠人对慈善组织的捐赠行为大致分为两类：一是针对不特定主体的慈善捐赠；二是针对特定主体的慈善捐赠。对于针对不特定主体进行的慈善捐赠，慈善组织为受赠人，这时捐赠人与受赠慈善组织之间就形成了双方法律关系，慈善组织的义务就是依照法律和组织章程的规定，以公益目的对不特定主体实施赠与行为。而针对特定主体进行的慈善捐赠，因受赠人的现实存在，这时捐赠人与受赠人之间就形成了双方法律关系，慈善组织只是起到一个媒介作用。慈善组织的义务就是根据捐赠者捐赠时的意愿和捐赠时与慈善组织的约定使用该笔善款。

(三) 完善我国慈善组织信息公开与监管制度

1. 外国慈善组织信息公开与监管制度分析

(1) 英国慈善组织信息公开与监管制度。在英国，慈善组织的监管工作由慈善委员会带头完成。设立统一的监管机构是英国慈善组织监管制度的最大特色。作为一个独立的机构，慈善委员会在监管过程中不受来自政府其他部门的任何指导和控制。慈善委员会的监管范围覆盖了慈善组织的实体注册、实际运作、人事变动以及"就近原则"的适用等。慈善委员会的权利由法律赋予并由法律保护，其监管权部分可以单独行使，部分则需要与其他部门共同行使，慈善委员会最终向议会负责[1]。慈善委员会与高等法院、皇家检察长、税务署以及地方政府机构相互配合，共同构成了英国慈善组织的监管体系。

在慈善组织内部，英国采用理事会负责制。理事会对慈善组织的一切行为及全部资产负责。如果理事会故意或者过失造成了慈善组织公益财产的损毁、灭失，相关理事还需承担无限连带责任[2]。理事会成员一般由在社会上具有一定经济实力与名望的人士组成，理事不享有报酬权，但却被视为对其社会地位予以肯定的一种荣耀。同时，慈善委员会可以对进行暗箱操作或发生慈善腐败行为的理事会行使撤销权。

此外，英国立法还建立了一套完备的信息公开机制和财务机制。慈善委员会会对慈善组织的相关信息进行收集、评价和公布，保障

---

[1] 张玲玲：《慈善组织公信力重塑的政府监管机制研究》，青岛大学2014年硕士学位论文。

[2] 冯英、穆风龙、聂文倩：《外国的慈善组织》，中国社会出版社2008年版，第97页。

慈善组织在运作上的信息公开；相关捐赠主体对慈善组织的财务等信息可以随时进行查阅，保障自己的知情权。再加上权威的评估机构对慈善组织进行的第三方评级，营造了一个良好的同业竞争氛围，促使慈善组织进行信息公开。英国法律还对慈善组织的财务制度进行了规范。法律要求慈善组织应当建立起一套能够反映自身运作的会计制度，应当每年制作会计报表并接受审计部门的审计、监督，允许社会公众查阅其财务信息。

(2) 美国慈善组织信息公开与监管制度。在美国，慈善组织有着一套严密的监管体系，保证每一项慈善活动都在法律的约束下有条不紊地进行。首先，税务局对慈善组织具有监管权。虽然，美国通过税收制度给予了慈善捐赠者、慈善组织很大的优惠，但是，慈善组织若要取得免税资格，则须向税务局提交申请。税务局从以下三个方面实现对慈善组织的监管：一是审核慈善组织的年度报告；二是审查慈善组织的运行实况；三是处罚慈善组织的违法行为，情节严重的，撤销其免税资格[1]。另外，美国各州的首席检察官分别对各自所在州的慈善组织具有监管权。他们有权审查慈善组织的财务信息，并对违法的慈善组织提起诉讼。最重要的是，美国慈善组织向税务局提交的每一份报表及其自身的财务状况都是面向社会公开的，每一个美国公民都可以很容易地查阅到慈善组织的相关信息。

其次，美国慈善组织拥有庞大的社会监督体系。美国的社会监督体系大致由第三方慈善评估机构、网络媒体以及公众群体这三大社会力量组成。例如，美国慈善信息局是一个专门针对基金会的权威第三方评估机构，它会在美国范围内对所有基金会进行四年一次的评估，并向社会公布评估结果，目的是为社会公众向基金会的个人捐赠提供参考。网络媒体则利用社会舆论很好地实现了对慈善组织的监督。而且，美国法律规定公民对慈善信息享有知情权，公民有权对慈善组织的日常运作进行监督，并对其违法行为进行举报。

---

[1] 冯英、穆风龙、聂文倩：《外国的慈善组织》，中国社会出版社 2008 年版，第 44 页。

最后，美国慈善组织拥有严密的内部监督机制。一方面，美国的慈善组织大多以非营利性公司的形式存在，其在成立之时就依照法律和组织章程规定形成了可以互相监督的内部机构与问责机制。另一方面，美国数量众多的行业自律组织通过制订自律条款，加强彼此之间的互相监督。

（3）德国慈善组织信息公开与监管制度。在德国，对慈善组织的监管一般由财政部、法院和政府共同完成。财政部的主要职责是审核慈善组织的社会公益性，期间是三年，审查合格将颁发认可证书。根据德国法律规定，慈善组织在日常运作的过程中，其财产的使用必须符合章程规定的慈善目的，且组织成员均不得以任何形式获得报酬、补助[1]。一般情况下，德国政府不会插手慈善组织的日常运作，相关部门只是审查那些由政府财政拨款的慈善组织的财务状况及项目执行情况，将存在违法行为的慈善组织诉诸司法部门，并对有突出贡献的慈善组织予以物质奖励。正是这种奖惩分明的监管模式，不仅使政府精简了监管人员，还提高了监管效率。另外，德国还建立了社会福利问题中央研究所与天主教联盟两大机构，专门负责监督慈善组织的善款使用情况。此外，德国还要求特定的慈善组织对其财务信息、年度工作报告等进行公开，以便社会公众进行监督。

德国还建立了一套完整的慈善组织内部治理结构，以实现组织自律。以德国基金会为例，无论是公立基金会还是私立基金会，都有着完善的理事会和监事会制度，以保证基金会公益慈善目的的实现。

2. 外国慈善组织信息公开与监管制度对我国的启示

与发达国家相比较，我国慈善组织在监管与信息公开制度上存在着许多法律漏洞，并有很多地方需要向外国的慈善立法学习。首先，统一慈善监管机制，明确监管职责。其次，建立内部治理机制，

---

[1] 徐雪梅：《网络经济中政府与非营利组织关系研究》，中国社会科学出版社2009年版，第121页。

促进行业自律。最后,改革信息公开机制,接受社会监督。总之,要让慈善组织的日常运作在阳光下进行。

3. 完善我国慈善组织信息公开与监管制度的立法建议

(1) 完善慈善组织外部监管体系。慈善组织的外部监管体系主要是由行政监管与社会监督两部分构成。行政监管主要包括民政部门、税务部门等政府机构对慈善组织的监管。社会监督主要包括行业组织、大众传媒以及相关权利人的监督。完善慈善组织的外部监管体系,不仅可以为我国慈善事业保驾护航,还可以重建慈善公信力,重拾慈善在百姓心中的形象。具体建议有以下三点:

第一,设立全国慈善委员会,统一行政监管。目前,我国慈善组织的多头管理体制不仅在监管效果上事倍功半,有时甚至会扰乱慈善组织的日常运作。政府民政部门与税务部门对慈善组织的监管本应是双管齐下、相互补充,但实际却是问诸水滨、敷衍塞责,导致行政监管有名无实。笔者认为,这里可以借鉴英国的做法,设立全国性的慈善委员会,对慈善组织进行专门的、全面的监管。全国委员会不属于政府职能部门,而是法律授权的独立机构,有权对违法的慈善组织依法予以处罚或提起诉讼。

第二,建立慈善评估机构,完善自律机制。健全的行业自律机制能够很好地实现慈善组织的自我管理,促进慈善组织的自主发展。我国《慈善法》也明确政府应当格外注重自律机制的培养,促进慈善组织之间交流经验、共同合作、相互监督。在这里,我们要借鉴美国的经验,建立全国性的专门针对慈善组织的第三方慈善评估机构,该机构是具有法人资格的独立机构,旨在通过每年一次的权威评估间接对慈善组织实行监督。这样一来可以缓解对慈善组织集中监管的巨大压力,二来可以提高慈善组织的社会公信力。

第三,疏导慈善信息平台,接受公众监督。相对于行政监管,社会公众监督则为柔性监督。因此,法律不仅应当明确规定慈善组织需要对其运行实况做出具体记录,报相关部门备案,还应细化相关责任人的法律责任,并规定必要的刑事责任,以保证社会公众随时查询慈善信息或提出相关质疑,发挥社会公众的监督作用。

(2)完善慈善组织内部监管体系。首先,慈善组织不仅应有一套完整的、相互制约的内部管理机制,法律还应明确不同内部机构的具体权责。其次,慈善组织应配备德才俱佳、经验丰富的专业人员,尤其对于慈善组织领导人员,除了明确责任追究机制,还应明确工作年限、竞业禁止等方面的规定。最后,提高监事会的地位,使其能够依法的行使监督权力,必要时能够代表组织行使诉讼权利[1]。

(3)完善慈善组织信息公开体系。对慈善组织进行监督,信息公开是最有效的方式,这是毋庸置疑的。慈善组织具有社会公益性,慈善活动离不开社会捐赠,因此,慈善组织应向社会公开自身的财务信息、运营状况,并接受公众监督。当前,我国慈善组织与相关权利人之间信息不对称,捐赠人、受益人等利害关系人对相关慈善信息无法通过有效的途径及时获取。这样就给慈善暗箱操作、慈善丑闻事件的发生提供了可乘之机。因此,要完善我国慈善组织信息公开体系,让慈善组织在阳光下从事各种活动。具体建议有以下三点:

第一,瞄准信息公开重点。信息公开的重点在于,公开的信息在内容上与社会公众的需求是否对等。一般情况下,公众最希望得到的无外乎是慈善组织的财务信息,而作为慈善组织,其所有信息都是应该并能够向社会公开的。立法应对慈善组织的财务信息进行重点强调,硬性公开,定期公开,兼顾信息公开的完整与效率,维护慈善组织的公信力。

第二,拓宽信息公开方式。由于资金、人员、技术等方面的限制,慈善组织很少主动全面地向社会公开信息,公众便也无法对其进行有效监督。因此,立法需要对慈善组织的信息公开做出明确的规定。首先,采取多种公开形式。例如,利用报刊、新闻或网络媒体对慈善信息进行公示、公告。其次,确定信息公开周期。法律可

---

[1] 谭友方:《我国慈善组织法律规制研究》,江西财经大学2013年硕士学位论文。

要求慈善组织对信息进行每月更新,在发生重大事件时还应进行补充公开。最后,明确每一个社会公众申请信息公开的权利,促进社会监督。

第三,确定信息公开责任。例如,我国《社会团体登记管理条例》虽然规定了社会团体应就接受、使用捐赠、资助的有关情况以适当的方式向社会公布,但却疏于规定违反该条例所需要承担的法律责任。另外,对慈善组织应承担的法律责任,我国立法以行政责任为主。笔者认为可以适当增加刑事责任,并扩大法律责任的适用范围,以最严厉的处罚来督促慈善组织进行信息公开。

(四)完善我国慈善组织志愿服务与税收制度

1. 外国慈善组织志愿服务与税收制度

(1)美国慈善组织志愿服务与税收制度。在美国,税法是规范慈善事业的主力军。美国税法对于税收减免制度有着非常详细的规定。首先,美国慈善组织享受的税收减免力度极大。除了私人基金会缴纳的许可税以及慈善组织进行商业活动时缴纳的收入所得税,美国慈善组织的一般收入都是可以免税的。其次,个人捐赠者享受的税收减免力度极大。个人捐赠者最高可享受的税收减免达50%,且允许向后结转5年[1]。其次,实物捐赠可享受税收优惠。美国法律规定,向慈善组织捐赠实物、股权等形式的资产也可以享受税收减免,资产按捐赠时的市场价格估算价值。再次,美国法律规定征收遗产税,且征税必须在遗产继承之前。高额的遗产税在一定程度上可以促使社会上的名门贵族将其资产投向慈善领域。最后,免税程序简单。个人捐赠者在完成捐赠行为后,享有免税资格的慈善组织会向其开具抵税发票,捐赠者只需将该发票附在报税单上,待验证通过后即可获得税收减免。

美国的志愿服务有着完备的法律规范,公民投身于志愿服务的

---

[1] [美]贝奇·布查特·阿德勒:《美国慈善法指南》,NPO 信息咨询中心主译,中国社会科学出版社 2002 年版,第 19~20 页。

热情也很高。学校将学生参与社区志愿服务算作一项重要学分,作为学生毕业审核的条件之一。企业也将毕业生参与社会志愿服务的情况算作一项重要指标,作为毕业生的一个聘用条件。美国政府通过财政出资、工作委托、设立基金三种方式,与志愿组织之间建立了互相合作的伙伴关系。这不仅培养了公民的慈善意识,还有助于政府理念的传达和政策的落实。除此之外,美国还建立了一套全国联网的志愿者服务档案,对志愿者参加志愿服务的层次与年限进行考核,并在报考大学时予以适当的照顾。而且,志愿者参加志愿服务还能得到相应的物质奖励。例如,美国《肯尼迪服务美国法》规定,对参加老年志愿服务活动的志愿者予以每小时3美元的补贴,对参加志愿服务组织的成员予以服务后每月125美元~150美元现金补贴[1]。

(2)英国慈善组织志愿服务与税收制度。在英国,税收优惠是推动慈善捐赠的主要政策。英国政府对慈善组织予以税收优惠的唯一考量标准是该组织是否以慈善为真正目的。另外,捐赠者倘若对不是以慈善作为真正目的的组织进行捐赠,不仅不能获得税收减免,还将可能承担缴纳遗产税的责任。当然,依法进行实体注册的慈善组织都是有理由享受税收优惠政策的,英国慈善委员会也会要求税务部门给予这些慈善组织税收优惠。此外,英国还成立了慈善援助基金会,协助慈善组织完成退税程序,保证退税效率。

志愿服务是英国社会慈善领域不可或缺的组成部分。虽然英国对于志愿服务没有颁布相关的成文法,但这并不代表英国政府对志愿服务不够重视。反之,英国大多数学校、企业以及政府单位都把参加志愿活动情况当作评价一个人的重要考量标准。英国志愿服务有四大特点:一是把青少年作为志愿活动的主力军;二是注重引入专业人员,培养精英人士;三是将改善弱势群体生活状态作为工作重点;四是大力宣扬慈善文化与志愿服务理念,培养国民志愿服务

---

[1] 徐彤武:《联邦政府与美国志愿服务的兴盛》,载《美国研究》2009年第3期,第27~33页。

意识[1]。

(3) 德国慈善组织志愿服务与税收制度。在德国，只有经税务部门审核通过的具有公益慈善目的的组织才能享受税收优惠。具有免税资格的慈善组织可以享受免征法人所得税、免征捐赠税与遗产税，且免税身份在遗产继承后最长可持续10年、免征商业税与净资产税等税收优惠[2]。而对于个人捐赠者，最高可以享受扣除5%或10%税前收入的税收优惠。

德国是世界上志愿服务最发达的国家之一，志愿者人数超过了全国人口总数的四分之一。德国政府高度认同志愿服务，支持志愿组织，并以法律的形式鼓励国民加入志愿者组织，投身于社会公共服务；鼓励青少年参与志愿服务，磨炼意志品格。德国政府不仅给予参与志愿服务的个人以税收上的优惠、物质上的激励，对于接受志愿服务的慈善组织，政府也给予相应的财政补贴，以促进本国的志愿服务发展。

2. 外国慈善组织志愿服务与税收制度对我国的启示

通过分析、对比美国、英国与德国的志愿服务与税收制度，我们不难找到一些立法上的共性，但更能看到彼此之间的差距。我国的慈善组织志愿服务与税收制度的完善可以从以下三个方面着手：首先，改善税收优惠疲软。较之于大陆法系国家，我国的税收优惠在幅度上有着异曲同工之妙，但与英美法系国家比较时，却显得杯水车薪。其次，解决免税程序呆钝。最后，加强志愿服务。我们应充分吸收、借鉴外国先进的立法经验，完善我国的志愿服务与税收制度。

3. 完善我国慈善组织志愿服务与税收制度的立法建议

(1) 完善我国慈善组织的税收制度。税收制度是慈善事业的动

---

[1] 林禹衡：《中国慈善事业法律促进机制研究》，江西财经大学2014年硕士学位论文。

[2] 徐雪梅：《网络经济中政府与非营利组织关系研究》，中国社会科学出版社2009年版，第121页。

力之源,慈善事业要发展,需要完善的税收制度做保障。让慈善组织获取行之有效的外部激励,最为有效的选择是建立起统一的慈善税收法律制度。从我国当前现实情况出发,可从以下方面进行完善:

第一,整合税收优惠制度。由于我国慈善捐赠免税机制的法律分布不够集中,相对较为分散,几乎每个法律法规都有提到,且相关法规之间的配套也不够完善,税法和慈善组织的组织管理联系不够密切,因此需要将其进行整合。这就需要明确慈善事业税收优惠的条件,完善税法与其他社会非营利性组织法之间的相互配合,保障慈善税收法律体系的协调与统一。具体做法我们可以借鉴美国,免税资格的获得只有通过税务机关审核这一种途径,且税务机关之间需要建立对慈善组织的免税资格认证制度。

第二,加大税收优惠力度。首先,扩大免税范围。学习国外对实物捐赠税收的认可,同时完善实物价值评估制度,规定实物捐赠可享受税收优惠。其次,大幅度提高税收捐赠优惠。我国税收制度与国外相比,税前扣除额相对较低,公众参与社会公益性事业的积极性不高。因此应当学习国外税收优惠制度,进行相应的调整、提高一般企业公益性捐赠税前扣除额和个人捐赠的扣除比例的标准,鼓励我国企事业单位与个人积极参与更多的公益性事业,促进慈善组织的发展。再次,建立相关的应急机制。面对特大灾害,可以全额扣除捐赠者的公益性捐赠,这有利于将税收政策对公益性捐赠的支持在最短时间内实现。最后,税收政策应允许个人年度结转,即个人的超额捐赠部分可以向后结转三年。

第三,简化免税申请程序。从目前我国企业和个人捐赠退税方面来看,我国现行税法中缺乏一个国家认可的、统一的对慈善事业捐赠者能够获得退税优惠的程序法支撑。因此,税务部门应配合民政部门简化程序,扩大收集捐赠人联系地址的方式,如利用电话、网络传真等方式向捐赠人提供捐赠数据,这样可以使捐赠人收到信息后及时地向税务机关申请税收减免。这就使得税收程序更加方便快捷,对于慈善事业的发展也有一定的积极作用。

(2）完善我国慈善组织的志愿服务立法。目前我国慈善组织面临着组织松散、规模小，缺乏专业的人员，缺乏稳定的志愿者队伍服务慈善等问题，加上我国地方服务立法建立时间相对较短，因此，我们应当借鉴国外先进的经验和制度建设，使我国慈善队伍更加专业化。

首先，制定全国性统一志愿服务立法。目前我国在志愿服务立法方面还存在一定的问题，多个省份的此项立法还存在空白，已经建立起来的也相对较为分散，导致志愿组织发展缓慢。促进全国志愿服务立法已经成为大势，政府应明确慈善组织的社会地位与作用，在一定程度上给予志愿服务立法一定的支持，包括政策和资金方面。全国各地在统一立法的基础上根据当地的经济发展、文化发展水平做出相应的调整，建立志愿管理的服务机构，对日常的志愿服务进行监督和管理。同时建立志愿者电子信息档案，以便今后国家对其进行适当的帮扶。

其次，促进政府合作机制。志愿组织的兴盛倚赖于政府的大力扶助，政府的发展也同样需要志愿者的配合，二者相辅相成。志愿者服务公共社会，可以促进社会事业的发展，政府应当鼓励社会组织来参与完成公共服务这项事业，并从法律上确定二者之间的关系。第一，赋予志愿者合法身份，让其更好地加入到志愿服务中去。一方面，培养志愿者的竞争意识，用竞争产生的压力来提升志愿服务的动力；另一方面，优化志愿服务的质量，使每一名志愿者都能用心地对待每一个人、每一件事。第二，明确政府"主持者"的角色。政府应把主要精力集中到对慈善活动的支持与监管上来，与志愿者们形成互动关系，并合理利用财政补贴，激励公众投身到志愿服务中去。

最后，建立志愿服务激励机制。美国的志愿服务从精神到物质形成了较为完善的激励机制，我们应当借鉴其方法建立适合我国当前国情的志愿服务激励机制。中华民族精神博大精深且源远流长，"一方有难，八方支援"体现的就是志愿服务。一方面，建立一个较

## 第五章 我国慈善组织立法的成就、不足及完善

为完善的管理系统,设立专门的志愿服务管理机构对志愿服务信息进行更新、完善和管理,由社会对其进行监督,建立志愿服务的记录系统,作为对志愿者给予奖励和荣誉等优惠的参考。另一方面,建立奖励机制。例如,目前我国在公务员招聘中对于"三支一扶"的志愿者采取优先录取的原则,其目的就在于鼓励有志之士加入志愿者行列,实现其人生价值。当然,目前我国的奖励政策在物质方面仍然相当欠缺,主要还是政府的财政能力有限,难以推行像美国那样的奖励政策,但是我们要借鉴美国的经验,对志愿者给予一定的经济和物质等方面的奖励,吸引更多的社会志愿服务组织参与进来,同时也使更多的志愿者主动积极地参与志愿服务。

总之,对当代中国慈善组织的法律制度进行研究,使其具有中国特色,适应中国国情,不仅有助于缩小与发达国家在慈善事业上的差距,还有助于缩小我国各地区、各阶层的贫富差距,缓解社会矛盾,促进小康社会的全面建成。不可否认的是,当前我国的慈善立法不完善,与我国现代化的慈善事业格格不入。法制建设的滞后在社会上滋生了诸如慈善丑闻、慈善腐败等一系列问题,不仅浇灭了我国公民刚刚燃起的慈善热情,还给蒸蒸日上的中国慈善事业带来不良影响。因此,完善慈善组织立法中存在的不足,在当代中国不但具有必要性,而且具有紧迫性。立法先行是发达国家慈善事业建设的成功经验,任何制度只有通过法律的确定才能根植于国家的治国方略中。慈善组织的宗旨是拔诸水火,登于衽席,与亿万民众息息相关,因此更需要法律的刚性约束。虽然本研究报告讨论了目前我国慈善组织在实体注册、资金募集、信息公开与监管、志愿服务与税收立法上存在的漏洞,并借鉴发达国家的立法经验给予了完善措施,虽然在短时间内可解燃眉之急,但若想长期保障并促进我国慈善组织的发展,终究会心余力绌。好消息是,值此文完成之际,我国第十二届全国人民代表大会第四次会议表决通过了《中华人民共和国慈善法》,为摇摆在风口浪尖的慈善事业点亮了灯塔。但是,细品这部法律,笔者发现其对具体制度的规定不仅是浅尝辄止,还

存在着诸多不足之处。甚至一些法律规定不为笔者所认同。例如，我国《慈善法》在第54条规定允许慈善组织为实现财产的保值、增值进行投资，对这一点笔者持否定的态度。笔者认为，除为实现特定的实物财产的保值外，应禁止利用慈善财产进行任何投资项目。也许是笔者的观点过于陈旧、保守，但笔者始终坚持慈善财产不能用于与捐赠者的捐赠目的无关的任何行为，保障慈善组织的非营利性与社会公益性。

# 第六章
## 我国境外非政府组织管理的现状与完善路径

十八大以后,我国调整国家治理思路,与时俱进,统一部署,积极推进境外非政府组织(Non-Governmertal Organisations,以下简称"NGO")管理立法。2014年,我国对境外NGO在华活动情况开展摸底调查。2015年,《境外非政府组织管理法(草案)(二次审议)稿》向社会公开征求意见。2016年,全国人大常委会审议通过《境外非政府组织境内活动管理法》。2017年1月1日,《中华人民共和国境外非政府组织境内活动管理法》(以下简称《境外NGO境内活动管理法》)正式施行,境外NGO可以通过"境外NGO办事服务平台",进行实名注册账号、申请登记备案、预约办理时间以及提交相关材料。《境外NGO境内活动管理法》的出台填补了我国在这方面的规范空白,是建设法治国家的必然要求,是营造全面开放新格局的重要体现,是依法引导和规范境外NGO在华活动的重要举措,是境外NGO在华开展活动的法律保障。境外NGO境内活动管理是我国治理体系和治理能力现代化的一项重要内容。

我国《境外NGO境内活动管理法》实施仅有两年多的时间,管理工作虽然取得一定成绩,但是也涌现出不少问题,研究是为了吸取经验和教训,提高工作效率,达到最佳的监管效果。境外NGO管理任重而道远,是一项长期的工作,只有管理好、服务好境外NGO才能让其发挥最大的积极作用,才能进一步建设富强、民主、文明、和谐、美丽的社会主义现代化强国。研究境外NGO管理具有很重要的作用：第一，境外 NGO 管理有利于构建社会主义法治国家。历史的发展证明，法治是立国之本，没有法治的依托，一切理想的上层设计都是空想。《境外 NGO 境内活动管理法》的颁布，凝结了我国各界法律人士的心血，给我国法治史添上了重要的一笔，扭转了我国"无法可依、无据可管"的局面，开启了我国管理与服务并重的新历程，还彰显了我国世界大国的风范。第二，境外 NGO 管理有利于推动"一带一路"建设。这方面的作用概括起来就是"引进来，走出去"，具体体现在：一是境外 NGO 能影响"一带一路"的走向；二是境外 NGO 能推动我国的公益项目，比如环境保护、医疗保障、捐资助学等；三是境外 NGO 能帮助我国的社会组织走向国际。第三，境外 NGO 管理有助于规范境外 NGO 在华活动。《境外 NGO 境内活动管理法》规定了境外 NGO 的登记管理机关是国务院公安部门和省级人民政府公安机关，境外 NGO 应当依法登记设立代表机构或者依法备案临时活动。既然"有法可依"，那么公安机关就能认清形势，增强意识，明确职责，主动服务，认真管理，积极推进境外 NGO 法治化管理。第四，境外 NGO 管理有利于境外 NGO 获得便利服务。随着《境外 NGO 境内活动管理法》（英译文本）、《境外非政府组织代表机构登记和临时活动备案办事指南》（英译文本）、《境外非政府组织在中国境内活动领域和项目目录、业务主管单位名录（2017）》以及各省境外 NGO 办事服务大厅的详细信息的公布，"境外 NGO 办事服务平台"的上线，让境外 NGO 不仅可以通过网络了解设立代表机构或者开展临时活动的流程和注意事项，还可以在事项模棱两可的情况下直接电话咨询大厅工作人员，节约时间，提高效率，并能在较短的时间内办结事项。但是我们也要看到，在《境外 NGO 境内活动管理法》实施的两年时间里，出现了欠缺法律实施细则，中西方文化差异，管理理念落后，人才储备稀缺，监管难度升级等问题。面对上述问题，我们应结合实际工作经验，积极查找原因，研究相应的对策。总而言之，完善境外 NGO 管理工作，对进一步引导境外 NGO 健康有序发展，为其提供更加便利快捷的服务，优化我国公共资源配置,维护我国国家安全和政治稳定有着重要的意义。

## 一、境外 NGO 的概述

### (一) 境外 NGO 的概念

境外 NGO 是指在境外合法成立的基金会、社会团体、智库机构等非营利、非政府的社会组织。[1]从注册地或成立地看,既包括依据外国法律在国外成立且来华活动的各类非政府组织,也包括依据香港、澳门特别行政区和台湾地区的法律在上述地区成立且来内地活动的非政府组织。[2]党的十八届三中全会和四中全会均指出,要加强对在华境外 NGO 的管理。特别是党的十八届四中全会提出,"加强在华境外 NGO 管理,引导和监督其依法开展活动"。为了进一步加强境外 NGO 的管理,《境外 NGO 境内活动管理法》于 2016 年被全国人大常委会表决通过,于 2017 年 1 月 1 日正式实施;经过修订的《境外 NGO 境内活动管理法》于 2017 年 11 月 5 日正式实施。

### (二) 境外 NGO 的特点

《境外 NGO 境内活动管理法》第 2 条第 2 款规定"本法所称境外非政府组织,是指在境外合法成立的基金会、社会团体、智库机构等非营利、非政府的社会组织。"[3]该法律定义要求境外 NGO 应当具备以下特点:

第一,在境外合法成立。首先强调其不能在我国境内成立,必须是在其他国家和地区成立,或是在我国香港、澳门特区成立的;其次就是合法性的问题,其要依据各国的规定取得相应的资质,获得该国认可,拥有合法的身份。

---

[1]《中华人民共和国境外非政府组织境内活动管理法》,载 http://ngo.mps.gov.cn/ngo/portal/view.do? p_articleId = 10894&p_topmenu = 2&p_leftmenu = 4。

[2] 孙伟林:《社会组织管理》,中国社会出版社 2009 年版,第 115~116 页。

[3]《中华人民共和国境外非政府组织境内活动管理法》,载 http://ngo.mps.gov.cn/ngo/portal/view.do? p_articleId = 10894&p_topmenu = 2&p_leftmenu = 4。

第二，具有非营利性。境外 NGO 只能从境外自筹资金或者在境外开展公开募捐，但绝对禁止在我国境内募捐；其开展活动不能以营利为目的，但能产生利润，对其依法取得的收入和利润必须用于公益性事业，不得在发起人、成员中进行分配。[1]

第三，属于非政府组织。在联合国的官方网站，非政府组织被定义为"在地方、国家或国际级别上组织起来的非营利性、志愿性的公民组织"。所以，境外 NGO 的决策不受我国政府的控制，而是在民间自发成立的，能自由地表达意愿，能独立地做出决策。另外，其涉及慈善、教育、环保等领域，跨度比较大，范围比较广。

（三）境外 NGO 的种类

从境外 NGO 参加联合国活动的角度来看，可以将境外 NGO 分为三大类：

1. 第一类：基金会

基金会作为境外 NGO 的重要形式，是以从事公益事业为目的，通过自然人、法人或者其他组织捐赠的财产开展活动的非营利组织，其资金来源主要是接受大额捐赠和向社会公开募集，其运行时间较长，规模较大，管理较严格，章程较规范，具体分为公募基金会和非公募基金会。如"李嘉诚基金会""比尔及梅琳达·盖茨基金会""福特基金会"等。

2. 第二类：社会团体

社会团体是在境外根据一定法律或者规章合法成立的，成员在自愿的基础下自发组成团队，为实现团队成员的意愿，依据章程开展一系列活动的非营利性组织，有主题突出、目的明确的特征。如："大自然保护协会""世界贸易中心协会""丝绸之路国际总商会"，等等。

3. 第三类：社会服务机构

社会服务机构是指在境外合法成立的非营利、非政府的研究中

---

[1] 鲍绍坤：《社会组织及其法制化研究》，载《中国法学》2017年第1期，第5~16页。

心、咨询中心，主要内容是提供教育培训、咨询服务、调查服务。如"台湾贸易中心""日本公益财团法人福岛县产业振兴中心""德国学术交流中心"，等等。

## 二、境外 NGO 对我国产生的积极影响

早期对境外 NGO 功能的研究，多从地方管理实践出发。在境外 NGO 比较活跃的云南、四川、西藏等地区，地方政府对境外 NGO 的准入领域、准入机制和管理制度等方面采用各种创新管理方式，获得了许多有益经验。有学者认为，发展境外 NGO 有助于推进社会建设的"发展型"新模式，深化了政社合作格局，有效促进云南省社会治理生态体系的完善。边境地区在资源、气候、文化等方面有着多元化的发展特点和空间，这些都为境外 NGO 的参与和发展提供更广阔的空间。边境地区的发展不一定只靠钱，还可以联动社会资源谋发展。[1]有学者认为境外 NGO 对西藏经济社会的作用重点体现在教育资助、医疗卫生、环境保护和社区发展等项目上，重点关心和帮助贫困家庭、农牧民等群体，其不仅可以给予人文关怀减少人们的不满情绪，还可以缩小发达地区和不发达地区的资源差距，更可以保护环境，发展可持续经济。此外，境外 NGO 以社区为依托，通过当地民众草根 NGO 及地方政府的合作来开展活动，有助于提升当地民众的权利意识，引导民众以合理正确的方式表达诉求，有助于社会稳定。境外 NGO 对推动西藏文化保护与传承也有重大作用。[2]也有学者认为，首先，境外 NGO 通过社会动员、资金援助、提供政策建议、发布调查报告、借助媒体宣传进行倡议、施压、网络活动、技术共享、与其他组织的合作与互动、结盟等方式开展了大量的活

---

[1] 张强等:《中国政社合作的"发展型协同共治模式——基于云南省境外非政府组织管理的探讨"》，载《北京航空航天大学学报（社会科学版）》2015 年第 3 期，第 16~22 页。

[2] 赵会、陈旭清:《境外非政府组织（NGO）与西藏治理关系研究》，载《理论月刊》2015 年第 4 期，第 118~124 页。

动,在环保、教育、卫生、科技、农村社区等领域提供了经验积累、案例借鉴和模式参考。其次,境外 NGO 的特征优势,能在民众利益表达、局部利益调整、缓减各方矛盾方面发挥优势,作为民众和政府的沟通桥梁,能快速、灵活地化解基层矛盾。最后,其自身的志愿精神、服务意识和奉献精神有利于社会道德文化的形成。[1]

(一) 作用于问题,投入资金技术

境外 NGO 组织作为一个独立自主的组织,成员自愿,章程自定,财务自由,既不受政府控制,也不受市场调控,类似于中介的身份,不仅填补了政府在提供公共服务方面的不足,还填补了市场无法满足的产品需求。调查显示,大部分境外 NGO 在华活动都能在遵守我国法律法规、政策、方针,尊重当地风俗习惯的情况下,前期仔细考察,积极履行合作,认真回访调查,推动下步意向,利用国外先进的技术,持续在捐资助学、脱贫致富、社会基础建设等方面投入大量资金,捐献大量物资,为我国的教育建设、农村建设、学生助学做出了积极的贡献。比如,美国"祝福之手基金会"在我国广西、云南、甘肃、江苏等地一百多所学校资助、帮扶贫困大、中、小学生和孤残儿童一千多人。同时,该基金会还为受助地区的部分中、小学学校改善饮水设施,设立农村学校医疗"卫生所",并提供医疗器械、体育用品、教学材料等。[2]

(二) 作用于政府,创新多元治理

分析在华境外 NGO 可知,由于境外 NGO 处于西方文化背景,其价值观念、信仰体系、理解方式等都与我国不同,甚至在某些方面较优于我国,这是值得我们学习的地方。境外 NGO 在华开展各种公益活动,导致西方文化和中方文化在相互碰撞,在潜移默化地影

---

〔1〕 贺磊、孙倩:《边疆高校应对境外非政府组织渗透问题研究》,载《边疆经济与文化》2016 年第 3 期,第 118~119 页。

〔2〕《广西与来访的美国"祝福之手基金会"负责人座谈》,载 http://ngo.mps.gov.cn/ngo/portal/view.do? p_articleId = 30592&p_topmenu = 3&p_leftmenu = 1。

响我国的传统思维方式,从而改变当地群众对公众参与、社会稳定、环境保护的观点以及法制观念,启发政府引导群众逐渐参与社会管理事务,敢于提出独有的见解和建议。以往地方出现社会问题,都是凭借政府的力量解决,前期调研就要耗费大量人力、物力,这是一种非常不科学的解决方式。而境外NGO提倡政府起协助作用,群众发挥主力作用,不仅引导群众积极参与,而且提高群众对解决问题的自豪感,实践团结就是力量,团结解决一切。在天灾人祸面前,境外NGO积极参与四川大地震救助工作,得到当地政府和人民的赞许。[1]另外,境外NGO严格按照规章制度办事,这样科学严谨的工作理念,对于我国政府转变工作方式有借鉴意义。比如,境外NGO在开展助学活动的时候,不会只是听取中方合作单位和学校教师的说法和建议,在前期会亲自前往学校实地考察,和学生互动交流,筛选受助学生,了解真实情况,在认为有必要和可行的情况下,才会拟定捐资助学方案,与中方合作签署合作协议,再到学校开展活动,并根据协议定期监督活动效果。所以,我国政府工作人员要端正态度,认识到法律面前人人都是平等的,切实扭转现有的办事状态,严格执行规章制度,维护平等、公平、正义的良好风气。

(三) 作用于社区,优化治理方式

长期以来,地方治理都是以政府为主导,自上而下推进,而地方组织、人民群众的参与不足,处于被动地位。境外NGO则扮演了一个协助、配合的角色,通过自下而上的参与工作方式,鼓励居民推动社区的发展,尝试学会改变。境外NGO与社区居民,并没有高低之分,也不存在阶级层级的问题,二者的地位是平等的,改变了以往的秩序和结构,演变成相互帮助的多元治理模式。这种平等的方式有助于政府、境外NGO、社区居民获得共赢局面。一是促使政

---

[1] 许敏:《对境外非政府组织在沪管理工作的探讨》,载《黑河学刊》2011年第6期,第9~10页。

府由"全能型"转向"有限型"[1];二是境外NGO在办好事的同时会赢得良好的口碑,在当地占有影响力;三是有利于改善社区环境,有利于完善基础设施,有利于优化教育、医疗等资源。"无国界卫生组织""大自然保护协会""美国国际人口服务组织"等境外NGO不仅在云南省扶贫救灾、发展基础教育、发展社区,坚持可持续发展观念,生态环境保护与经济发展缺一不可,开展滇金丝猴保护研究、林业再造林碳汇等项目,在保护生态环境上下大功夫,还开展多组织合作项目,致力于禁毒防艾工作,在盈江县那邦镇开展了降低危害项目,为注射吸毒群体提供针具交换、脱毒帮助。又如,"世界宣明会"2017年高度关注儿童发展问题,与洋县计卫局开展"关注儿童与营养健康"论坛,鼓励洋县留守妇女参与拍摄调查视频,分享母乳喂养的重要性。

(四)作用于社会组织,构建互助模式

实践证明,促进一个地方的稳定与发展,需要政府宏观政策的指导,需要各类社会组织的支持和合作,还需要境外NGO的推进作用。毕竟我国NGO面临诸多问题,如起步晚,发展缓慢,目标定位错误,界限不清晰,群众基础较差,管理水平较低,影响力不足,缺乏竞争力等。[2]所以,境外NGO要训练本地NGO,提升本地NGO工作能力,直到在当地能独当一面。当本地NGO拥有群众基础和取得政府部门的信任后,不仅会承接政府直接交付的公益性项目,还会有偿为政府提供公共服务,从而获得资金并日益壮大,成为社会治理中的主力,继而帮助后进的本地NGO,发散其管理思维,传授经验教训,推动本地落后NGO的快速成长。随着本地NGO管理能力不断提升,他们不再被动受政府政策方针的影响,而是能够自觉管理和自我发展,从而有效地弥补了政府某些功能的失灵。

---

[1] 孙发锋:《大合作、小冲突:在华境外非政府组织与中国政府关系的基本态势》,载《河南社会科学》2017年第3期,第94~98页。

[2] 何云峰、马凯:《当前我国非政府组织发展面临的主要问题》,载《上海师范大学学报(哲学社会科学版)》2004年第2期,第1~6页。

## 三、我国境外 NGO 管理的基本情况

### (一) 我国境外 NGO 管理的历史演变

从 1978 年改革开放至今，境外 NGO 已经成为一支不可忽视的力量[1]。据不完全统计，我国境外 NGO 总数已突破七千多个，活动范围涉及教育、扶贫、环保、医疗等多个领域。境外 NGO 促进我国与不同国家、地区友好交流，推动经济发展，加速社会进步，加大改革开放；所以，管理好境外 NGO 显得至关重要。我国结合国情、社情进行探索，逐步完善对境外 NGO 在华活动的监管。探索期分为以下三个阶段：

1. 境外 NGO 自由发展阶段

从改革开放初到 20 世纪 80 年代，境外 NGO 组织携带资金、技术、理念"走进来"，给我国带来宝贵的经验和启发，不仅推动了我国经济的发展，也促进了社会的发展，还提高了政府的理念。基于良好的前景，为了建设富强民主的国家，我国采取了一系列有效措施，邀请和鼓励境外 NGO 来华活动，为境外 NGO 的进入和开展项目提供便利条件，营造了一个极为自由宽松的服务环境。例如：1980 年，政府为更好地管理外国公司、企业和其他经济组织驻华的代表机构，颁布了《国务院关于管理外国企业常驻代表机构的暂行规定》，进一步拉动经济发展；1987 年 4 月，国务院签署了《关于同国外非政府组织开展经济技术合作若干问题的请示》，正式明确中国国外经济技术交流中心为协调机构，并设立专门部门负责各种具体事项。

2. 尝试监管境外 NGO 阶段

从 20 世纪 80 年代末到 2017 年 1 月 1 日，国际局势动荡，政治情况复杂，中亚、东欧国家爆发一系列和平非暴力"颜色革命"，为

---

[1] 金锦萍：《立法纾解境外非政府组织的"合法性"困境》，载 http://www.legal-daily.com.cn/commentary/content/2016-04/30content_6608769.htm? Node=34251。

维护我国国家安全和社会稳定,政府开始思考如何加强监管境外NGO在华活动。为改变无法可依的艰难局面,我国自上而下出台相应的规定条例,规范境外NGO在华活动。从国家层面看,比如:1989年,我国为加强对外国商会的管理,制定了《外国商会管理暂行规定》;2004年,我国为规范在华境外基金会的组织和活动,颁布了《基金会管理条例》;同年,我国为规范外国专家的申请、受理、批准办理等事项,发布了《外国专家来华工作许可办理规定》(已失效);2013年,文件《中共中央关于全面深化改革若干重大问题的决定》体现了我国政府统筹全局,下定了"加强对社会组织和在华境外NGO的管理,引导它们依法开展活动"的决心;等等。从地方层面看,云南省、四川省、西藏自治区政府结合本地区实际情况,运用创新思维,颁布了在华境外NGO管理规定。但是,我们要意识到的是部分境外NGO仍处于自由发展阶段,根本不受政府的监管,给社会稳定带来一定危害。

3. 法治监管境外NGO阶段

2017年1月1日,《境外NGO境内活动管理法》正式生效实施,我国进入境外NGO法治监管阶段。根据法律规定,境外NGO可以在经济、教育、科技、文化、卫生、体育、环保等领域和济困、救灾等方面开展有利于公益事业发展的活动。[1]这既弥补了法律空白,也规定了境外NGO的活动领域,不仅是构建社会主义法治国家的需要,更是推动"一带一路"建设的纽带。同时,我们要认清国际和国内严峻的形势,提高思想意识,加强对境外NGO的监管,为境外NGO提供便利和服务,最大限度利用境外NGO的优势资源,自觉维护我国开放大国形象。

(二)我国境外NGO法治化管理的情况

2017年,我国境外NGO管理部门认真落实《境外NGO境内活

---

[1]《中华人民共和国境外非政府组织境内活动管理法》,载 http://ngo.mps.gov.cn/ngo/portal/view.do? p_articleId=10894&p_topmenu=2&p_leftmenu=4。

动管理法》，有效引导、规范境外NGO在华活动，切实将境外NGO纳入法治管理轨道，加强监管服务水平，为促进对外交流合作创造良好的社会环境。根据境外NGO办事服务平台的数据统计，境外NGO管理情况如下：

1. 已登记境外NGO代表机构所在国家或地区的情况

据统计，截至2017年12月31日，已登记境外NGO代表机构共计305个，其中数量排名前五位的注册机构所在国家或地区为美国、中国香港、日本、韩国和德国，占总数的71.48%[1]，如表1：

表1 不同国家或地区已登记境外NGO代表机构数量

| 序 号 | 国家或地区 | 注册机构数量 |
| --- | --- | --- |
| 1 | 美 国 | 72 |
| 2 | 中国香港 | 60 |
| 3 | 日 本 | 42 |
| 4 | 韩 国 | 24 |
| 5 | 德 国 | 20 |
| 6 | 英 国 | 13 |
| 7 | 中国台湾 | 11 |
| 8 | 瑞 士 | 10 |
| 9 | 加拿大 | 9 |
| 10 | 法 国 | 9 |
| 11 | 荷 兰 | 6 |
| 12 | 中国澳门 | 4 |
| 13 | 澳大利亚 | 4 |
| 14 | 意大利 | 2 |
| 15 | 马来西亚 | 2 |

---

[1]《重磅！境外非政府组织代表机构登记突破300家》，载http://mp.weixin.qq.com/s/j8XwjvF55DF4x4TE-goA3w。

续表

| 序号 | 国家或地区 | 注册机构数量 |
|---|---|---|
| 16 | 比利时 | 2 |
| 17 | 印度 | 2 |
| 18 | 巴西 | 2 |
| 19 | 新加坡 | 1 |
| 20 | 西班牙 | 1 |
| 21 | 土耳其 | 1 |
| 22 | 蒙古国 | 1 |
| 23 | 俄罗斯 | 1 |
| 24 | 丹麦 | 1 |
| 25 | 阿联酋 | 1 |
| 26 | 新西兰 | 1 |
| 27 | 马达加斯加 | 1 |
| 28 | 克罗地亚 | 1 |
| 29 | 泰国 | 1 |
| 总数 | | 305 |

已登记代表机构的境外 NGO 的总部广泛分布于全球多个地区,但主要集中在北美、港澳台、东北亚和欧洲地区,其中来自北美地区的组织设立代表机构数量占总数的 26.56%,来自港澳台的组织设立代表机构数量占总量的 24.59%,来自东北亚的组织设立代表机构数量占总量的 21.64%,来自欧洲的组织设立代表机构数量占总量的 21.64%。其他来自南美、非洲、澳洲等地区的境外 NGO 设立代表机构数量占机构设立总量的 5.57%,如表 2:

表 2  不同地区已登记境外 NGO 代表机构数量

| 序号 | 区域 | 注册机构数量 |
|---|---|---|
| 1 | 北美 | 81 |

续表

| 序 号 | 区 域 | 注册机构数量 |
|---|---|---|
| 2 | 港澳台 | 75 |
| 3 | 东北亚 | 66 |
| 4 | 欧 洲 | 66 |
| 5 | 其 他 | 17 |
| 总 数 | | 305 |

2. 已登记境外 NGO 注册地区情况

已登记的 305 个代表机构中，数量排名前五位的注册地为北京、上海、云南、广东和辽宁，5 地共占注册地总数的 74.43%，如表 3：

表 3 我国各地已登记境外 NGO 代表机构数量

| 序 号 | 注册地区 | 注册机构数量 |
|---|---|---|
| 1 | 北 京 | 106 |
| 2 | 上 海 | 71 |
| 3 | 云 南 | 19 |
| 4 | 广 东 | 18 |
| 5 | 辽 宁 | 13 |
| 6 | 四 川 | 12 |
| 7 | 天 津 | 8 |
| 8 | 山 东 | 8 |
| 9 | 福 建 | 7 |
| 10 | 广 西 | 5 |
| 11 | 江 苏 | 5 |
| 12 | 甘 肃 | 4 |
| 13 | 陕 西 | 4 |
| 14 | 湖 北 | 4 |

续表

| 序 号 | 注册地区 | 注册机构数量 |
|---|---|---|
| 15 | 重庆 | 4 |
| 16 | 湖南 | 4 |
| 17 | 黑龙江 | 2 |
| 18 | 浙江 | 2 |
| 19 | 江西 | 1 |
| 20 | 西藏 | 1 |
| 21 | 内蒙古 | 1 |
| 22 | 河南 | 1 |
| 23 | 贵州 | 1 |
| 24 | 吉林 | 1 |
| 25 | 青海 | 1 |
| 26 | 安徽 | 1 |
| 总 数 | | 305 |

3. 已登记境外 NGO 业务主管部门情况

已登记的 305 个代表机构中,数量排名前五位的业务主管单位为商务部门、民政部门、卫生和计生部门、教育部门和人民团体,5 单位共占总数的 76.07%,如表 4:

表 4 已登记境外 NGO 代表机构业务主管部门情况

| 序 号 | 业务主管单位 | 注册机构数量 |
|---|---|---|
| 1 | 商务部门 | 138 |
| 2 | 民政部门 | 30 |
| 3 | 卫生和计生部门 | 23 |
| 4 | 教育部门 | 23 |
| 5 | 人民团体 | 18 |

续表

| 序 号 | 业务主管单位 | 注册机构数量 |
|---|---|---|
| 6 | 林业部门 | 10 |
| 7 | 新闻出版广电部门 | 9 |
| 8 | 外事侨务部门 | 7 |
| 9 | 环境保护部门 | 6 |
| 10 | 扶贫部门 | 5 |
| 11 | 农业部门 | 5 |
| 12 | 发改委 | 5 |
| 13 | 粮食部门 | 4 |
| 14 | 体育部门 | 3 |
| 15 | 科技部门 | 3 |
| 16 | 文化部门 | 2 |
| 17 | 经信部门 | 2 |
| 18 | 旅游部门 | 2 |
| 19 | 交通部门 | 2 |
| 20 | 其他 | 8 |
| 总数 | | 305 |

4. 已登记境外 NGO 的业务范围分布情况

已登记的 305 个代表机构中，数量排名前五位的业务领域及范围为经济领域、济困救灾领域、教育领域、卫生领域和环保领域，5 领域共占总数的 82.62%，如表 5：

表 5 已登记境外 NGO 代表机构业务范围分布情况

| 序 号 | 业务领域及范围 | 注册机构数量 |
|---|---|---|
| 1 | 经济领域 | 153 |
| 2 | 济困救灾领域 | 34 |

续表

| 序 号 | 业务领域及范围 | 注册机构数量 |
|---|---|---|
| 3 | 教育领域 | 28 |
| 4 | 卫生领域 | 20 |
| 5 | 环保领域 | 17 |
| 6 | 文化领域 | 17 |
| 7 | 科技领域 | 4 |
| 8 | 体育领域 | 3 |
| 9 | 其他领域 | 29 |
| 总　数 | | 305 |

5. 已登记代表机构活动地域情况

登记的境外 NGO 代表机构中，有 108 个活动地域设为全国，占比 35.41%，活动地域数量为 1 到 31 个省份的共计 197 个，占比为 64.59%，如表 6：

**表 6　已登记境外 NGO 代表机构活动地域情况**

| 序 号 | 活动地域数量（个） | 代表机构数量 | 占比 |
|---|---|---|---|
| 1 | 全国 | 108 | 35.41% |
| 2 | 21~31 | 18 | 5.90% |
| 3 | 11~20 | 33 | 10.82% |
| 4 | 2~10 | 53 | 17.38% |
| 5 | 1 | 93 | 30.49% |

截至 2017 年，在已登记的 305 家境外 NGO 代表机构中，有 93 家仅在本省开展活动，212 家活动地域覆盖一个省以上，占代表机构总量的 69.51%。其中有 108 家代表机构的活动地域为全国，占代表机构总量的 35.41%。

108 家可在全国范围内开展活动的机构的登记地域分布主要集中

在北京和上海两地,其中有 55 家代表机构在北京登记,占活动地域为全国的机构总量的 50.93%,有 40 家在上海登记,占总量的 37.04%,两地共占总量的 87.96%。

6. 比较同一境外 NGO 在不同地区登记代表机构情况

2017 年,已有 259 个境外 NGO 在华设立代表机构 305 个,其中设立 1 个以上代表机构的组织数量为 27 个,"英中贸易协会"和"世界宣明会-中国基金有限公司"登记代表机构数量最多,达 6 个。

7. 已备案临时活动所属组织所在国家或地区的情况

2017 年 1 月 1 日至 12 月 31 日,已在境内开展临时活动共计 487 项,其中数量排名前五位的组织注册所在国家或地区为中国香港、美国、德国、中国台湾和韩国,占总数的 90.14%。

从 2017 年在华境外 NGO 登记统计数据可得知:第一,在华境外 NGO,多位于欧美、东亚经济发达国家以及中国香港、中国澳门、中国台湾等经济发达地区。第二,覆盖面广但分布不均,大量集中于北、上、广经济发达城市,其次是云南。其他散见于沿海城市、偏远山区以及边境地区。第三,多集中于经济领域、济困救灾领域、教育领域、卫生领域、环保领域和文化领域。总体看来,在华境外 NGO 与我国形成了覆盖面较广、层次较深的合作关系,对我国的政治、经济、文化、外交产生重要影响。

## 四、我国境外 NGO 管理存在的不足

(一) 法律法规有待健全

"没有规矩不能成方圆",境外 NGO 违法行为的发生大多是由于法律制度不够完善。

1. 法律体系不够完善

法律体系指的是一个国家现行全部法律规范分类组合为不同的法律部门而形成的有机联系的统一整体。简单来说,我国的法律体系是主要由宪法、法律(包括基本法律和一般法律)、行政法规组成

的，宪法在金字塔顶层，法律在第二层，行政法规在第三层，层级分明，等级明确。对于明确境外 NGO 的管理，我国仅出台了一部位于第二层的《境外 NGO 境内活动管理法》，并于同年删除条目出台修改版本。作为行政法规的上位法，《境外 NGO 境内活动管理法》从原则上、方向上给予思想引导、行动指导，有利于保护境外 NGO 在华合法的权益，也有利于打击境外 NGO 违法犯罪行为，以便达到保护合法和打击非法的目标。但是，我们也要一分为二地看问题，在只有上位法缺乏完善下位法的情况下，单单凭借一部《境外 NGO 境内活动管理法》无法完全解决法律适用上的问题，也无法保证境外 NGO 管理工作的质量。一旦法律存在缺陷，境外 NGO 就会找借口钻空子，所以我们要有工作紧迫感，尽快完善法律法规。

2. 法律规定与实际工作有差距

制定《境外 NGO 境内活动管理法》的最终目的，就是为境外 NGO 监督管理工作所用。实践是检验真理的唯一标准，实际工作能反映法律的适应程度。对于登记管理机关来说，刚开始学习《境外 NGO 境内活动管理法》，并没有察觉《境外 NGO 境内活动管理法》有任何不妥之处，经过一段时间的实际操作，随着视野越来越开阔，思考越来越深入，却明显发现法律规定与实际工作不太适应，存在各种不清晰的管理要点。比如，境外 NGO 组织申请设立代表机构，需要提交《申请书》《办理设立代表机构登记授权书》《组织章程》等文件材料，由于相关表格的填写缺乏统一规范的模板，常常会出现以下问题：中文简体和中文繁体混排，活动地域不够明确，首席代表简历不规范，外文文件公证认证的问题等，这不仅增加登记管理机关的工作量，还浪费境外 NGO 申请办理的时间。另外，由于业务主管单位数量众多，各家有各家的标准，有的要求境外 NGO 逐级递交书面申请书和有关组织材料，有的则要求递交有关组织材料即可出具《同意书》。实际工作中诸如以上的问题还有很多，都明确指向法律规定与实际工作的确存在不适应的情况。

## (二) 监督管理工作协调机制有待优化

境外 NGO 监督管理工作协调机制指的就是为了国家安全和社会政治稳定,进一步落实《境外 NGO 境内活动管理法》,进一步加强境外 NGO 管理工作,由公安机关牵头,各业务主管单位为成员,通过定期或者不定期开展集中研究,相互交流,相互配合的一种常态化合作交流机制。我国现在的情况是:已经制定国家级 NGO 监督管理工作协调机制,已经制定省级境外 NGO 监督管理工作协调机制,市级、县级和省级境外 NGO 监督管理工作协调机制仍在积极协调推进中。根据已公布的《业务主管单位名录》,业务主管单位涉及经济、教育、科技、文化等领域,数量多达数十个,管理范围广,每个业务主管单位对应有一系列的法律、规定、条例,其内部都有标准的规章制度,都制定有不尽相同的办事流程,召开集中学习会、座谈会、通气会较少,监督管理工作协调机制有待优化。就算一年召开一次全体会议,也无法保证协调小组成员单位全数出席会议。也没有建立风险识别机制,对境外 NGO 进行风险评定,[1]监管工作未能达到预期的目标。

## (三) 公安机关各项工作能力有待完善

1. 登记备案工作效率不高

由于境外 NGO 的复杂性和特殊性,我国的境外 NGO 管理实行的是"双重管理"体制,业务主管单位和公安机关通力合作,监督境外 NGO,其中业务主管单位主要进行事前审查和事后监管,公安机关侧重事中登记和事后监管。简而言之,就是境外 NGO 在向省级公安机关办事大厅登记备案前,要经过业务主管单位的资料审查并取得审查同意文书。依法登记备案的流程详见图 1 和图 2:

---

[1] 王丽娟、孙孟韩、孟思翔:《当前在华境外非政府组织风险管理研究》,载《现代经济信息》2016 年第 1 期,第 26~28 页。

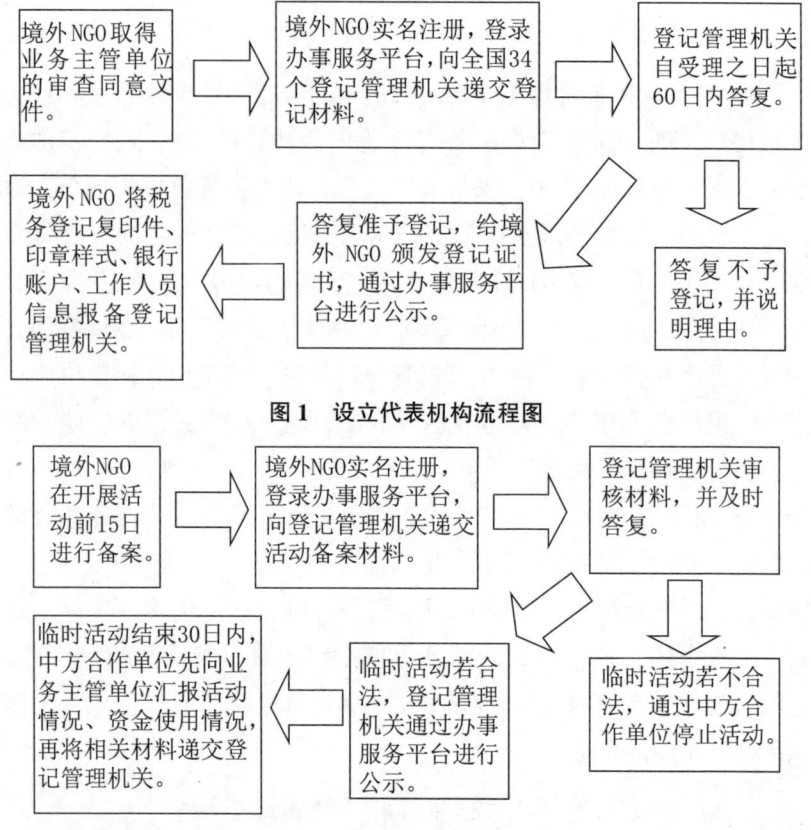

图 1 设立代表机构流程图

图 2 临时活动备案流程图

2017年，全国共有305个境外NGO已在境内登记代表机构，登记数目排名前五为北京、上海、云南、广东和辽宁，5地共占境外NGO登记代表机构总数的74.43%，广西登记数目为5个，占境外NGO登记代表机构总数的1.64%；全国共备案487项临时活动，备案数目排名前五为北京、广东、四川、云南和贵州，5地共占临时活动备案总数的59.55%，广西备案临时活动14个，占临时活动备案总数的2.87%。但是，据不完全统计，常年在华活动的境外NGO有上万家，已在境内登记代表机构占全部在华活动境外NGO的3.05%。可见，只有极少境外NGO在2017年依法设立代表机构或者进行临时活动备案，大多数境外NGO是游走在法律监督之外的。如果任由上述情况发展下去，将弱化《境外 NGO 境内活动管理法》的作用，既不利于规范境外 NGO 在华活动，又不能有效打击境外 NGO 在华违法犯罪活动，从而影响我国家安全和社会政治稳定。所以，提高境外 NGO 的登记备案积极性，公安机关完善登记备案工作迫在眉睫。

2. 日常监管工作存在漏洞

顾名思义，"日常监管"就是公安机关依法对境外 NGO 代表机构或临时活动进行日常监督和管理，及时向境外 NGO 提供便利服务的行为。我们必须时刻保持警惕，提高工作紧迫感，用全面的眼光看问题，不仅要看到境外 NGO 的积极作用——促进经济发展、带来新技术、带来资金项目等，也要看到境外 NGO 的消极影响。按照《境外 NGO 境内活动管理法》有关规定，若境外 NGO 涉嫌违法，公安机关采取约谈相关人员、检查住所、停止活动、查阅复制文件等措施进行调查，若是境外 NGO 严重危害国家安全，可以将该组织登记在册，禁止该组织再设立代表机构或者备案临时活动。虽然法律明确了公安机关的职责和权利，翻开了公安机关"有法可学""有法可依""有法可管""有法可帮"的"四有"篇章，但是目前在华境外 NGO 组织数目多，底数不明确，运作模式复杂，在《境外 NGO 境内活动管理法》颁布之初，就有境外 NGO 在不依法备案临时活动的情况下，来广西开展捐资助学活动。可见，日常监管工作马虎不得，其与境外 NGO 管理其他工作环环相扣，一旦掉以轻心，轻则影响境外 NGO 登记备案工作的顺利进行，重则影响我国政府的形象，甚至危害国家安全和社会稳定。在日常工作中，我们要思考如何做到热情服务，尽可能为境外 NGO 答疑解惑；要研究如何落实监督管理，才能真正做到底数清，情况明，社会稳，国家安，将境外 NGO 违法犯罪的苗头扼杀在萌芽状态。

3. 资金监管工作水平不高

资金是境外 NGO 开展活动的重要支撑，也是境外 NGO 开展活动的前提条件。境外 NGO 的资金来源形式多样，有各国政府的资金支持、公司捐赠、入会费、经营收入等。但是在华境外 NGO 能使用的资金只能是从境外转入的资金或者转入中方合作单位的资金、报备在册的银行存款利息以及培训等服务项目获得的资金，非法经营和非法在华募集的资金都被排除在外，一经发现，公安机关可以要求金融机构配合调查，依法查询与违法活动有关的银行账户，并视调查情况采取相应的措施，必要时可以采取冻结银行账户等措施。加强资金管理工作势在必行，有利于提高资金的使用效益充分发挥其积极作用，有利于维护境外 NGO 开展活动的健康秩序，有利于减少境外 NGO 违法犯罪行为的发生。

4. 舆论引导工作效果不佳

新时代有新情况，也对公安工作提出了新的挑战。工作做得好不好，全靠宣传来帮忙。舆论引导又称舆论导向，是一种运用舆论操纵人们的意识，引导人们的意向，从而控制人们的行为，使他们按照社会管理者制定的路线、方针、规章从事社会活动的传播行为。舆论引导看似是个新名词，实则就是宣传教育引导工作。从境外 NGO 管理的角度来解释，就是向群众普及《境外 NGO 境内活动管理法》有关法律规定和《境外非政府组织代表机构登记和临时活动备案办事指南》，介绍境外 NGO 组织的性质和基本情况，解释全国各地开展境外 NGO 工作的情况，提高群众的法律意识，获得群众支持。这本来是一件很简单的事情，但是我国的宣传工作还是存在问题：一是流于应付形式，没有重视群众宣传，表现在说过就算，做事一般，结果夸大，更别提"接地气"进基层、进社区、进学校、进企业、进农村；二是固守宣传旧方式，只会在线下开展活动，没有发挥网络的作用，效果不佳，宣传不广，收获不大。

## 五、我国境外 NGO 管理存在不足的原因

我国境外 NGO 管理之所以存在法律法规有待健全完善、监督管理工作协调机制有待优化、公安机关各项工作能力有待完善等问题，主要基于以下原因：

## （一）法律法规有待健全完善的原因

### 1. 立法素养有待提高

辩证唯物主义认为，物质决定意识，意识对物质具有能动的反作用。正确的意识对事物发展起促进作用，错误的意识对事物发展起着阻碍作用。法律法规立法水平低，肯定与人的意识有关，是人的立法素养不足导致。立法素养有待提高体现在：第一，立法机关的立法能力有待提高。我国的人大代表是民主选举产生的"兼职代表"，来自各行各业，立法理论不系统、不完善，大多数没有从事境外 NGO 的实际工作经验，没有搜集境外 NGO 资料的时间，对于境外 NGO 的发展和现状缺乏了解，不能把主要精力用在立法上，导致立法质量不高，对法律法规起不到监督作用。第二，群众参与立法意识淡薄。因立法工作过于遥远、过于抽象，所以群众在日常生活中关注得比较少，或者由于忙碌根本无暇顾及，更不必说学习法律法规了，甚至是被动参与立法听证、立法报告会等立法活动，不能有效地发挥群众参与立法的功能，也不利于我国立法的健康发展。

### 2. 发展眼光有待增强

人的思想存在局限性，受到其所处的社会背景、当时的经济水平、国家的政治制度等因素影响，导致法律在某一时期会滞后于社会的发展。在我国，"先立法再配套"是立法惯例，立法处于重要的地位，法律配套却处于次要甚至不重要的地位，导致配套无法与法律同步实施。[1]"穷则变，变则通"这句话告诉我们，无论是人，还是法律，都要保持与时俱进，这样才能"通"。这从另一方面提醒我们，止步不前，固守惯例是不可取的。由于缺少发展的眼光，《境外 NGO 境内活动管理法》的一些法律条款已不能适应境外 NGO 的快速发展状况，在许多方面、许多环节上都缺乏具体的法律依据或实施细则。例如：国家表彰境外 NGO 的规定就没有明确突出贡献的

---

[1] 徐向华、周欣：《我国法律体系形成中法律的配套立法》，载《中国法学》2010年第4期，第158~174页。

具体条件、表彰的形式、表彰的标准，境外 NGO 的网络募捐问题，境外 NGO 税收优惠政策落实的问题，等等。此外，不少现有的法规在日常监管中又没有得到很好的落实。例如：由于没有统一的行动指南，县级以上人民政府公安机关无法全方位地监督境外 NGO 的活动，导致出现监督漏洞。

（二）监督管理工作协调机制有待优化的原因

境外 NGO 管理工作涉及业务主管单位多，各业务主管单位之间需要协调配合才能将境外 NGO 管理工作做好。但是由于业务主管单位缺乏工作的紧迫感，导致监督管理工作协调合作机制效果不佳。各业务主管单位之间存在各种问题，特别是信息互通方面，境外 NGO 办事服务平台与公安机关工作平台、各业务主管单位工作平台脱节，无法及时更新数据，实现资源共享，系统处于半聋哑状态。还有，对于已经颁布实施两年多的《境外 NGO 境内活动管理法》，业务主管单位认知程度不高，学习程度参差不齐，存在四种状态：一是业务主管单位集中学习一次《境外 NGO 境内活动管理法》，但是没有引起足够的重视，在部门改革方面没有变化，没有落实专人专管，没有落实相关责任制度；二是业务主管单位在业余时间通过新闻、报纸等媒介的宣传，知道《境外 NGO 境内活动管理法》已经颁布实施，但没有兴趣了解法律的具体内容；三是业务主管单位未能及时掌握《境外 NGO 境内活动管理法》的颁布动态；四是业务主管单位遇到新法条新问题新情况，未能认真对待积极处理，比如有的境外 NGO 的业务范围可能涉及多个业务主管单位，工作人员却认为多一事不如少一事，在审查材料的时候就借口管不了该境外 NGO 的业务，只扫"门前地"，相互"踢皮球"，不愿意承担责任，所以境外 NGO 寻找业务主管单位至今仍然是个难题。上述情况，不仅影响了《境外 NGO 境内活动管理法》实施进展，影响了境外 NGO 登记备案的顺利进行，还影响了群众对政府的信心，对社会政治稳定也有一定负面效应。

在境外 NGO 人员日益复杂化，监督管理工作协调合作机制信息不通，反馈滞后，无法实现1+1+1>3的情况下，仅凭公安机关一家来监督管理境外NGO，实在是不明智的做法。

(三) 公安机关各项工作能力有待完善的原因

公安机关作为监督管理境外NGO的主力，如果工作不到位，将影响工作效果。所以，在遇到问题时，要从自身分析原因，主要是：

1. 没有重视登记备案工作

(1) 保障机制落实不到位。登记备案工作做得好不好，首先要看的是保障机制有没有到位，即人、财、物的保障。境外NGO管理工作保障机制不落实体现在：一是人才保障不到位。按照公安部的统一部署，全国省级公安机关成立了境外NGO管理办公室，但市级、县级公安机关还存在未成立专门机构、落实人员到位的现象。全国各省境外NGO登记备案窗口工作人员没有任何经验可借鉴，只能"摸着石头过河"，一边工作一边研究《境外NGO境内活动管理法》。以广西境外NGO办事服务大厅为例，接待窗口共两名工作人员，半年来却要回复美国、法国、加拿大等国家和地区的境外NGO人员电话咨询千余次，现场解答百余次。工作人员编制空缺，缺少外语专业人才，也未配备相应的警务辅助工作人员，导致工作强度高，工作压力大，不利于更好地为境外NGO提供服务。二是软件、硬件不相配。全国各省公安机关在登记备案窗口配备先进的台式计算机、打印一体机等硬件设施，部分地方窗口设置有大型LED显示屏滚动播放《境外NGO境内活动管理法》。网上办事服务平台已经实现全国统一使用、统一账号系统、统一网上填报，可以达到实时更新，信息共享，但是其配套的软件开发时间紧张，还有需要完善系统更新插件的地方，暂时没办法发挥平台最大的功能。

(2) 窗口工作不规范。《境外NGO境内活动管理法》作为上位法，给公安机关提供了办事的凭证，但是全国有34个省级公安机关办事服务大厅，在实际操作上就会存在差异，对出现的问题认知能力不一样，从而解决问题的力度强度也不一样。法律上只规定了境外NGO开展临时活动要与中方合作单位合作进行，但是没有明确中方合作单位的最大数量。举个实际例子，某境外 NGO 计划开展活动，有两个中方合作单位：A 省中方合作单位、B 省中方合作单位，资金转入 A 省中方合作单位账户，主要活动开展地却在 B 省，A 省中方合作单位配合 B 省中方合作单位准备活动。在上述情况下，境外 NGO 管理办公室可以采取：一是最万无一失的做法，就是该组织分别在 A 省、B 省备案临时活动；二是按照属地管理，在活动开展地 B 省备案临时活动；三是强调资金管理，在资金账户所在地 A 省备案临时活动；四是如果只在 A 省或 B 省备案临时活动，还涉及 A 省、B 省信息互通，及时监管的问题。现在，境外 NGO 组织为了能顺利设立代表机构或开展临时活动，在登记备案时常常借其他省份审核不严、要求不高，在某省递交同样质量的材料以此顺利登记或者备案，蒙混过关。所以，如何统一操作，规范操作，推进登记管理工作，值得引起我们的重视。

（3）学习培训力度不够。学习能使人成长，学习能使人提高。《境外 NGO 境内活动管理法》出台时间短，境外 NGO 管理工作是个新事物，但是一年只开展一次集中培训，已经无法做到随机应变，适应复杂的管理情况。例如：2017 年度，广西境外 NGO 管理办公室开展《境外 NGO 境内活动管理法》专题学习 1 次，介绍广西境外 NGO 基本情况，学习解读《境外 NGO 境内活动管理法》，全区公安机关参加人数仅 110 人。培训次数少，普及率低，导致县级公安机关未能完全了解《境外 NGO 境内活动管理法》，也不知道境外 NGO 发展趋势。所以，学习培训力度不够也是登记管理工作有瑕疵的原因之一。

2. 没有落实日常监管措施

公安机关在境外 NGO 监管工作方面，最主要的两个任务就是登记备案工作和日常监管工作。登记备案工作会影响日常监管工作，日常监管工作会推进登记备案工作，所以登记备案工作存在问题，日常监管工作自然也会有问题，究其原因有：

（1）基础调查工作薄弱。日常监督工作有缺陷，是因为监管人员缺乏调查研究的意识和能力。基础调查的目的就是为了明确境外 NGO 在当地的工作人员数量和活动情况，有无违反法律法规的行为。基础调查的方式多种多样，比如举行座谈会、参观境外 NGO 代表机构场所、走访中方合作单位等。通过与境外 NGO 首席代表、工作人员交流，了解真实情况，可以促进登记备案工作，及时制止违法犯罪行为。全国各省境外 NGO 管理办公室与在华三百多家组织召开座谈会、通气会五十多次，参会人员一千多人次，其中广西境外 NGO 管理办公室工作人员欢迎境外 NGO 来桂依法开展活动，与美国"祝福之手基金会"负责人贝蒂等人开展座谈，就我国境外 NGO 管理进行沟通交流，理顺登记备案工作流程，答复了相关问题。[1]基于以上情况，根本达不到"底数清、情况明"的目标，监管人员也无法知道管理工作做得好的地方，做得不好的地方，影响整体战斗力。更何况境外 NGO 还存在思想困惑，有的组织认为该法律内容要求多手续烦琐，所以暂时先不开展活动，观望其他组织的做法，看看有没有漏洞，看看有没有捷径可走；有的境外 NGO 工作人员认为他们不熟悉法律规定和办事流程，要耗费大量的人力、物力、财力来完成临时活动备案，这样做不划算。

（2）与其他部门沟通交流少。日常监管工作存在缺陷还体现在公安机关与其他政府部门沟通交流少。在境外 NGO 监管工作中，公安机关扮演的是领头羊的角色，需要各种角色配合。而且，政府部门各有各的职责、权限，各有各的规章制度，各有各的繁重任务。另外，2017 年全国 34 个境外 NGO 管理办公室只与工商、民政、卫生等部门开展座谈交流会 70 多次，平均下来各省境外 NGO 管理办公室召开座谈会 2 次。可见，公安机关没有从意识上高度重视沟通的作用，缺乏"钉钉子精神"，没有主动协调政府部门，没有充分利用好政府部门的优势资源，及时互换信息，及时总结经验，及时反馈建议，导致管理工作停滞不前，服务工作难以开展。

---

[1]《广西与来访的美国"祝福之手基金会"负责人座谈》，载 http://ngo.mps.gov.cn/ngo/portal/view.do? p_articleId=30592&p_topmenu=3&p_leftmenu=1。

3. 没有理顺资金监管思路

（1）资金监管意识淡薄。境外NGO的资金监管工作，一直以来就是境外NGO管理工作的弱项。有的人会认为资金监管是金融部门的事情，与公安工作无关；有的人会觉得资金监管是个大麻烦，管不好反而会影响工作效果，干脆睁一只眼闭一只眼；还有的人不懂如何管理，索性也就不管。在这种消极被动监管的状态下，一些别有用心的组织就会抓我国法律的漏洞，躲避资金监管，资助或从事非法活动。曾经碰到类似的情况，境外NGO"香港乐施会"计划在某地开展活动，其合作的中方单位负责临时活动备案工作，其在《临时活动备案表》中所填写的活动资金就与双方合作协议中的金额不一致。不管境外NGO主观上是有意还是无意，都提醒公安机关要提高主动监管的意识，落实资金监管的各项工作，加大力度核实资金专用账户情况、交易明细、资金来源、资金流向等情况，发现异常要及时通报。

（2）资金监管工作不到位。资金管理工作有缺陷，不仅和监管意识有关系，还和实际工作效果有关系。根据《境外NGO境内活动管理法》有关规定，登记管理机关主要是通过检查活动情况来进行资金管理。对境外NGO来说，有两种情况：第一种情况是，境外NGO依法按照流程设立代表机构，于每一年的1月底向所属的业务主管单位递交上一年的财务会计报告、开展活动情况报告等材料，在业务主管单位签署意见之后再递交登记管理机关；第二种情况是，境外NGO组织与中方合作单位依法备案后开展临时活动，在捐资、助学等活动结束30日内，先向业务主管单位报送开展活动情况，在业务主管单位审核后再递交登记管理机关。这样规定的优点在于分类处理，明确具体流程，公布所需材料，但是需要注意：一是临时活动的开展时间最长可以是1年，在时间长的情况下，登记管理机关不管哪种情况，都是一年监管一次境外NGO的资金流向，无法全面了解情况，无法及时发现苗头；二是随着网络技术日益更新，线下的募集、捐款活动逐渐减少，线上的网络求助、捐款活动越来越多,不受时间、地域的限制,不排除境外 NGO 组织使用网络来规避资金管理的相关规定;三是整年度的财务会计报告、开展活动情况报告等材料只在办事服务平台公布,传播度不广,知晓度过窄;四是临时活动的资金和进展情况并没有在互联网任何平台公布,群众无法行使监督权力。所以,我们要认真查找资金管理的漏洞,不能留给不法 NGO 可乘之机。

4. 没有做好舆论引导工作

舆论引导工作有缺陷,体现在线上宣传、线下宣传两个方面。线上、线下缺一不可,二者互相弥补。

在信息满天飞、网络通全球的时代,足不出户就可知晓天下事。但是公安机关并没有抓住这个契机,网络宣传力度不强,使得境外 NGO 管理工作缺乏舆论保障,就必然会使舆论引导工作出现缺陷。截至 2017 年 12 月 31 日,公安部办事服务平台公布的工作动态仅有 99 条,公安部出入境管理局发布的工作动态有 217 条,二者都设立有对外管理服务窗口,在网络宣传方面却表现出截然不同的态度。境外 NGO 管理部门表现出不重视涉外宣传工作,不会主动为自己代言,不正面交锋不当言论,没有充分利用微信、微博、微视频等新媒介来表明立场和观点,掌握国际和国内新闻领域的话语权。公安机关一定要重视线上的宣传工作,只有网络宣传到位,才能推进舆论引导,更好地为境外 NGO 服务。

## 六、完善我国境外 NGO 管理的路径

当前,我国境外 NGO 管理工作正面临大有可为的历史机遇,管理工作正在全面向法治化推进,但前进道路不可能一帆风顺,随时可能出现突发情况,越是取得一定成绩的时候,越是获得一点肯定的时候,越是要有刀尖行走的谨慎,越是要有居安思危的忧患,绝不能犯战略性、根本性错误。我们既要有顶层设计的准备,也要有解决问题的高招;既要打好防范和应对风险的有准备之战,也要打

好化险为夷、转危为机的主动服务战。[1]针对现阶段我国境外 NGO 管理存在的问题和原因，我们要紧盯目标，对照差距，找准排位，提升履职能力，发挥标杆作用，增强大局意识，防范风险挑战，进一步完善我国境外 NGO 管理工作，为我国公安事业添砖加瓦。

（一）健全完善法律法规

完善法律法规有利于管理，因此，我们需要不断加强法律体系建设，使其系统化，使其细节化，还要与时俱进，从而使管理有法可依，监督有据可依。主要做法有：

1. 健全法律体系，完善法律法规

法律体系健全，才能层次分明，解读全面，管理细致。为健全法律体系，完善法律法规，笔者提出以下六点建议：一是要完善下位法。立法机关要结合实际情况，根据《境外 NGO 境内活动管理法》的指导精神，完善相对应的行政法规，使我国法律保持严谨性。二是要制定地方政府规章。地方政府部门开展调研工作，根据 NGO 登记管理的实际情况，着手制定符合地方情况的《管理条例》。三是要细化管理工作。要提出管理要点，突出管理重点，针对资金管理等薄弱项制定规范性条文，形成正式红头文件，进一步加强境外 NGO 在华资金管理。还要抓紧完善年度报告的报送、临时活动总结的报送、税务管理等方面的法律细则。[2]四是制定《境外 NGO 经营法规》，将境外 NGO 在华各项活动具体化、形象化，明确规定境外 NGO 哪些能做，哪些不能做，违反将承担相应的法律后果。[3]五是要强化人大意识。落实责任制，规范立法机关的行为，加强培训，增强人大代表的使命感，从而提高立法水平。六是要推动群众参与

---

[1]《习近平在学习贯彻党的十九大精神研讨班开班式上发表重要讲话以时不我待只争朝夕的精神投入工作开创新时代中国特色社会主义事业新局面》，载 http://www.mca.gov.cn/article/zwgk/topnew/201801/20180100007202.shtml。

[2]《〈境外非政府组织境内活动管理法〉实施一周年》，载 http://www.xinhuanet.com/gongyi/2018-01/05/c_129784169.htm。

[3] 许敏：《对境外非政府组织在沪管理工作的探讨》，载《黑河学刊》2011 年第 6 期，第 9~10 页。

立法。要提高群众的参与立法意识,充分发挥群众主人翁的作用,促使其积极参与立法工作,监督立法进展情况。

2. 完善法律规定适应实际操作

法律是境外 NGO 管理的重要工具,"有法可依""有法可管"是管理境外 NGO 的重要筹码。法律实施的主要意义在于依法行为、依法规制的实践。评价一部法律好不好,最主要的是看能不能照亮管理工作的正确方向,能不能适应实际工作的需要,能不能为境外 NGO 提供更好的服务。总而言之,对于境外 NGO 管理部门来说,需要不断在实践中获得经验,需要从经验中清晰界定出法律定义的边界,需要对好的经验及时总结推广,反反复复,周而复始,从而不断完善法律法规,适应实际工作的需要。主要完善措施有:一是制定全国 34 个办事大厅统一的操作手册和指导意见,保证监管步调一致,管理动作相同,避免松紧不一的情况。二是对于登记备案需要提供的表格和材料,要严格标准,提供实例填写模板,标注清楚,明确告知,解决境外 NGO 集中反映的材料困惑,为境外 NGO 提供登记备案方面的便利。三是要根据实际工作需要,根据境外 NGO 涉及的业务范围,进一步研究哪些领域哪些组织无法配对相关业务主管单位,进而调整业务主管单位数量,形成新版《业务主管单位名录》,减少境外 NGO 无法找到相对应的业务主管单位的现象。

(二) 强力推进监督管理工作协调合作机制

存在问题并不可怕,存在矛盾并不可怕,毕竟解决方法总比困难多。习近平同志十分重视,重点强调抓党员、干部的学习,还指示广大同志们,"事业发展没有止境,学习就没有止境"。鉴于学习的重要性,我们要明确任务,思路清晰,切实增强做好新时期境外 NGO 管理工作的责任感和紧迫感,深入研究《境外非政府组织境内活动管理法》,学好法律,用好法律,维护好法律的权威,不断增强法律意识。要落实境外 NGO 管理工作领导责任制,完善工作人员学法用法制度,推动领导干部带头学法守法用法,并建立相关学习责任制度,将学习宣传法律与履行职责二者有机结合。在前置审查方面,业务主管单位要健全事前审批制度,分工合理,认真把好第一关,仔细审查核对资料,遇紧急情况要及时上报,还可参照《社会组织评估管理办法》的评估程序对境外 NGO 进行评估,必要时可开会研究建立黑名单,严防重点组织登记注册或者备案临时活动。在信息联通方面,要加强各平台建设,寻求网络联通方式方法,逐步达到信息即时共享。在会议制度方面,要扭转一年只开一次联席会议的尴尬局面,要制定规范有序的会议制度,以公开通知的方式明确成员单位、责任分工、工作规则、工作要求等,自觉接受群众的监督和建议,定期增加联席会议的成员单位,集思广益,取长补短,互通有无。在日常监管方面,民政部门、教育部门等对于业务主管单位的监管职责、监管措施要制定公布更为明确、更具有操作性的规定,公安机关要克服监管人力不足、各部门协调程度低的困难,切实履行监管职责,齐心协力把境外 NGO 监督管理工作做好,树立高效、透明、公平、正义的良好形象。最后,要完善相关奖励制度,建立具体的境外 NGO 奖惩机制,明确突出贡献的范围和标准,定期给予公开表扬,并落实税收、境外 NGO 管理人才等方面的优惠政策[1],激励更多境外 NGO 来华开展各项活动。

(三)提高公安机关管理工作整体水平

在对境外 NGO 进行管理和提供服务时,需要与其加强交流和沟通,以获取更多的有效信息为我方所用,同时也可以避免交流不畅导致的误解,这就需要精通外语和法律等专业人才。由于境外 NGO 管理涉及其本国和我国之间的外交关系,在对其管理的过程中,倘若公安机关执法不当,很有可能会引发国家之间的矛盾。这就要求公安人员在具备较高的沟通能力和执法能力的同时,掌握境外 NGO 的背景知识以及来源国的法律知识等。因此,公安机关要讲政治,讲信念,发挥钉钉子精神,把一件件事情做好。

---

[1] 许敏:《对境外非政府组织在沪管理工作的探讨》,载《黑河学刊》2011 年第 6 期,第 9~10 页。

1. 提高登记备案效率

(1) 落实保障机制。"巧妇难为无米之炊",保障要配备到位,才能推进完善登记备案工作。主要措施有:一是人才保障要到位。目前公安部门虽然也有一些定期培训和考核,但往往是结合各警种的综合性培训,缺乏针对性,对管理境外 NGO 时所需的专业性工作能力提升效果不明显。境外 NGO 管理对专业人才提出了特殊要求,他们既要具备一定的知识,又要具备一定的外事工作经验。而现实情况是既懂财务管理方面的知识,又具备丰富外事工作经验,熟悉国际法、国际惯例的人才难得,在地方政府更是凤毛麟角。因此加强境外 NGO 管理,必须重视专业人才队伍的培养。对于省级登记管理机关而言,要落实办公室和登记备案窗口工作人员的编制,可以通过增员或者调配的方式配齐,再通过公务员专门考试择优录取外语专业人才,依据规定招聘一定数量的警务辅助工作人员,真正做到专人专岗专责。对于各级公安机关来说,市级、县级公安机关要尽快设立境外 NGO 管理机构,明确人员、职责和任务,强力推进日常管理工作。对于学校教育来说,公安机关应当与高校联合培养相关人才,重点培养境外 NGO 专业管理人员的人才,应当结合公共管理学科的发展规划,在公共管理学科培养目标体系之中,专门设定 NGO 管理研究方向,设置相关的学位,并在国内重点大学中采用订单化的培养模式,对学生进行有针对性的培养。相关管理部门人员的配置,也可以优先使用高校培养出来的专业人员。二是加快软件开发,完善平台建设。硬件设备、软件系统互相作用,只有先进的硬件设备,却用不上配套的软件,将大大降低工作效率。要进一步完善办事服务平台和登记备案平台,去繁留简,缩短相关软件的开发时间,还可搭建各政府部门之间的平台,实现即时沟通,即时解答,资源共享。

(2) 规范大厅工作。境外 NGO 办事服务大厅作为公安机关对外联系的纽带,其服务管理态度关系着公安机关的形象,关系着我国国家的形象。为有效管理和提供服务,要增强服务意识和能力,完善办事服务大厅日常工作记录,一是要使用全国标准化的记录模板来记录咨询、办理登记备案事宜,以便日后电话回访备查。二是要制定《境外NGO办事服务大厅管理工作规范》,统一职责、统一流程、统一考核,在遇到法律上并未明确的事项,全国34个办事大厅之间可通过平台就问题进行沟通交流,或者在必要时请权威专业人士进行及时解答,从而提高工作效率,不拖延境外NGO登记备案时间。以季度为单位,各个大厅集中上报本季度工作出现的问题,由上级公安机关进行整理分类,编订成册,集中解答,及时反馈。三是要制定维护办事服务平台相关规定,要督促各办事大厅及时维护办事服务平台,要及时上线《境外NGO境内活动管理法》(2017修正)、《业务主管单位名录》(2018年),增加相关邮箱或模块收集境外NGO、政府部门、社会组织、群众的建议意见,并定期巡查网站,发现语法、表格、链接错误要及时更正,避免误导境外NGO登记备案。

(3)加大学习力度。学习是永无止境的,不学习就会落后,落后就会挨打。不管日常工作多苦多累,都要挤出时间来学习,自我充电,提高能力,以适应发展的社会。一是全面学习。境外NGO管理工作需要多方面的知识储备,要学习法律法规知识,要学习财务会计知识,要学习计算机知识,要学习科学技术,提升战斗力。二是专门学习,突出重点。既然办事服务大厅的对象是境外NGO,不排除出现语言不通的现象,学好一门外语就显得至关重要,特别是通用型英语,工作人员的听、读、写要提高,分批、分时段去学校进修,达到基本的日常交流水平。三是加强培训。全国性、跨省性的集中培训不仅能扩大见闻,还能交流经验,培养工作人员之间的友谊,有利于拧成一股绳,力从一处使。四是深入基层。基层一线是境外NGO管理工作的最前线,是顺利登记备案的基石,是日常监督工作的关键,要增强服务基层的意识,在普及群众法律意识的同时普及县级公安机关的法律意识法律素养,提高风险预测意识,提高违法犯罪打击能力,还要提供帮助,提出建议,共同进步。

2. 加强日常监管能力

（1）重视基础调查工作。没有调查就没有发言权，没有调查就不知道工作效果，心中要明确，好在哪里，坏在哪里。由于境外 NGO 涉及其本国和我国之间的外交关系，在对其管理过程中，倘若公安机关工作方式方法不当，很有可能会引发国家之间的矛盾。一方面，登记管理机关对在华境外 NGO 进行管理和提供服务时，需要了解其所面临的困难，及时解决其所反映的问题。建立制度化对话渠道和沟通机制，加强对境外 NGO 工作人员的了解，[1]以获取更多的有效信息为我方所用，同时也可以避免交流不畅导致的误解。另一方面，要深入研究国际地位较高的境外 NGO，了解其组织结构、章程、宗旨、目标、项目，分析其暂不进入中国的原因，查找工作存在的问题，如果确实有必要引进该组织，要积极沟通创造条件，吸引该组织来华开展活动。[2]切实加强与本土 NGO 的联系，借助其民间、NGO 的身份，收集境外 NGO 在各领域的真实资料，为正确了解在华境外 NGO 活动情况打下基础[3]。

（2）紧密联系政府部门。公安机关要有主动担当精神，主动与政府各部门联系，推动日常监管工作，至少每月集中开会一次，征求政府部门意见，能解决的现场答复，不能解答的可沟通具体措施，并讨论今后工作的要点和难点，充分利用政府各部门的优势，充分发挥政府各部门的功能，切实掌握境外 NGO 在当地的活动情况、资金情况、苗头情况、违法情况等，尽可能为登记备案工作提供可靠的信息，保障境外 NGO 合法行为，制止境外 NGO 违规违法行为。

3. 推进资金监管工作

（1）树立资金监管意识。资金监管工作马虎不得，来不得一丝

---

[1] 孙发锋：《大合作、小冲突：在华境外非政府组织与中国政府关系的基本态势》，载《河南社会科学》2017 年第 3 期，第 94~99 页。

[2] 张彪、李昌姣：《对在华境外非政府组织的分类财务监管研究》，载《财经理论与实践》2016 年第 3 期，第 83~88 页。

[3] 陈晓春、王佑民：《非传统安全视角下在华境外 NGO 监督管理研究》，载《桂海论丛》2016 年第 2 期，第 57~62 页。

一毫的含糊。加强资金监管工作，树立资金监管意识，可以抓住三个要点：一是加强资金源头的监管。境外 NGO 设立代表机构，必然要在银行开设一个专门的账户，接收境外 NGO 总部的合法资金来专款专用，而境外 NGO 开展临时活动，则是把资金转入中方合作单位的银行账户，用于捐资助学、扶贫等活动，要密切关注专用账户，及时发现异常，及时反馈，对于首席代表的个人账户，要请有关部门观察是否有经常性大额资金变动。二是加强资金形式的监管。要深入基层，走访群众，一旦发现境外 NGO 在当地募集资金，要果断制止并依法处理。三是加强资金使用的监管。要掌握资金的进出账户情况、进出时间、实际用途等，可实地调查临时活动进展情况，向出卖物资方、接受人、活动见证人询问具体情况。

（2）填补资金管理漏洞。对于资金管理存在漏洞的问题，公安机关要充分发挥创新意识，推进与时俱进的工作方式，具体可以从四个方面着手：一是多种检查方式相结合。首要任务是要看好境外 NGO 年度报告和临时活动情况报告，可以将随机抽检和定时抽检相结合，实地考察和听取报告相结合，使得检查有不确定性和不稳定性，避免境外 NGO 掩饰真实资金流向。二是加快规范网络募捐。针对网络时空的不确定性，要联合有关部门制定相应的规定，确定网络募捐的性质、资金流认定标准和处理规定等事项，明确禁止境外 NGO 在国内网络募捐，填补这方面的监管空白。三是披露组织详尽情况。要认真研究境外 NGO 组织，根据相应的标准对其进行分类，详细评估其主体、资金、活动结果，构建境外 NGO 大数据平台，尽可能多地公开境外 NGO 代表机构和开展活动的详尽信息，涉及机构秘密等不宜大范围知晓的则隐去内容或者限制查看权限。四是扩宽公开范围。信息渠道变宽，认知范围也会拓宽。不能仅仅局限于在办事服务平台公开境外 NGO 的活动情况和年度报告，应该让更多的政府部门官方网站参与监督，还应该促使境外 NGO 在其官方网站公开。

4. 加大舆论引导力度

（1）加强互联网宣传能力。习总书记要求公安机关要"牢牢掌握意识形态工作领导权。意识形态决定文化前进方向和发展道路"。[1]微博、微信、微视频、微电影、网上直播等新媒体的迅速兴起，对意识形态建设提出了新要求。加强互联网宣传能力需要"三做到"：一是做到能讲。所谓"能"，就是要创造讲话的条件，包括人、财、物三个方面。不仅要确保人才数量，而且要专业对口；单列专项资金预算，保证及时拨付到位；软、硬件配备上不仅要结合实际情况，还要与时俱进，适当增加预估数目。二是做到敢讲。敢讲就是主动出击，要克服心理障碍，不惧怕新媒体，要时刻做好宣传准备，牢牢掌握话语权，尽量第一时间发出正面的声音，弘扬正能量。要保持与境外 NGO 的良性互动，积极接触境外 NGO，加强宣传我国政策和法规，展示我国依法公正、热情服务的良好形象。三是做到常讲。常讲就是能持续与发出负面声音的境外媒体、境外组织周旋，不卑不亢，做到有礼有节。可以向外交部、出入境管理机构讨教经验，加强涉外事务应对能力，形成一套属于境外 NGO 的对外口径。还要加强综合能力，既要学习与自己本职工作有关的专业知识，也要学习其他机关业务工作的知识；既要学习国内的，也要学习国外的，在与境外 NGO 打交道的过程中慢慢积累经验和教训，做到热情周到、真诚待人、文明礼貌、合理应对，妥善处理涉外事件。

（2）提高法律知识普及率。提高法律知识普及率，可采取走进基层、走进社区、走进学校、走进企业、走进农村的现场宣传形式，也可以借助微信、微博、微视频等互联网新媒介来与群众互动，有效地应对境外媒体或组织"不和谐"的声音，自觉地接受群众的监督，进一步完善境外 NGO 管理工作。首先，要坚持长期宣传。普法工作不是一朝一夕就能达到预定目标的工作，是需要花费精力去推

---

[1]《习近平作十九大报告：八次提到互联网》，载 http://media.people.com.cn/n1/2017/1018/c120837-29594814.html。

广、去传播，是需要长期坚持做的一项任务。随着时间的推移，知识会慢慢潜移默化、深入人心，从而推动群众用法和护法。其次，要发挥网络优势。网络传播速度快，宣传范围广，利用好新媒介为正面宣传所用。然后，要创新宣传方式。受地域的限制，宣传公开课、社区咨询台、悬挂横幅、派发宣传单等常见的宣传方式效果不佳。可利用公交车、地铁等交通工具的流动性，在上下班高峰期滚动播放宣传资料。不拘泥于传统的形式，还可以将宣传资料改编成歌谣、诗词、动图等。最后，要增加互动。为了更贴近群众生活，可以通过举行有奖问答、社会征稿等活动，在丰富群众业余生活的同时提高法律素养。

总之，随着法律的制定，境外 NGO 管理步入法律轨道，确实也在 2017 年取得了一定的成效，但是就主要监管力量公安机关而言，"服务好"和"管理好"境外 NGO 并非易事。一方面，我们要意识到我国与境外 NGO 的合作是主流形势。大部分来华境外 NGO 的动机和目的都是纯粹真实的，我们要充分肯定其为我国的教育、扶贫、环保、卫生等方面做出的积极贡献，要依法保护境外 NGO 在华的合法活动，为其开展各项活动营造良好的氛围，促进我国经济的发展，推动我国社会的进步，加速我国文化发展的进程，展示出一个大国应有的形象。另一方面，我们也要擦亮眼睛，保持警觉意识，了解境外 NGO 可能存在的破坏性并时刻保持警惕。我们要与其他部门一道，齐心协力，加强合作，形成合力，保国家平安，护社会稳定。本章从境外 NGO 的概念入手，主要阐述当前境外 NGO 管理存在的问题和原因，结合工作实际，从多角度提出完善管理工作的对策以供参考。但是，如何构建一套行之有效的法律制度体系，如何增强境外 NGO 法治化管理工作，并设计出切合实际贴近群众的具体措施，仍需我们进一步探讨和分析。

# AFTERWORD 后记

本书是广西人文社会科学重点研究基地"广西地方法治与地方治理研究中心"学术著作推荐资助出版项目阶段性成果，也是广西特聘教授资助项目的研究成果之一。

从 2008 年以来，我一直在社会组织的作用与法治化建设方面倾注了研究精力，先后出版了《社团组织与法律秩序研究》（法律出版社 2010 年版）、《非政府组织参与社会救助的理论与实证分析》（山东人民出版社 2013 年版）等著作与论文。同时，我带领的研究团队在这方面也积累了一定的研究成果。所以，本书是研究团队多年来研究成果的汇聚。

广西师范大学法学院的老师和学生，广西壮族自治区民政厅、广西壮族自治区公安厅、广西南宁铁路运输人民检察院、柳州市城中区人民法院、深圳前海合作区人民法院、岳阳市南湖新区管委会、广西师范大学漓江学院等单位的工作人员对本书的写作提供了大力支持。

全书由郭剑平教授策划、组织、撰写、修改、审稿、定稿。瞿德雄、季念勇、罗蓉蓉、王玲、王晨、郭徽依次对第一章、第二章、第三章、第四章、第五章、第六章的资料收集与文字撰写付出了辛勤劳动。

由于我们能力和水平有限，书中难免有错漏之处，敬请读者批评指正。

作者

2019 年 3 月